अरे यायावर रहेगा याद ?

[यात्रा-संस्मरण]

अरे यायावर रहेगा याद?

सच्चिदानन्द हीरानन्द वात्स्यायन 'अज्ञेय'

राजकमल प्रकाशन

ISBN : 978-81-267-2740-7

मूल्य : ₹695

पहला संस्करण : 1953
नया संवर्द्धित संस्करण : 1975
पहला राजकमल संस्करण : 2015
चौथा संस्करण : 2024

प्रकाशक : राजकमल प्रकाशन प्रा.लि.
1-बी, नेताजी सुभाष मार्ग, दरियागंज
नई दिल्ली-110 002
शाखाएँ : अशोक राजपथ, साइंस कॉलेज के सामने, पटना-800 006
पहली मंजिल, दरबारी बिल्डिंग, महात्मा गांधी मार्ग, प्रयागराज-211 001
1, अनमोल सोराबजी संतुक लेन, धोबी तलाव, मरीन लाइंस, मुम्बई-400 002
वेबसाइट : www.rajkamalprakashan.com
ई-मेल : info@rajkamalprakashan.com

मुद्रक : विकास कंप्यूटर एंड प्रिंटर्स
ट्रॉनिका सिटी-201 102

ARE YAYAVAR RAHEGA YAAD?
Travel Memoirs by Sachchidanand Hiranand Vatsyayan 'Ajneya'

याद
कसक बन जाती है
और समर्पण के शब्द
उत्साह से रीत जाते हैं :
पर कुछ साथ चलने वाले
साथ रहते हैं चाहे
उनका नाम नहीं लिया जाता।
("इस प्रकार कदाचित्
कलाकार
अपनी कला में तुम्हारी अभिव्यक्ति कर सके!")

पाँचवें संस्करण की भूमिका

पुस्तक का यह पाँचवाँ संस्करण दूसरे (संवर्द्धित) संस्करण का पुनर्मुद्रण है। यों तो हर नया संस्करण लेखक के लिए सन्तोष का विषय हो सकता है, पर **अरे यायावर रहेगा याद?** की बढ़ती हुई लोकप्रियता यदि इस बात का संकेत है कि पाठकों में अपने देश को एक समग्र इकाई के रूप में पहचानने की उत्सुकता बढ़ रही है तो वह मेरे लिए विशेष सुखद बात है। भ्रमण या देशाटन केवल दृश्य-परिवर्तन या मनोरंजन न हो कर सांस्कृतिक दृष्टि के विकास में भी योग दे, यही उसकी वास्तविक सफलता होती है। अपने यात्रा-संस्मरणों में मेरा यह प्रयत्न रहा है कि उन यात्राओं के मेरी होने की बात उन्हें तात्कालिक अनुभव की प्रामाणिकता और टटकापन देने के लिए सामने आए; नहीं तो वे वृत्तान्त एक समग्र दृष्टि को उभारने में ही योग दें जिससे भविष्यत् यात्री अपने-अपने अनुभव को और समृद्ध बना सकें।

–लेखक

दूसरे संस्करण की भूमिका

किसी भी पुस्तक के नए संस्करण की माँग लेखक के लिए एक प्रीतिकर आश्चर्य का विषय होती है। लेकिन कुछ पुस्तकों के दूसरे संस्करण की सम्भावना से एक असमंजस भी होता है। क्या पुस्तक पुरानी हो गई है? क्या संशोधन अथवा संवर्द्धन से उसे नया किया जा सकता है? क्या यह नयापन हर लेख अथवा अध्याय का संशोधन माँगता है या एक परिशिष्ट और पाद-टिप्पणियों से ही यह काम सिद्ध हो सकता है?

अरे यायावर रहेगा याद? कुछ वर्षों से अनुपलब्ध थी। पुनर्मुद्रणों के बारे में स्वयं कुछ यों भी उदासीन रहता हूँ और कुछ नए-नए काम उठाते रहने के कारण इधर ध्यान देने का अवसर भी नहीं बनता। लेकिन इस पुस्तक के बारे में दो-तीन बार याद दिलाए जाने पर ये सारे प्रश्न सामने आ गए।

प्रस्तुत पुस्तक के यात्रा-संस्मरणों में स्थानों का जो ब्यौरा है, कुछ तो वह पहले प्रकाशन के समय ही पुराना पड़ गया था : कुछ यात्राएँ पिछले महायुद्ध के पहले की थीं, पुस्तकाकार प्रकाशन स्वाधीनता-प्राप्ति के बाद हुआ। देश के विभाजन से पुस्तक के पहले ही लेख ('परशुराम से तूरख़म') में वर्णित यात्रा-पथ का एक बड़ा भाग देश से कट गया था और देश की मर्यादा-रेखा ख़ैबर-पार से सिकुड़ कर अमृतसर-लाहौर के बीच आ गई थी। एक बड़े भूकम्प के कारण वह पहाड़ ही धँस गया था जो ब्रह्मपुत्र का आवर्त बना कर परशुराम कुंड को आकार देता था। इसी तरह की कुछ और बातें भी हुई थीं जिनका उल्लेख पहले संस्करण में जोड़ दिया गया था। लेकिन तब से अब तक और भी कई महत्त्वपूर्ण बातें हो गई हैं। पूर्वी अंचल में प्रशासनिक पुनर्संगठन से कई नए प्रदेश बन गए हैं–अरुणाचल,

मेघालय, नागादेश (नागालैंड), मिज़ोरम... हिमालय में नई सड़कों का जाल बिछ गया है और किसी ज़माने की 'मौत की घाटी' अब पक्की सड़क के कारण साधारण सैरगाह बन गई है।

और वैज्ञानिक शोध के सन्दर्भ में जब उस अभियान का स्मरण करता हूँ जिसका मैं एक सदस्य था, तब शोध के तत्कालीन उपकरणों पर हँसने को मन होता है। कहाँ कॉस्मिक किरणों की खोज के लिए हमारा 'तोते का पिंजरा' विद्युद्दर्शक और हमारी किरमिच की नाव, और कहाँ आज के अन्तरिक्ष यान और माप ही नहीं, माप का विश्लेषण भी करने वाले स्वयंचालित यंत्र!

लेकिन स्पष्ट है कि **अरे यायावर रहेगा याद?** जैसी पुस्तकों को उनसे मिलने वाली भौगोलिक अथवा प्रादेशिक जानकारी के लिए नहीं पढ़ा जाएगा। ऐसे यात्रा-संस्मरण 'टूरिस्ट गाइड' का स्थान लेने के लिए नहीं लिखे और पढ़े जाते। ऐसी पुस्तकों में प्रस्तुत ब्यौरा एक व्यक्ति की यात्रा का ब्यौरा होता है, और वह यात्रा जितनी बाहरी होती है उतनी ही भीतरी भी। यात्रा का विवरण जितना स्थूल भू-विस्तार से संबद्ध होता है उतना ही सूक्ष्म मानसिक भूगोल से भी। 'टूरिस्ट गाइड' के सहारे अनेक व्यक्ति **एक ही यात्रा** कर सकते हैं; यात्रा-संस्मरण के सहारे की गई प्रत्येक पाठकीय यात्रा भी उतनी ही विशिष्ट होती है जितनी लेखक की यात्रा रही। और प्रत्येक के लिए संस्मरण-लेखक के मानस में प्रवेश करना आवश्यक होता है। यही इस तरह के यात्रा-संस्मरणों की रोचकता का आधार हो सकता है।

और मुझे आशा है कि तथ्यों की दृष्टि से कुछ पुराने पड़ गए इन लेखों की यात्राएँ आज भी रोचक होंगी और उन यात्राओं के निमित्त से पाठक जो मानस-यात्रा करेगा उनमें लेखक का सह-यात्रित्व उसे प्रीतिकर लगेगा।

पहले संस्करण में चित्र कहीं अधिक थे। काग़ज़ और छपाई की तत्कालीन स्थिति में ही वह सम्भव था। पर चित्रों की छपाई उतनी अच्छी नहीं हुई थी जितनी होनी चाहिए थी। तब आशा की थी कि नए संस्करण में इसका सुधार हो सकेगा। लेकिन उनमें से कई चित्र अब मेरी पहुँच के बाहर हो गए हैं। फिर प्रकाशन व्यवसाय की आज की स्थिति के कारण चित्र कम भी करने पड़े हैं। फलत: इस संस्करण में चित्र और स्केच संख्या में कम हैं और बाद की यात्राओं के भी हैं। लेकिन प्रयत्न किया गया है कि चित्र अच्छे हों और छपाई भी पहले की अपेक्षा अधिक आकर्षक हो।

अन्त में एक नया लेख भी जोड़ा गया है–**'सागर-सेवित, मेघ-मेखलित'**। जब से स्वतंत्र रूप से यात्रा करना सम्भव हुआ था तभी से आकांक्षा थी कि पूरे देश को पूर्व से पश्चिम तक, दक्षिण से उत्तर तक देखूँ। 'परशुराम से तूरख़म' की यात्रा से पूरब और पच्छिम के कुलाबे तो मिला लिये थे पर उत्तर-दक्खिन के छोर मिलाने की आकांक्षा को और प्रेरणा ही मिली थी। अन्ततः वह यात्रा भी हो गई और फ़ौजी 'कानबाई' के सहारे नहीं, स्वेच्छा से निर्धारित पथ और गति से! उसका ब्यौरा भी उतने ही विस्तार से दे सकता जितने विस्तार से संग्रह की पहली यात्रा का ब्यौरा प्रस्तुत किया गया (और उसमें भी मनोरंजक प्रसंगों की कमी नहीं थी), लेकिन दूसरे संस्करण में जोड़े गए नए लेख के लिए उतना स्थान नहीं है। इसलिए लेख ने पूरे यात्रा-वृत्तान्त का रूप नहीं लिया, केवल एक चौखटा प्रस्तुत किया है जिसमें से उस यात्रा का अवलोकन किया जा सकता है। यात्रा-संस्मरणों में वृत्तान्त प्रस्तुत करने का यह ढंग नया भी है और बहुत पुराना भी। पाठक के लिए भी यहाँ नयापन और पुरानापन दोनों होंगे और स्वयं मेरे लिए भी हैं–पुरानेपन में भी नयापन इस दृष्टि से है कि तीर्थयात्री की धर्म-भावना का स्थान मिथक के अन्वेषी की विस्मय-भावना ले लेती है। पाठक इसे अपने अद्यतन पूर्वग्रह का आरोप न मानें तो कहूँ कि आज मैं आराम-कुर्सी में बैठे-बैठे इन पुरानी यात्राओं को नई कर ले सकता हूँ–ये पुरानी यात्राएँ मिथक के सहारे दोहराई जा कर भूगोल के आयाम में ही नहीं, इतिहास के आयाम में भी अग्रसरण करती हैं–देश को ही नहीं नापतीं, काल को भी नापती चलती हैं।

हो सकता है कि एक समय ऐसा भी आए जब मेरी यात्राएँ अगत्या आराम-कुर्सी तक ही सीमित रह जाएँ। लेकिन अभी वह समय नहीं आया है। अभी मिथक के सहारे का उल्लेख इसी लिए कर रहा हूँ कि वह यात्राओं का एक नया आयाम है।

अरे यायावर रहेगा याद? के इस नए संस्करण को पाठक के सामने प्रस्तुत करते हुए मैं उसे आमंत्रित करता हूँ कि वह मेरे साथ पुरानी यात्राओं की आवृत्ति भी करे और नई यात्राएँ भी करे–मानस-यात्राएँ जिनमें उसके मानस का भी उतना ही योग हो जितना मेरा, और दोनों का यह सहयोग सुखद और प्रीतिकर हो।

–लेखक

पार्श्व गिरि का नम्र, चीड़ों में
डगर चढ़ती उमंगों-सी।
बिछी पैरों में नदी, ज्यों दर्द की रेखा।
विहग-शिशु मौन नीड़ों में।
मैंने आँख-भर देखा।
दिया मन को दिलासा : पुनः आऊँगा
भले ही बरस दिन-अनगिन युगों के बाद!
क्षितिज ने पलक-सी खोली
तमक कर दामिनी बोली :
'अरे, यायावर! रहेगा याद?'

अनुक्रम

चित्र-सूची

पृष्ठ 129-136 के बीच

पृष्ठ 171-174 के बीच

नोट : तीस्ता विमान चित्र : भारतीय वायविक सर्वे द्वारा
तथा अन्य सभी चित्र और रेखाचित्र लेखक द्वारा

परशुराम से तूरख़म

एक टायर की राम-कहानी

कहते हैं कि सृष्टि की सर्वोत्तम आकृति चक्र है–क्योंकि उसका आदि–अन्त कुछ नहीं है। मैंने देश की भिन्न–भिन्न संकरी–चौड़ी, कच्ची–पक्की, ऊबड़–खाबड़ सड़कों पर लुढ़कते–पुढ़कते अनेकों बार सोचा है कि चक्राकृति में सौन्दर्य के लिए बहुत अधिक नम्बर चाहे न भी पाऊँ, अपनी आदि–अन्तहीन गति–क्षमता का दावा तो कर ही सकता हूँ–और यह भी कह सकता हूँ कि स्वयं सुन्दर न हो कर भी मैं संसार के अखिल सौन्दर्य की नींव हूँ, क्योंकि मैं संस्कृति की नींव हूँ। संस्कृति और सभ्यता के विकास में अग्नि के अवतरण के बाद जो दूसरी पीढ़ी मानव प्राणी चढ़ा, वह मैं हूँ; या यों कह लीजिए कि देवताओं के समुद्र–मन्थन से जैसे सर्वश्रेष्ठ उपलब्धि अग्नि की हुई, उसी प्रकार मानव–मनरूपी महासागर के मन्थन से जो श्रेष्ठ नवनीत प्राप्त हुआ, वह है चक्राकार की उद्‌भावना...

यह मैं कह रहा हूँ, तो चक्र मात्र के साधारण प्रतिनिधि की हैसियत से नहीं तो व्यक्ति रूप में मैं एक अकिंचन यायावर हूँ, और अपने ही जैसे यायावर 'श्री इन पंक्तियों के लेखक जी' का सहारा–क्योंकि मैं उनकी गाड़ी का एक टायर हूँ...

और मैं जो राम–कहानी कहूँगा, वह भी मेरी राम–कहानी इसी लिए है कि वह मेरे चालक की कहानी है। अपने अनुभव को दूसरे के–अपने मालिक के–इतिवृत्त के रूप में कहना ही तो मर्यादा–संगत है; वैष्णव भक्त जैसे राधा और कृष्ण के जीवन में अपने राग–विराग ढाल देते थे, मैं अपने प्रतीक–पुरुष को ही आधार बनाता हूँ। तुलना आपको बड़बोलापन लगे तो न भूलिए कि जैसा मुरीद होगा, वैसा ही पीर होगा, उससे बड़ा कहाँ से आएगा!

मिस्टर पीटर रोलिंग स्टोन
हैव यू एनी मॉस?
नो सर, नो सर, आइ'म
रनिंग एट ए लॉस!

अपने प्रतीक-पुरुष को मिस्टर रोलिंग स्टोन नहीं कहूँगा, यायावर कहूँगा; पर बात वही है :

चल-चल देता है लाद-लाद कर बार-बार बनजारा;
सब ठाठ धरा रह जाता; धन बस दूर क्षितिज का तारा!

यायावर को भटकते चालीस बरस हो चले, किन्तु इस बीच न तो वह 'अपने पैरों तले घास (या मॉस!) जमने दे सका है,' न कुछ ठाठ जमा सका है, न क्षितिज को कुछ निकट ला सका है–उसके तारे को छूने की तो बात ही क्या! कितने स्थल उसने देखे जहाँ बैठ कर ऋषियों ने देहों पर वल्मीक उगा लिये, जहाँ मुनि तपस्या करते-करते पाषाण हो गए, जहाँ देवता जम कर पर्वत-शृंग बन गए, जहाँ मानवों ने ऐहिक कांक्षाओं-वासनाओं से मुक्ति पाई–किन्तु यायावर ने समझा है कि देवता भी जहाँ मन्दिर में रुके कि शिला हो गए, और प्राण-संचार के लिए पहली शर्त है गति, गति, गति! छुटपन में चीनी कहावतों के एक संग्रह में जिस वाक्य ने उसे सबसे अधिक प्रभावित किया था और जिसे उसने अपना गुरु-मंत्र मान कर डायरी के मुख-पृष्ठ पर लिख लिया था, वह था :

'मैं क्यों चाहूँ कि मेरी अस्थियाँ भी मेरे पुरखों की अस्थियों के साथ एक सुरक्षित समाधि-स्तूप में दबी रहें? जहाँ भी कोई चला जाए, वहीं कोई हरी-भरी पहाड़ी मिल जाएगी'...

पूर्व-असम[1]

यायावर को असम में जब नौकरी ही भटकने की मिली, तब उसे लगा मानो क्षितिज का तारा कुछ निकट आ गया है। किन्तु जब जापानी अभियान बढ़ा और पछाड़ खा कर गिर गया, और काम का दबाव भी कुछ हलका पड़ा, तब उसने समझ लिया कि जल्दी ही इस सीमान्त से स्थानांतरित होना होगा। इसी लिये जब पूर्वी सीमा-प्रान्त के भी पूर्वोत्तर प्रदेश का दौरा उसके हिस्से पड़ा, तब उसने तत्परता से स्वीकार किया, और दौरे के प्रोग्राम में कई ऐसे भी स्थान जोड़ लिए जो प्राय: दौरा करने वाले अफ़सरों की सूची में छूट जाया करते हैं–चाहे इसलिए कि 'वहाँ भला क्या काम होगा?' और चाहे इसलिए कि 'कौन आफत का मारा वहाँ जाएगा?' मन ही मन यह भी ठान लिया कि दौरे पर ही 'अपने कार्यक्रम को तात्कालिक आवश्यकतानुसार बदल सकने' के अधिकार का भरपूर उपयोग किया जाएगा–क्योंकि दौरे की पटरी से कुछ इधर या कुछ उधर या कुछ आगे ही तो कैसे-कैसे स्थान पड़ते हैं!

यायावर को इस बार जो ट्रक मिला उसकी हालत बहुत अच्छी न थी। कहूँ कि उसमें एक टायर ही बस ऐसा था जिसका भरोसा किया जा सके, तो इसे मेरी

1. 'आसाम' नहीं असम; 'आसामी' नहीं, असमीया।–**ले.**

आत्मश्लाघा न समझा जाए। इंजिन अठारह हज़ार मील रन कर चुका था–और अठारह हज़ार फ़ौजी मील कितने लम्बे होते हैं, वह भुक्तभोगी मिलिटरी गाड़ियाँ ही जानती हैं!–काँच सब टूटे हुए थे, कारबुरेटर ख़राब था, तार गल गए थे, बैटरी बदलने लायक थी, डायनेमो बीच–बीच में चार्ज करना छोड़ देता था, ब्रेक कमज़ोर थे...तिस पर यायावर को रात में गाड़ी चलाने का व्यसन है, और वह बहुधा दूर-दूर की मीटिंगें शाम को रखता जिससे घोर रात के सन्नाटे में सारी सड़क पर निर्बाध अधिकार हो, कहीं रुकना न पड़े, पटरी से उतरना न पड़े, किसी की धूल न फाँकनी पड़े, और शान्ति से सोचा जा सके; नथुने फुला कर कामरूपी रात की रहस्यमयी सुगन्ध ली जा सके, जब–तब बीच राह में चौंक कर रुके हुए किसी वन्य जन्तु की चमकती अंगार आँखें देखी जा सकें, फिर वह खरहा हो, कि लोमड़ी–सियार, कि बन–बिलार, कि बघेला...और रात की दौड़ में एक यह भी सुविधा थी कि कभी–कभी रैन–बसेरे की समस्या अपने–आप हल हो जाती थी!

किन्तु इस ट्रक के साथ रात की दौड़ कैसे हो? यायावर को चिन्ता नहीं। वह गाड़ी स्वयं चलाता है, शुक्लपक्ष की रातें हैं, उसके शरीर में शायद विटामिन कैरोटिन यों भी यथेष्ट है क्योंकि बत्ती जलाए बिना गाड़ी दौड़ाने में उसकी आँखों को कोई कष्ट नहीं होता! बल्कि यह स्निग्ध अँधेरा तो विचार का सहायक है–और चाँदनी में पूरा प्रदेश दीखता है जबकि बत्ती जलाने से केवल सड़क दीप्त हो उठती है और परिपार्श्व पर कालिख पुत जाती है!

तिनसुकिया से आगे कोई वर्कशॉप नहीं है तो क्या हुआ? यायावर के पैर में चक्कर है, दिमाग़ में चक्कर है, भ्रामरी योग में उसने जन्म लिया है और सनीचर की साढ़े साती चल रही है–क्या भटकाने वाली इतनी शक्तियाँ उसकी रुकी गाड़ी को चला न देंगी? कब उसे उत्तर–पूर्व का सीमान्त फिर छूना मिलेगा, कब फिर ब्रह्मपुत्र की समतल यात्रा का आरम्भ–बिन्दु, परशुराम का तपोवन और कुंड, कुंडिनपुर के उन महलों के अवशेष जहाँ बैठ कर रुक्मिणी ने कृष्ण की प्रतीक्षा की होगी; गैंडे, हाथी और मिठून (अरना भैंसा) द्वारा सेवित कदली–वन, आबोर और मिश्मी और खामटी वन्य जातियों के आश्रयदाता सदिया सीमा–प्रदेश के दुर्भेद्य जंगल देखने को मिलेंगे...और चार–पाँच दिन बाद ही तो माघ–पूर्णिमा है, जिस दिन परशुराम कुंड पर मेला लगता है...निःसन्देह यायावर का सदिया फ्रंटियर ट्रैक्ट में जाना बहुत ज़रूरी है, वहाँ उसे बहुत काम है और उसके लिए दौरे के प्रोग्राम में हेर–फेर करना ही होगा!

सैखुआ घाट असम रेलवे की छोटी लाइन का उत्तर–पूर्वीय अन्तिम स्टेशन है। तिनसुकिया से पचास–पचपन मील रेल की पटरी के साथ–साथ सड़क जाती है। राह में डुमडुमा की अमेरिकी छावनी और फिर एक बड़ा चीनी शिविर लाँघ कर अनेक चाय–बाग़ान, नदी–उपनदी और बेंत के जंगल पार करके सैखुआ घाट

का बँगला पड़ता है। किन्तु कोई सोच ले कि घाट पहुँचते ही नदी मिल जाएगी तो भूल करेगा, यद्यपि नाम को घाट के बाद से नदी का पाट आरम्भ हो जाता है। दो-तीन मील और आगे बढ़ कर फिर सड़क खो जाती है। और मीलों रेती में चलना पड़ता है, तब जा कर कहीं ब्रह्मपुत्र का उतारा मिलता है, जहाँ गाड़ी नाव पर लाद कर पार लगाई जाती है। पार उतर कर फिर दो-तीन मील रेती, और फिर सड़क पर चढ़ कर सदिया का छोर मिल जाता है, कुछ आगे बाज़ार है और बाएँ को मुड़ कर दो-तीन मील जा कर सदिया का दुर्ग, छावनी और कचहरी आदि...

यायावर का ट्रक सर्किट हाउस पर जा रुका। मुझे तब विश्राम मिला; यायावर ने कमरे में सामान जमाया और नक़्शा ले कर बैठा। शाम को अंग्रेज़ पोलिटिकल एजेंट से मिल कर 'भीतरी सीमा' के पार के प्रदेश में जाने का परमिट लिया और बाक़ी तैयारी अगले दिन पर छोड़ दी, ताकि इस बीच ट्रक की और मेरी कुछ ख़ातिर कर ली जाए...

सदिया सीमा प्रदेश तो है ही, यहाँ का पोलिटिकल एजेंट सीधे गवर्नर के अधीन होता, और उसके तथा सदिया के सैनिक कमांडर के हाथ में सम्पूर्ण शक्ति केन्द्रित होती है। भारत में ब्रितानी शासन को दृढ़ करने में किस तरह सीमा प्रान्तों या 'पिछड़े' प्रदेशों के पोलिटिकल एजेंटों और ईसाई प्रचारकों का चोली-दामन का साथ रहा है, इस अध्ययन के लिए असम के सीमा प्रदेशों का-सा क्षेत्र और न मिलेगा! यायावर प्राय: कहा करता कि देश की पराधीनता सबसे अधिक अखरती है तो एक अपने हिमालय के अंग, संसार के सबसे ऊँचे शिखर का नाम 'एवरेस्ट' सुन कर, और एक सीमा-प्रदेशों में जाने के परमिट के लिए फिरंगी पोलिटिकल एजेंट के दफ़्तर में जा कर! देश की प्रत्येक सीमा तीर्थ होती है, नहीं तो देश पुण्यभूमि कैसे होता है? पर अपने ही तीर्थ तक जाने के लिए परदेशीय सत्ता के अहंमन्य प्रतिनिधि का मुँह जोहना जैसा चुभता है, उसे भुक्तभोगी जानते हैं...

सदिया फ्रंटियर ट्रैक्ट में भी दो सीमाएँ हैं। एक 'भीतरी' सीमा, एक सीमा। यों तो सदिया में घुसने वाले प्रत्येक व्यक्ति को आने का कारण, ठहरने की अवधि आदि ब्यौरा देना पड़ता है, पर भीतरी सीमा तक जाने के लिए व्यक्ति को और अधिक कुछ नहीं करना पड़ता। किन्तु इस सीमा के पार जाने के परमिट पोलिटिकल एजेंट स्वयं देता है, और वह पाना सदा या सब के लिए सहल नहीं होता...माघ-मेले के समय परशुराम जाने वाले यात्री जा कर उसी दिन लौटने का या रात-भर ठहरने का परमिट तो फीस दे कर पा लेते हैं; अन्य समय का अन्य प्रकार के परमिट के लिए पूरी जाँच होती है। सदिया से लगभग चालीस मील आगे टामेइ तक मोटर जाती है, परशुराम के लिए फिर टामेइ घाट पर ब्रह्मपुत्र (जो यहाँ पर लुहित कहलाती है, इसी का संस्कृत नाम जो महाभारत में मिलता

है लौहित्य है) पार करके चार-पाँच मील पैदल जंगल पार करना पड़ता है। किन्तु अठारह-बीस मील जा कर भी भीतरी सीमा पर पहुँच जाते हैं।

सदिया से तीर-चार मील जा कर ही ब्रह्मपुत्र की एक उपनदी पार करनी पड़ती है, जो अब कुंडिल कहलाती है। प्रसिद्धि है कि इसी नदी के किनारे कुंडिनपुर की राजधानी थी, और यहीं से रुक्मिणी को लेने कृष्ण आए थे। पुरानी रिपोर्टों से पता चलता है कि इस शताब्दी के आरम्भ में भी यहाँ 'अति प्राचीन' परकोटे आदि के खँडहर थे, किन्तु जहाँ इन के पाए जाने का वर्णन था, वहाँ पर नए सर्वे के नक़्शों में लिखा है 'इम्पेनेट्रेबल फॉरेस्ट'-अभेद्य जंगल! और यह अभेद्यता काव्योचित अतिरंजना नहीं, यह यायावर ने स्वयं परख कर देख लिया। इस नदी पर पुल नहीं है और गाड़ी को नौका पर लाद कर पार करना पड़ता है, जब तक यह हो तब तक यायावर ने नदी-मार्ग से उस जंगल में घुसने की सोची, क्योंकि स्थल से दुर्भेद्य जंगल डोंगी में बैठ कर जाने वाले के लिए उतना दुर्भेद्य नहीं रहता। पर जल्दी ही उसने समझ लिया कि दो-चार दिन की फ़ुरसत न हो तो पड़ताल करना भी व्यर्थ है...

जिस ने वह नहीं देखा, वह नहीं मानेगा कि संस्कृत वाक्यों में कदली वन में विचरते हाथियों का जो वर्णन मिलता है, वह अक्षरश: सत्य हो सकता है। जंगली ही सही, केले के इतने बड़े जंगल कि दो घंटे मोटर दौड़ा कर भी पार न हों...और उनकी चिकनी, गहरी, हरी छाँहों में कहीं हाथियों के झुंड, और कहीं बड़ी शालीनता से घूमते मिठून...मिठून अरना भैंसा ही होता है, किन्तु अरने भैंसे से कहीं अधिक गठे शरीर वाला और फुर्तीला...वन्य जातियाँ सभी मिठून को पूज्य मानती हैं, कुछ जातियाँ अपने को मिठून-कुलोत्पन्न बताती हैं और मिठून को अपना पूर्वज मान कर पूजती हैं। कहीं-कहीं मादा मिठून पालते भी हैं...

बारह-एक मील जा कर होलोगाँव का छोटा पड़ाव था, जहाँ अमेरिकी सैनिकों ने शायद रेडियो चौकी बना रखी थी। पोलिटिकल एजेंट ने बताया था कि यहाँ के सैनिकों ने मिठून के धोखे में मिश्मियों की कुछ भैंसे मार डाली थीं; फिर एजेंट के बीच-बचाव करके हरजाना दिलाने पर किसी तरह निबटारा हो सका था। अमेरिकी प्राय: किसी के भुलेखे में किसी को मारने और फिर हरजाना भरते रहते थे! जहाँ ऐसी घटना या घटनाएँ हो जाएँ, वहाँ कुछ देर के लिए खाकी वर्दी बहुत अप्रिय हो जाती-क्योंकि वन-वासियों के लिए सब फ़ौजी एक हैं, फिर फ़ौजियों में आपस में भले ही यह हो कि अंग्रेज़ अमेरिकी को मूर्ख कहे, अमेरिकी अंग्रेज़ को असामाजिक, या हिन्दुस्तानी एक को दंभी और एक आवारा! तभी यायावर इस प्रदेश में विशेष सतर्क भाव से मोटर चला रहा था। कुछ राह-चलते मिश्मियों ने हाथ उठा कर गाड़ी रोकी तो उसने रुक कर चार-छ: को पीछे बिठा तो लिया और मुड़-मुड़ कर उनकी ओर को उन्हीं की-सी खुली चौड़ी हँसी हँसता रहा, पर मन ही मन सोचता रहा कि

इन के कन्धे पर कसे हुए तीर-धनुष और कमर में खोंसे हुए खांडे किस-किस काम आ सकते हैं...पर अपने-अपने पड़ाव पर ये अतिथि उतरते गए और एक अद्भुत मूर्धन्य स्वर में धन्यवाद दे कर और हँस कर चलते गए...टिज़ू के बाद जब अन्तिम कुछ मील के जंगल में प्रवेश हुआ, तब उसकी अत्यन्त ऊँची-नीची काई और कीचड़ की फिसलन-भरी कच्ची सड़कें पार करने के लिए ट्रक में रह गए केवल यायावर, उसका अनुचर जीतबहादुर लामा, और कुन्दनसिंह जो कभी शिलङ् में नगरपालिका का मेहतर था, किन्तु यायावर के साथ पहले अर्दली हुआ था फिर ट्रक का क्लीनर-जिसके लिए वह वेतन पाता था नौसिखिए ड्राइवर का-और जिसको अगर कोई कभी 'ड्राइवर साहब' कह कर आवाज़ दे देता तो वह ऐसा विभोर हो कर झूमने लगता मानो अब गिरा, अब गिरा...

जंगल पार करके पेड़ों के तने जोड़ कर बनाए हुए एक काठ-घर के नीचे ट्रक रुका। यह टामेइ का पड़ाव था, जहाँ से उत्तर को एक रास्ता रीमा (उत्तरी बर्मा) को जाता है। कभी यह भारत और चीन को जोड़ने वाला एक मार्ग रहा होगा, पर अब नहीं। उन दिनों अवश्य इस की नई 'सर्वे' हुई थी और सड़क बनाने का विचार हो रहा था, आरम्भ का कुछ अंश बना भी था। पड़ाव के कुछ आगे ही मिश्मियों की छोटी-सी बस्ती थी, कई-एक नंग-धड़ंग बच्चे आ कर ट्रक को देखने लगे। दो-तीन फर्लांग जा कर लुहित का किनारा मिला। नदी यहाँ वेगवती थी, निर्मल जल में नीचे पत्थर दीख पड़ते थे, पर यहाँ भी उसका रूप वैसा था जैसा पहाड़ छोड़ने पर नदी का होता है-लगभग जैसा हृषीकेश में गंगा का है-यद्यपि यहाँ के जंगल की तुलना नहीं है।

नदी पार करके चार मील का रास्ता।

जंगल में बीच-बीच में खुला घास-भरा प्रदेश आ जाता, जिसमें महाकाय सेमल के धवल-गात पेड़ मानो आगमिष्यत् रक्त-प्रसूनों की सुलगती हुई पूर्वानुभूति से कंटकित हो रहे थे; और कहीं-कहीं किंशुकों के झुरमुट। कुछ ही दिन में इनमें आग खिल जाएगी; पहाड़ियों के पार्श्व को चिपटती हुई, लपलपाती एक के बाद एक रूख को लीलती हुई ऊपर तक फैल जाएगी, और बालुका के पीले उत्तरीय में लिपटा हुआ ब्रह्मपुत्र का नील गात, मानो वसन्त-श्री के लाल चुम्बनों से मुद्रांकित हो उठेगा! फिर धीरे-धीरे नद उमगेगा और उसका उद्बुद्ध पौरुष आस-पास के प्रदेश को लील लेना चाहेगा-लील लेगा-और अपनी सफलता के खेद से खिन्न और गन्दला हो उठेगा...

किन्तु रूपक को और दूर तक खींचना आवश्यक नहीं है, चट्टानों के बीच की गली से हो कर यायावर एक कुछ खुली जगह पहुँचकर ठिठक गया है। सामने परशुराम का कुंड है।

कुंड वास्तव में ब्रह्मपुत्र की धारा का ही एक आवर्त है। नद जब समतल भूमि में प्रविष्ट होता है तब, मानो महासागर में अपनी चरम निष्पत्ति की खोज में अभिनिष्क्रमण का निश्चय करके भी, एक बार वह पीछे मुड़ कर महान् स्थित-चेता हिमालय का दर्शन कर लेना चाहता है जिसके आश्रय में उसने अपनी लगभग आधी यात्रा हँसते-खेलते-उछलते-कूदते ही तय कर ली है। मंडलाकार घूम कर, हिमालय की चरण रज ले कर, फिर वह धीर गति से आगे बढ़ जाता है। आवर्त के दाहिनी ओर, जहाँ धारा पहले टकराती है, कुछ ऊँचाई पर पहाड़ के पार्श्व से एक सोता फूटता है जिसका जल आ कर कुंड में पड़ता है; यह सोता ब्रह्म धारा है, बाईं ओर जिस शिखर के पैर छूता हुआ ब्रह्मपुत्र आगे बढ़ता है, उस पर एक छोटा-सा मन्दिर है। यायावर जहाँ खड़ा हो कर दृश्य देखता है, वहाँ पीछे जस्ते की चादर और लकड़ी की कई-एक कोठरियाँ हैं, जहाँ यात्री रात में ठहर सकते हैं।

यायावर ठिठक कर देखता रहता है। इसी तरह कभी परशुराम भी वहीं पर ठिठक कर क्षण-भर दृश्य को देखते रहे होंगे, और तब उन्होंने जाना होगा कि उनका स्वप्न ठीक था और यहाँ उनकी आत्मा शान्ति पाएगी। तब उन्होंने नीचे उतर कर स्नान किया होगा और मनस्ताप मिटाने का उपक्रम करने से पहले शरीर की क्लांति धोई होगी...

कथा है कि पिता की आज्ञा से मातृ-वध करने के पश्चात् परशुराम के मन में ग्लानि हुई, और वह पिता के आश्वासन देने पर भी अपने को मातृघात के महापातक से मुक्त न मान सके। बहुत तपस्या करके भी जब उनके मन से पाप का कलुष न धुला, तब एक दिन भगवान् ने स्वप्न में दर्शन दे कर उन्हें ब्रह्मपुत्र के इस कुंड में स्नान करने का आदेश किया और कहा कि वहाँ तपस्या करने से उनके मन का परिष्कार होगा। परशुराम खोजते हुए इस स्थल पर पहुँचे; कुंड में और फिर ब्रह्मधारा के नीचे स्नान करके उन्होंने तपस्या की और पाप के बोझ से मुक्त हुए।

यायावर ने कुंड में, और फिर धारा के नीचे स्नान, किया। कुंड का जल बर्फ़-सा ठंडा है, सोते का जल गर्म। अतः इसी क्रम से स्नान करना अत्यन्त सुखद प्रतीत होता है। स्नान से पाप धुल जाते हैं; पाप तो दीखते नहीं, अतः उनके दृश्य प्रतीक के रूप में जिन वस्त्रों से स्नान किया जाता उन्हें कुंड पर ही छोड़ देने की प्रथा है। इस सरल उपाय से यात्री अपने पाप वहीं छोड़ कर चले आ सकते हैं! यायावर जब गया तब तो कुंड पर सन्नाटा था, पर संक्रांति आदि के स्नानों पर जब भीड़ लगती है, तब मुमुक्षुओं से अधिक उत्साह उनके पाप-मोचन के लिए वहाँ जुटे हुए मिश्मी स्त्री-पुरुष दीखाते हैं। मुमुक्षु नहा कर निकले-न-निकले कि मुक्ति-पथ के ये सहायक उसकी धोती-गमछा-लंगोट जो कुछ हो खींच लेते हैं, और कभी-कभी मुमुक्षु को उस परम निष्पाप अवस्था में ही अपने सूखे कपड़ों तक जाना पड़ता है। इसका विरोध सम्भव नहीं है, यही रीति चली आई है। और सभ्य मुमुक्षुओं के पाप

का बोझा इस प्रतीक के द्वारा ढोने का अधिकार सदा से असभ्य उपत्यकावासी मिशिमयों का रहा है। विकसित नागरिक सभ्यता के पापों का बोझ अविकसित वन्य जातियों द्वारा ढोया जाता है। इस सत्य की यह रीति स्वयं कितना अर्थपूर्ण प्रतीक है, इस की ओर कदाचित् दोनों ही पक्षों का ध्यान कभी नहीं जाता होगा!

ट्रक तक पहुँचते-न-पहुँचते दिन छिप गया। गाड़ी का डायनेमो चार्ज नहीं करता, अतः बत्ती तो जलाई न जाएगी, अँधेरे में ही गाड़ी चलाना होगा। जितनी जल्दी हो सके, जंगल का पहला बहुत घना और कीचड़ वाला खंड पार कर लिया जाए, उसके बाद पक्की सड़क पर रुक कर कहीं चाय बनाई जाएगी और फिर चाँद उठ आने पर आगे बढ़ा जाएगा...

जंगल पार हो लिया गया। बीच में कहीं-कहीं मोड़ों पर रास्ते से थोड़ा भटक कर फिर उलटा लौट कर पथ खोजना पड़ा, किन्तु विशेष असुविधा न हुई।

पक्की सड़क पर आ कर जल्दी-जल्दी चाय पी गई। चाँद निकल आया, और रास्ता तथा वन्य प्रदेश कुछ साफ़ दीखने लगा, पर गाड़ी चलाते ही हलकी-सी धुंध छाने लगी और दीखना असम्भव हो गया।

धीरे-धीरे चलते रहे। आधा रास्ता तय हो चुका था, और कुछ मील जा कर होलोगाँव आएगा जहाँ अमेरिकी ठीया है और पास ही जंगलों के विभाग का बँगला...

हठात् स्टियरिंग लड़खड़ाया और एक शब्द हुआ, जिस की हिन्दी अभिधा 'धड़ाम' से बँगला के ध्वन्यनुसारी 'फटाश्' में कहीं अधिक सजीवता है। पंक्चर! यायावर ने पहले स्टियरिंग सँभाल कर फिर ब्रेक लगा दिए, गाड़ी रुक गई।

पहिया देखा गया। अन्धकार में औजार निकाल कर टटोले गए; जैक को धुरी के नीचे रखा गया। जैक नीचा था, नीचे ज़मीन भी पोली थी, उसे जमाने के लिए पत्थर की ज़रूरत होगी। यायावर ने कुन्दनसिंह को पत्थर ढूँढ़ लाने के लिए कहा, और स्वयं स्पैनर ले कर नए पहिये को खोलने लगा।

नया पहिया पंक्चर वाले पहिये के साथ टिका दिया गया। ढिबरियों को एक-एक चक्कर घुमा कर नरम कर लिया गया; अब धुरी उठे तो पहिया खोला जाए। पर कुन्दनसिंह का कोई पता नहीं। यायावर ने थोड़ी प्रतीक्षा की, फिर भुनभुनाते हुए जा कर स्वयं पत्थर ढूँढ़ने लगा। पत्थर ले कर लौटा, तब अभी कुन्दनसिंह का कोई चिह्न नहीं था। यायावर ने पत्थर जमा कर जैक उठाया और पहिये की ढिबरियाँ खोलने लगा। स्पैनर के एक-एक चक्करके साथ-साथ उसका पारा एक-एक डिगरी चढ़ता जा रहा था।

सब डिबरियाँ खोल कर जब पहिया गिराया गया तब अपने बड़े फ़ौजी बूटों को ढबर-ढबर बजाता हुआ दो पत्थर उठाए कुन्दनसिंह धुंध में अवतीर्ण हुआ। यायावर ने दाँत पीस कर कहा, "मिल गए तुम्हें पत्थर?"

उजड्ड के लिए मुसकान परमास्त्र है, वह मुसकान जो स्पष्ट बता देती है कि जब मुझ में अपना दोष समझने की ही बुद्धि नहीं तब आपका क्रोध कैसे समझूँ।

वही मुसकान कुन्दनसिंह के चेहरे पर थी। खीसें काढ़ कर बोला, "जी, ज़रा ठहर गया था।"

यायावर और भी क्रुद्ध स्वर में कुछ कहने ही जा रहा था कि कुन्दनसिंह ने वैसे ही कहा, "ज़रा साँप लड़ गया था।"

यायावर अवाक्। साँप काट गया! 'गया' नहीं, 'गया था'! वह भी 'ज़रा'! थोड़ी देर बाद उसे ध्यान हुआ कि इतनी देर में उसने कुछ कहा ही नहीं है; कुछ कहना ज़रूरी है। पर कहे क्या इस आदमी को? अपनी असमर्थता पर ग़ुस्सा ही उसके प्रश्न में प्रकट हुआ, "साँप मर गया कि नहीं?"

इस प्रश्न का अर्थ कुन्दनसिंह की बुद्धि के स्पष्टतया बाहर था। उसने अचकचा कर कहा, "जी?"

"तुम को जिस साँप ने काटा, वह मर गया कि नहीं? कम-से-कम दाँत तो टूट गए होंगे?" कहता हुआ यायावर भी उठा। ट्रक में से पेटी खोल, माचिस, मोमबत्ती, दवा का बक्स आदि निकाल कर कुन्दनसिंह की टाँग देखने पर मालूम हुआ कि साँप ने जीन की पैंट के ऊपर से काटा था, दाँत हलके लगे। चाकू से निशान ज़रा खोल कर उसमें दवा मल दी गई। फिर पहिया फिट करके गाड़ी चली। रात बारह बजे के लगभग कुंडिल नदी पार करके थोड़ी देर में सदिया पहुँच गए। सर्किट हाउस में जो तेल का लैंप जल रहा था, उसकी दीप्ति ऐसी लगी, मानो कभी उतना प्रकाश न देखा हो। साथ ही उस 'ठीक-ठिकाने' कमरे में दिन-भर के जंगल के दृश्य मानो स्वप्न की तरह खो गए-वैसे ही बहिष्कृत हो गए जैसे फिरंगी पोलिटिकल एजेंटों के दफ़्तरों से वनवासी फरियादी ताड़ित कर दिए जाते होंगे।

लेकिन यायावर के मन में जो जंगल की पुकार गूँजती है, उसे सर्किट हाउसके कमरे की दीवार नहीं रोक सकती...

सदिया का प्रदेश कामरूप के इतिहास के कई स्मारक अपने गहन वनों में छिपाए है। कुछ की झाँकी जब-तब मिलती रही है, कुछ कभी देखे जा सकते थे लेकिन अब बिलकुल ही लुप्त हो गए हैं। सदिया भी प्राचीन 'सुटिया' राज्य का अवशेष है, जो स्वयं कदाचित् महाभारतकालीन राजा भीष्मक के वंश के ह्रास के बाद खड़ा हुआ था। प्राचीन इतिहास के शोध में यहाँ जाना अनावश्यक है, किन्तु सदिया की व्युत्पत्ति मनोरंजक है।

कथा है कि भीष्मक का एक वंशधर वीरपाल (अथवा बीरबर) सोनागिरि का राजा था। उसकी रानी रूपवती ने पुत्र-लाभ के लिए कुबेर की स्तुति की। कुबेर एक दिन उसके पति का रूप धारण कर रूपवती के पास आए। रूपवती ने उन्हें नहीं पहचाना और उनके साथ रमण किया। अनन्तर वीरपाल को कुबेर ने स्वप्न में दर्शन दे कर आदेश किया कि एक वृक्ष विशेष के नीचे जा कर देखे, वहाँ जो कुछ उसे मिले उसे पूज्य मान कर ग्रहण करे। वीरपाल वृक्ष के नीचे गया; वहाँ उसे एक तलवार, एक ढाल, और ढाल से ढकी हुई सोने की बिल्ली मिली। कालान्तर में रूपवती ने पुत्र प्रसव किया जिसका नाम गौरीनारायण रखा गया। यही कुबेर-पुत्र गौरीनारायण वीरपाल के बाद राजा हुआ और रत्नध्वज पाल के विरुद से प्रसिद्ध हुआ। असमीया भाषा की एक बुरंजी (हस्तलिखित इतिहास ग्रन्थ) से विदित होता है कि उसने शक सं. ११४६ (ईसवी १२४४) में राज्य ग्रहण किया।

रत्नध्वज ने राजा भद्रसेन को परास्त करके एक नया नगर बसाया जिसका नाम रत्नपुर रखा। उसके पराक्रम ने उसके राज्य का बहुत विस्तार किया। बुरंजी के अनुसार बंगाल के सुलतान जलालुद्दीन मसूद मलिक जानी से उसने मैत्री स्थापित की और सुलतान ने उसे समय-समय पर गंगाजल भेजना स्वीकार किया और बदले में परशुराम कुंड का पानी चाहा!

रत्नध्वज का एक पुत्र उस समय बंगाल में गौड़ेश्वर राजा के पास शिक्षा के लिए रहता था। इस कुमार की बंगाल में ही मृत्यु हो गई। सुटिया राजाओं की दाह-संस्कार विधि से अनभिज्ञ होने के कारण गौड़ेश्वर ने कुमार का शव उसके पिता के पास भेजने का निश्चय किया। रत्नध्वज तब लुहित के तट पर सिंधुक्षेत्र में एक नया महल बनवा रहा था। यहीं सिंधुक्षेत्र में कुमार का शव उसे दिया गया, और इसी घटना के कारण उस स्थान का नाम स-दिया (जहाँ शव दिया गया) पड़ गया। तब से यही नाम प्रचलित है।

वर्तमान देवरिया सुटिया जाति के लोग अपने को क्षत्रिय बताते हैं। सम्भव है कि 'सुटिया' भी 'क्षत्रिय' से बना हो। जो हो, उनकी भाषा में हिंदी-संस्कृत शब्द प्रभूत हैं, और बुरंजी में लिखा है कि जब सुटिया बर्मा से असम आए तब केवल उन्हीं के पास लिपि थी, जिससे सिद्ध होता है कि यह जाति साक्षर और संस्कृत थी। अब भी देवरिया जाति उच्च जाति मानी जाती है और उनके घरों में हर कोई प्रवेश भी नहीं पा सकता।

सुटिया राजा तांत्रिक थे और उनके बनवाए हुए ताम्रेश्वरी देवी के मन्दिर के अवशिष्ट अब भी सदिया के उत्तर में पाए जाते हैं। सन् १८४८ में एक अंग्रेज़ यात्री ने यह मन्दिर देखा था; उसका ताँबे का कलश तब टूट कर अलग पड़ा हुआ था। अब यह प्रदेश जंगल ने लील लिया है। अनुमान किया जाता है कि पहले ब्रह्मपुत्र की धारा यहीं बहती थी, उसका पाट क्रमशः दक्षिण को हटता गया और जल

दुर्लभ होने से उत्तरी प्रदेश उजड़ते गए। कालान्तर में अहोम आक्रमणों से परास्त होने पर सुटिया का वैभव मिट ही गया, तब ये उत्तरी प्रदेश जंगल के आक्रमण को भी न रोक सके और डूब गए। असम में अन्यत्र कई स्थानों पर ऐसा हुआ है।[1]

गाड़ी तिनसुकिया तक नहीं पहुँची। डुमडुमा से कुछ आगे बैटरी की शक्ति समाप्त हो गई, इंजिन बन्द हो गया। डायनेमो में सफ़ाई आदि करके जो काम-चलाऊ प्रयोग किए जा सकते थे, किए गए, पर व्यर्थ। अन्त में एक अमेरिकी ट्रक के पीछे जुत कर घिसटते हुए तिनसुकिया पहुँचे, जहाँ तीन-चार दिन गाड़ी ठीक-ठाक कराने में लग गए।

तिनसुकिया रेल का जंकशन है। जहाँ से एक लाइन तो सीधी सैखुआ घाट चली गई है, एक और पूर्व को मुड़ कर डिगबइ के तेलक्षेत्र को पार करके मारगरिटा और लेडो जाती है जहाँ से बर्मा-चीन वाली सड़क का आरम्भ होता है। प्रस्तुत प्रसंग में उस क्षेत्र का वर्णन अनावश्यक है।

यों तो यह यात्रा-विशेष यहाँ से आगे अप्रासंगिक हो जाती, क्योंकि तिनसुकिया से डिब्रूगढ़ लौट कर यायावर ने अपना कार्यसूत्र फिर पकड़ा; और जैसे तरुवासी एक प्रकार की मकड़ी अपने झूलते सूत्र के सहारे पेड़ पर चढ़ जाती है और फिर झूलती है, वैसे ही उसके सहारे क्रमशः अपने केन्द्र शिलङ् जा पहुँचा जहाँ से फिर नया अभियान आरम्भ हुआ। किन्तु एकाधिक किस्तों में ही सही, परशुराम कुंड से उत्तर-पश्चिम की यात्रा धीरे-धीरे अग्रसर होती ही रही, और यहाँ दफ़्तर आदि गौण बातों को छोड़ कर भटकने के मुख्य विषय को ही लिये रहना ही अभीष्ट है।

शिवसागर।

बाँग्ला में स, श, ष, सबका जैसे 'श' उच्चारण होता है, वैसे असमीया में सब 'ह' हो जाते हैं। इसी लिए 'शिवसागर' भी 'हिवहागर' उच्चारित होता है (यद्यपि अंग्रेज़ी लेखन-उच्चारण 'सिब्सागर' के प्रभाव से वैसा उच्चारण असमीयों में भी बढ़ता रहा है)। यह बस्ती एक बड़े ताल के किनारे बसी है, जो अहोम राजत्व-काल में बना था, और इसलिए एक अचरज माना जाता है कि उसका तल आस-पास के प्रदेश से लगभग तीस फ़ुट ऊँचा है, फिर भी ताल सदा भरा रहता है-बल्कि उसका तेल भी लगभग एक-सा रहता है। इसी सागर के किनारे तीन मन्दिर हैं, और यहाँ से जोरहट के रास्ते पर रुद्रसागर और जयसागर के किनारे अन्य मन्दिर और महल भी। शिवसिंह और रुद्रसिंह प्रतापी अहोम राजा थे, और

1. सन् 1950 के भूकम्प से लुहित और सदिया के निकट उससे मिलने वाली डि-हांग की धाराओं में अनेक परिवर्तन हुए हैं। जिस शृंग के कारण ब्रह्मपुत्र में वह आवर्त बना था जो परशुराम कुंड था, वह शृंग भी धँस गया है; कुंड अब नहीं है!-**ले.**

जयमती एक वीर नारी जिसका नाम असम का बच्चा-बच्चा जानता है और जिसका चरित असमीयों को उत्कट देश-प्रेम का पाठ सिखाता है।

ज़ोरहाट-नवगाँव-गौहाटी। गौहाटी वास्तव में 'गुवा हाटी' है-असमीया सुपारी (गुवाफल) की प्रसिद्ध प्राचीन हाट। यह असमीया कामरूप राज्य की राजधानी और प्रमुख व्यापार केन्द्र तो रही ही इस के अतिरिक्त नीलाचल पर स्थित कामाख्या देवी के मन्दिर के कारण इस की कीर्ति और भी फैली। असमीया लोग तो निराकारो-पासक वैष्णव हैं; पर कामाख्या के दर्शन के लिए हज़ारों बंगाली प्रतिवर्ष आते हैं। दर्शनार्थियों को देख कर पंडों का जो झुंड उन पर टूटता है, वह बँगला शब्दों की ध्वनि पड़ते ही सतभैयों की तरह मुख उत्साह प्रदर्शित करने लगता है, किन्तु अन्य भाषाओं को सुन कर अप्रतिभ हो कर प्राय: कहता है, 'अरे एरा तो बांगली नय!'-अरे ये तो बंगाली नहीं है! और असमीया भाषा सुन कर तो पंडावृन्द वैसा ही श्रीहत हो जाता है जैसे प्रभात के समय का छोटा उल्लू!

मध्य-असम से पंजाब

यायावर को आज्ञा मिली कि पाँच गाड़ियों का 'कानवाई' ले कर असम से पंजाब जाए-असम से उसकी छोटी-सी टोली को स्थानान्तरित किया जा रहा था और भविष्य में उसका कार्य-क्षेत्र पंजाब और सीमाप्रान्त में होगा...

यों तो तैयारियाँ सभी तरह की होती हैं, पर उनमें 'कानवाई' की तैयारी का एक विशिष्ट स्थान होता है-ठीक वैसे, जैसे बुख़ारों में जूड़ी-बुख़ार का। इतना कह कर उसके विशद वर्णन को छोड़ देना चाहिए-क्योंकि आख़िर तो वह तैयारी ही है न, स्वयं अभियान तो नहीं।

अप्रैल के एक गीले दिन भोर होते ही 'लाद चला बनजारा'। अभी झुटपुटा था, वर्षा के कारण और भी फीका। यायावर का मन स्तब्ध था। उसके लिए सब रैन-बसेरे हैं, कहीं यात्रान्त तो है ही नहीं, इसलिए कहीं से चलने पर उदास होना निरर्थक है; किन्तु किसी-किसी पड़ाव पर जो शान्ति और स्नेह मिल जाता है, उसका आकर्षण तो बना ही रहता है...रहे, मगर राह पर आज जो मिला, उसे आज की लब्धि नहीं, कल का पाथेय मानना होगा, और चलना होगा...चल यायावर, चल! 'जहाँ भी कोई चला जाए, वहीं कोई हरी-भरी पहाड़ी मिल जाएगी!' कल का पाथेय मिला है तो कृतज्ञ हो, प्रणाम कर, और आगे बढ़!

शिलङ् के पहले उतार की चीड़ की घाटियों से निकल कर बड़ा-पानी नदी पार करके जब खुली हरियाली की पहाड़ियों में बजरी की सड़क लहराने लगी, तब कहीं जा कर यायावर का मन चेता और चेत कर आगे को उन्मुख हो गया। गौहाटी पार करके नीलाचल की छाया में होते हुए 'कानवाई' पलाशबाड़ी जा निकला, जो असमीया रेशम की बड़ी मंडी है; और फिर दाहिने को ब्रह्मपुत्र और बाएँ को

खसिया पर्वत से लगी हुई गारो पर्वत-श्रेणी रखते हुए बढ़ कर ग्वालपाड़ा जा रुका। यहीं से कुछ आगे जोगीगुफा का घाट है, जहाँ नाव पर लाद कर गाड़ियाँ ब्रह्मपुत्र के पार उतारी जाएँगी और कूचबिहार का रास्ता पकड़ेंगी। रात ग्वालपाड़ा में ब्रह्मपुत्र के किनारे एक टीले पर बने हुए बँगले में काटी, और सवेरे जोगीगुफा के घाट पर जा पहुँचे। जोगीगुफा नाम का इतिहास है। आस-पास का वन-प्रदेश तांत्रिकों की साधना का क्षेत्र था और यहाँ उनकी अनेक गुफाएँ हैं। यह भी प्रसिद्धि है कि तेरहवीं शती के आरम्भ में जब तुर्कों ने बिहार से बढ़ कर कामरूप पर आक्रमण किया, तब इन्हीं गुफाओं में रहने वाले तांत्रिकों के अभिचार से उनकी पराजय हुई। इस प्रसिद्धि की ऐतिहासिकता का कोई दावा नहीं। इतना अवश्य है कि ब्रह्मपुत्र के दाहिने तट पर बसी तत्कालीन राजधानी पर अधिकार करके जब मलिक उज़बक नद की बाढ़ से बचने के लिए बाएँ किनारे की पहाड़ियों से लगे-लगे नदी के प्रवाह की ओर उतरने लगा, तब गारो पहाड़ियों की तलहटियों में ही उसकी सेना भटक गई। तुर्क इतिहासकार मिनहज ने मलिक उज़बक के अभियान का वर्णन करते हुए लिखा है कि 'देश में कृषि की उन्नत और सम्पन्न अवस्था देख कर मलिक उज़बक ने अन्न भर रखना आवश्यक नहीं समझा था। जब चैत की कटनी का समय आया तब राजा और सारी प्रजा ने विद्रोह कर दिया और सब बाँध खोल दिए। मलिक उज़बक और उसकी सेना असमर्थ हो गई और भूखों मरने लगी। तब उसने पीछे हटने का निश्चय किया।...समतल प्रदेश में पानी भरा था, और हिन्दू बसते थे, (अत:) मुसलमानों ने एक पथदर्शक को ले कर पहाड़ों की तलहटी से हो कर जाने की सोची। किन्तु कुछ पड़ाव जा कर वे संकरी पगडंडियों और घाटियों में खो गए। सहसा सामने और पीछे से हिन्दुओं ने आक्रमण किया। एक तंग घाटी में सामने हाथियों की लड़ाई हुई; मुसलमान सेना के पैर उखड़ गए और हिन्दू-मुसलमान गुत्थमगुत्था हो गए। तभी हाथी पर सवार मलिक उज़बक के तीर लगा, वह गिरा और बन्दी बना लिया गया। फिर उसके परिवार के सब लोग और सारी सेना बन्दी बना ली गई।' यह 'दुर्घटना' चाहे तांत्रिकों के प्रताप से हुई हो चाहे नहीं, इसमें सन्देह नहीं कि घाटी में से जाती हुई सेना पर आक्रमण आस-पास की पहाड़ियों की गुफाओं से बड़ी सफलता के साथ किया जा सकता है, और सम्भवतया किया गया होगा, तभी तो उज़बक की सेना 'सहसा' आगे-पीछे से आक्रान्त हो कर परास्त हो गई होगी।

जोगीगुफा से नद पार करके एक रास्ता धुबड़ी हो कर कलकत्ते का है; किन्तु यह अच्छा नहीं है, और 'कानवाई' अच्छी सड़कों पर ही चलते हैं जब तक कि लाचारी न हो; इसलिए कूचबिहार की सड़क पकड़ी गई। तीसरे पहर तक

'कानवाई' कूचबिहार की सीमा में प्रविष्ट हो गया था; कूचबिहार पहुँचा जा सकता था, किन्तु रात में बड़े शहर में ठहरने की जगह का कष्ट हो सकता है, यह सब यायावर जानते हैं। अतः कुछ पहले ही दीनहट्टा के छोटे सफ़री बँगले के आगे गाड़ियाँ रोक दी गईं। बँगला तो बाँसों का बना हुआ 'बासा' ही था और कमरों में जगह भी नहीं थी, पर बरामदे के कच्चे फर्श पर बाँस की चटाइयाँ बिछी थीं, और चारों तरफ़ खुला बग़ीचा भी था; रात काटने के लिए और क्या चाहिए? इधर प्रायः दिन छिपे ही हाट बैठती है, दीनहट्टा का बाज़ार अभी उठा नहीं था, केले, शाक-तरकारी, अंडे आदि बिक रहे थे...

सवेरे कूचबिहार से गुजरे। छोटी-सी सुन्दर नगरी है। नाम वास्तव में कोचविहार होना चाहिए, क्योंकि कोच जाति की राजधानी है। किसी समय कोच साम्राज्य बहुत फैला हुआ था और उसकी धाक दूर-दूर तक थी। कोच राज-वंश में कई प्रतापी राजा हुए जिनमें नरनारायण (ई. सोलहवीं शती) सर्व-प्रसिद्ध है। नरनारायण तथा उसके भाई एवं प्रधान सेनापति शुक्लध्वज ने असम पर आक्रमण करके बहुत-सा प्रदेश जीत लिया था। शुक्लध्वज के दूर-दूर जा कर झपट्टा मारने के करतबों के कारण उसका नाम 'चील राय' पड़ गया था। एक दूसरे भाई कमल गोहाईं (गोसाईं) ने उत्तरी असम के आर-पार वह सड़क बनवाई थी जिसके अवशेष कुछ वर्ष पहले तक मिलते थे और जो कूचबिहार से सदिया तक जाती थी। अब यह सड़क दुर्गम जंगल में खो गई है और उस प्रदेश में कोई सड़क रही ही नहीं। सदिया जाने के लिए ब्रह्मपुत्र पार करके बाएँ किनारे से जाना पड़ता है और सैखुआ में फिर दाहिनी पार जाते हैं।

नरनारायण और उसके भाइयों ने काशी में शिक्षा पाई थी। राजा होने पर नरनारायण के विद्याप्रेम की कीर्ति फैलने लगी और दूर-दूर से विद्वान् उसकी सभा में आने लगे। कोच राज-वंश तो सनातन मतावलम्बी था; किन्तु नरनारायण की कीर्ति सुन बंगाल के स्मार्त आचार्य रघुनन्दन भट्टाचार्य भी वहाँ पहुँचे। भट्टाचार्य महोदय शास्त्रार्थ-प्रवीण थे, और बंगाल, बिहार, ओडिसा के बहुत से पंडितों को पटकी दे चुके थे। उनका सहज स्मार्त मत इस भू-भाग में बहुत प्रचलित भी हो गया था। कोच राज-सभा में समादृत होने पर कोच साम्राज्य भी उनका अनुयायी हो जाएगा, इस की उन्हें पूरी आशा थी। दैवात् कोच राजपुरोहित सार्वभौम भट्टाचार्य का देहान्त कुछ ही मास पहले हो चुका था, इसलिए विरोध की कोई आशंका भी न थी।

किन्तु सार्वभौम की विधवा ने राज-सभा में कहला भेजा कि दिवंगत पति की प्रतिष्ठा के लिए वही स्मार्त आचार्य से शास्त्रार्थ करेगी। राजा ने तदनुसार शास्त्रार्थ का दिन और समय नियत कर दिया, और राज्य के विद्वानों को निमंत्रण भेज दिए गए।

एक विधवा की इतनी स्पर्धा! रघुनन्दन पंडित ने इस बाधा को तुच्छ माना। स्त्री से राज-सभा में शास्त्रार्थ करने में समय क्यों नष्ट किया जाए, यह सोचकर नियत दिन से पहले दिन वह स्वयं ब्राह्मणी के घर पर पहुँचे। यहीं पर निर्णय हो जाए, तो सभा उनके निर्विरोध आधिपत्य की साक्षी होगी!

ब्राह्मणी को उन्होंने बड़े धैर्य के साथ अपनी स्मार्त अनुष्ठान-पद्धति समझाई। स्मार्त पद्धति न केवल सहज और बोध-गम्य है, वरन् वही एकमात्र ठीक पद्धति है, इस मत का प्रतिपादन जब वह कर चुके, तब विधवा ने पूछा, 'आचार्य जो पद्धति बता रहे हैं, उससे भिन्न अनुष्ठान मान्य होंगे या नहीं, और प्राचीन मतानुसार दीक्षित ब्राह्मण कुलीन ब्राह्मण माना जाएगा या नहीं?' रघुनन्दन ने नि:शंक भाव से कहा, 'नहीं, ऐसे अनुष्ठान मान्य नहीं होंगे, और प्राचीन मतानुसार दीक्षा पाने वाला ब्राह्मण भ्रष्ट होगा।'

ब्राह्मणी ने पूछा, 'अच्छा तो ऐसे ब्राह्मण का विधान क्या मान्य होगा?'

रघुनन्दन पंडित ने बहुत से प्रमाण दे कर सिद्ध किया कि ऐसे भ्रष्ट ब्राह्मण का विधान स्पष्टतया अमान्य है।

तब सार्वभौम की विधवा तनिक मुसकराई। बोली, 'आचार्य के माता-पिता का विवाह तो आचार्य की अनुष्ठान-पद्धति के अनुसार न हुआ होगा? उनके पिता की दीक्षा भी प्राचीन पद्धति के अनुसार ही हुई होगी? तो भ्रष्ट-कुलोत्पन्न ब्राह्मण का मत क्या मान्य समझा जाएगा?'

अगले दिन जब राज-सभा में शास्त्रार्थ आरम्भ करने का समय आया, तो रघुनन्दन भट्टाचार्य कहीं न दीखे।

कोच साम्राज्य का प्रसार मणिपुर तक हुआ था-कम-से-कम मणिपुर, जयंती, त्रिपुरा आदि के राजा कोच सम्राट् को वार्षिक कर तो देते ही थे। नरनारायण ने कामाख्या के मन्दिर का पुनर्निर्माण कराया था। कुछ ही काल पीछे कालापहाड़ ने आ कर मन्दिर का ध्वंस किया, किन्तु उसके चले जाने पर (चाहे ओडिसा के विद्रोह के कारण, चाहे नरनारायण और अहोम राज्य के नए सैन्य-संग्रह से डर कर) मन्दिर फिर बनवाया गया और नरनारायण तथा चील राय ने उसकी प्रतिष्ठा की। इस आशय का एक प्रस्तर लेख भी कामाख्या के मन्दिर में है, जिसका समय शक 1487 दिया है।

कूचबिहार से सिलिगुड़ी का मार्ग जब 'द्वार प्रदेश' से गुज़रता है तब उसकी शोभा अनूठी हो जाती है। इस अंचल में हिमालय के बारह 'द्वार' हैं; इन्हीं द्वारों से भोटिए, नेपाली, तिब्बती और पर्वतीय नाना जातियों के लोग भारत में आते-जाते थे-कुछ तीर्थ करने, कुछ व्यापारी, कुछ भू-लोलुप, कुछ यशाकांक्षी, कुछ लुटेरे...द्वार प्रदेश में अब भी कई स्थलों पर भोट मेले लगते हैं। चाय के बाग़ानों की

इस प्रदेश में भरमार है; ज्यों-ज्यों पथ पश्चिम को दार्जीलिङ् पर्वत-मूल की ओर बढ़ता है, त्यों-त्यों चाय के नपे-छँटे, बने-सँवरे पौधों के पीछे हिमालय की नई-नई हिमाच्छादित चोटियों का भव्यतर रूप सामने आता-जाता है। उस दृश्य के अनिर्वचनीय सौन्दर्य को वही जान सकता है, जो बार-बार उसकी अलंकार-निरपेक्ष भव्यता का अकस्मात् थप्पड़-सा खा कर लड़खड़ाया हो और फिर सँभला हो...और जिस ने वैसे थपेड़े नहीं खाए, वह उस कवि हृदय में पैठ कर उसके सत्य को अपना भी नहीं सकता जिस की अनुभूति ने वाणी पा कर कहा होगा :

हिरण्यगर्भः समवर्तताग्रे भूतस्य जातः पतिरेक आसीत्।
स दाधार पृथिवीं द्यामुतो मा कस्मै देवाय हविषा विधेम॥

द्वार प्रदेश का एक केन्द्र है अलीपुर द्वार। वहाँ से आगे आंके-बांके रास्ते पार करते यायावर का टंडीरा तिस्ता नदी के पुल की ओर बढ़ा। इस दुर्दम नदी पर स्थायी पुल बनाने के लिए सड़क बहुत ऊँची चढ़ी है, और पुल न केवल एक दर्शनीय स्थल है वरन् इंजीनियरी विद्या का एक बड़ा करिश्मा भी है। पुल कंकरीट का है, आस-पास दोनों ओर कुछ मील तक सड़क भी कंकरीट की बनाई गई है कि वर्षा में जब-तब बह न जाए। पुल से ही एक रास्ता कलिम्पोङ् के लिए अलग हो जाता है। 'कानवाई' बड़ी सावधानी से मोड़ और चढ़ाव-उतार लांघता हुआ पुल पार करके दिन छिपते सिलिगुड़ी जा पहुँचा। बस्ती से दो मील पहले ही एक खुले मैदान में सैकड़ों फ़ौजी गाड़ियाँ खड़ी थीं-यही चलन्तू कैम्प था। यहीं यायावर का 'कानवाई' भी एक तरफ़ करीने से जा खड़ा हुआ, सब ने उतर कर टाँगे सीधी कीं, और फिर कुछ खाने-पीने की खोज में निकले।

यों सिलिगुड़ी से पूर्णिया को रास्ता जाता है, और वहाँ से कटिहार हो कर फिर कहीं स्टीमर से गंगा पार की जा सकती है। इधर से एक नई फ़ौजी सड़क बनी थी जो 'असम एप्रोच रोड' कहलाती थी और जो पार्श्वनाथ के पास 'ग्रांड ट्रंक रोड' में जा मिलती थी। किन्तु इस सड़क की अवस्था के बारे में जो कुछ पता चला था उसके आधार पर यही निश्चय किया गया कि सिलिगुड़ी से ट्रेन में लद कर कलकत्ते जाया जाए, और वहाँ से फिर सड़क पकड़ी जाए। अतः डेढ़ दिन की दौड़-धूप के बाद वैसी ही व्यवस्था कर ली गई। फ़ौजी मालगाड़ी तीसरी रात को छूटने वाली थी; सवेरे ही 'कानवाई' की मोटरों को रेल-ठेलों पर लाद दिया गया। पूरी मालगाड़ी केवल मोटरें ले जाने वाले ठेलों की थी-आगे आठ-दस गाड़ियाँ एम्बुलेंस की लदी थीं, फिर एक अमेरिकी टोली, जिसमें दो-तीन 'जीप' और आठ-दस बड़े ट्रक थे और चालकों में कुछ गोरे अमेरिकी और बाक़ी नीग्रो। सवार होते ही गोरों ने ग्रामोफ़ोन पर भड़भड़ाते जैज़ नाचों के तवे चढ़ा दिए थे और नीग्रो ने बैंजो टुनटुना कर गाना और हँसना शुरू किया था। आकर्ण आँखों की बात कवियों में बहुत चलती है, असम में आकर्ण तो हँसी होती है जो नीग्रो हँसता है।

बहुत ही स्वच्छ आकाश में जैसे दूज-तीज को चाँद के उजले बंक के ऊपर कभी-कभी झौंसा हुआ-सा पूरा चाँद भी दीखता है, वैसे ही हँसते नीग्रो चेहरे में दाँतों की पाँति चमकती है। इन के बाद यायावर की टोली, फिर कुछ गोरे फ़ौजी कुछ ट्रकों के साथ, एक-आध आहत टैंक, और फिर सैकड़ों छोटी-बड़ी टूटी-जुड़ी लथपथ गाड़ियाँ-जिनमें प्राय: केवल ड्राइवर ही ड्राइवर थे।

रात ग्यारह के आस-पास बहुत देर तक गड़गड़ाने और हिचकियाँ लेने के बाद गाड़ी चल पड़ी। खुले ठेले थे, गर्मी का मौसम; ट्रक की पीठ से सटा कर सँकरी खाट लगा कर यायावर लेट गया और तारे देखने लगा। इंजिन के कोयले बालों में भरने लगे। गाड़ी की गति बढ़ी तो सब कपड़े इतनी ज़ोर से फड़फड़ाने लगे कि नींद असम्भव हो गई; और चाल धीमी पड़ती तो मच्छर बोटियाँ नोचने लगते। हवा के कारण मसहरी नहीं लग सकती थी...दिन-भर मनाया था कि रात हो तो गाड़ी चले, स्टेशन यार्ड की भीड़ में से निकल कर सोचा जाए; रात-भर मनाते बीती कि सवेरा हो तो मच्छरों से निस्तार हो!

दिन हुआ। यायावर ने सोचा कि अब कहीं गाड़ी खड़ी होगी तो मुँह-हाथ धो कर कुछ खाने को सोची जाएगी, पर गाड़ी खड़ी होती तो छोटे स्टेशन पर, या बड़े स्टेशन के पास पहुँचती हुई, पर स्टेशन से एक-डेढ़ मील बाहर ही! सुराही में थोड़ा-सा पानी रखा गया था, उसी से काम चलाया गया। चाय के लिए स्टोव जलाना असम्भव था-इतनी आड़ नहीं थी, और खड़ी गाड़ी में जलाते तो पानी खौलने से पहले गाड़ी चल पड़ती! अमेरिकियों की देखा-देखी इंजिन से तामचीनी के मग में गर्म पानी ले कर उसी में चाय की पत्ती, और डिब्बे का दूध मिलाया; चाय में किसी चीज़ का स्वाद था तो धुएँ का...

दिन-भर टाँट सिकती रही। काश कि बदली घिर आती! मिन्नतों के बाद शाम हुई और बादल घिरने लगे। थोड़ी देर में वर्षा आरम्भ हो गई। फिर कुछ देर बाद मूसल बरसने लगे। माल-पत्तर सब ट्रकों में लाद दिया गया था-आशा थी कि रात में ही कभी बैरकपुर पहुँच जाएँगे जहाँ उतर कर कैम्प में रात रहना होगा। भीगते-भीगते यायावर को उस जाट की कहानी याद आई जो गब्भिन घोड़ी को हाँकता हुआ चला जा रहा था; थक कर सोचने लगा कि कहीं एक घोड़ा होता तो क्यों उसे घोड़ी हाँकते पैदल चलना पड़ता। राह में ही घोड़ी ब्या गई। जाट ने बछेरे को कन्धे पर लादा और फिर चला, तब लम्बी साँस ले कर ख़ुदा की ओर मुख़ातिब हो कर बोला, "वाह रे सखी-सर्वरा, तेरी उलटी अकल की बलिहारी-मांगा था नीचे, दे दिया ऊपर!"

बैरकपुर पहुँचे। अर्थात् बैरकपुर के पास कहीं घुप-अँधेरे में एक साइडिंग पर गाड़ी लगा दी गई। जहाँ भी हो, रेल से उतरना तो है ही-और जो पीछे हैं, वे क्या सामने वाले को सोचने का मौक़ा देंगे? जल्दी-जल्दी ट्रक उतारे गए। नीचे पक्की धरती तो है, जो होगा सो होगा, बरसने दो मूसल!

तभी एक जीप 'कानवाई' के पास आ कर रुकी, और फ़ौजी पुलिस के दो सार्जेंट उतरे। यायावर के आने की ख़बर कैम्प को थी, वहाँ रहने-खाने का प्रबन्ध है और वे दोनों मार्ग दीखाएँगे-कैम्प कोई चार मील है।

तो सखी-सर्वर कभी-कभी नीचे माँगने पर नीचे भी देता है! अल्हम्दुलिल्लाह!

अँधेरे और वृष्टि में कोई ट्रक भटक न जाए, इस विचार से सब गाड़ियों को आगे रख कर अन्तिम गाड़ी यायावर ने अपनी रखी। अगले ड्राइवर को कहा कि वह जीप के पीछे हो ले और उसे आँखों-ओट न होने दे।

टांडा फिर चला। एक मील, दो मील, तीन मील, चार मील-अब तो कैम्प पास ही होगा। 'कानवाई' मुड़ा-क्या आ गए? पाँच मील। फिर मोड़-यह होगा। शायद बड़े मैदान में कैम्प हो। छह मील। सात मील। आठ मील। नौ मील...दस-दसवें मील में हठात् 'कानवाई' रुक गया। सन्नाटा-केवल किरमिच पर मूसलाधार वृष्टि का शब्द टपाटप-टप, ढबाढब-ढब!

यायावर लाइन तोड़ कर आगे गया। अगली गाड़ी का ड्राइवर निश्चल बैठा था; सामने जीप नहीं थी।

"क्या हुआ!"

"जीप गाड़ी तो खो गिया, सा'ब!"

"कैसे खो गया? तुम्हारा ध्यान किधर था?"

"आप बोला था गाड़ी का पीछू लाल बत्ती देखते रहने को। हम देखा लेकिन फिन् वो अन्धेरा में गुम हो गिया। फिर हम सोचा आगे मिलेगा। लेकिन इधर रास्ता बन् है।"

अब? अब कहीं बढ़ना तो भ८५. होगा, उचित यही है कि यहीं पर प्रतीक्षा की जाए। जीप स्वयं खोजने आएगी अवश्य...

डेढ़ घंटे बाद वह आई। गोराशाही भाषा में यों बहुत से शब्द ऐसे होते हैं जिन्हें कोशकार जानते ही नहीं; कुछ ऐसे होते हैं जिन्हें वे शायद ईर्ष्यावश कोश में नहीं देते कि बाक़ी कोश फीका न जान पड़ने लगे! ऐसे ही चाशनीदार बहुत से शब्द ड्राइवर पर उड़ेल कर सार्जेंटों ने यायावर को 'कानवाई' लौटवाने को कहा, और सुझाया कि अब की यायावर स्वयं आगे रहे ताकि अनुसरण ठीक हो सके। वैसा ही किया गया। रात साढ़े बारह बजे कैम्प के भीतर घुसे। रास्ते एक-एक फ़ुट पानी के नीचे थे; बाँसों के फर्श कीचड़ हो रहे थे। खाना जो रखा गया था सो न जाने क्या हुआ-क्योंकि लंगर वाले तो अब सो गए थे। एक बारक ख़ाली पड़ी थी, उसी में कुछ बाँसों से पटे तख़्त भी थे।

खाना न सही, गीले कपड़े बदल कर पीठ तो सीधी की जाए। यायावर यह सोच ही रहा था कि सूचना मिली, 'कानवाई' की पिछली गाड़ी नहीं आई है।

यायावर की गाड़ी फिर बाहर निकली–अकेली। जो गाड़ी रह गई थी, उसका नेपाली ड्राइवर यथेष्ट मूर्ख था–अत: जहाँ उसने जाना होगा कि वह भटक गया, वहीं रुक तो गया होगा, पर उसके बाद भी गाड़ी के साथ ही रहेगा इसका भरोसा नहीं था। कहीं पास चिलम में साझा हो सकता हो या चाय के ही एक कुल्हड़ की आशा हो, तो वह गाड़ी छोड़ कर चल देगा। और कहीं कलवारी की गन्ध आस-पास मिल गई तो बस...

कैम्प से स्टेशन तक दो चक्कर लगे। गाड़ी का पता न मिला। तीसरे चक्कर में रास्ता छोड़ कर इधर-उधर के मोड़ों की और गलियों की खोज की गई। यायावर लगभग निराश हो चला था कि एक अहाते के बाहर एक बड़ी गाड़ी के पीछे एक छुटका ट्रक दीखा जिस की रेखाकृति कुछ पहचानी-सी लगी। रुक कर देखा, अनुमान ठीक था। ड्राइवर ने हताश हो कर सो जाने का निश्चय किया था, पर जैसे-जैसे लद्‌दू घोड़े को दूसरे घोड़े की पूँछ के अतिरिक्त और क्षितिज स्वीकार्य नहीं होता, वैसे ही 'कानवाई' ड्राइवर भी दूसरे ट्रक के पीछे ट्रक सटा कर ही चैन की साँस ले सकता है...ड्राइवर का मुँह खुला था, और खर्राटे इंजिन के चलते होने का भ्रम उपजा सकते थे...

तीन बजे थोड़ी-सी भूखी और बिलकुल सीली हुई नींद मिली–किन्तु जो भी मिले वही बहुत; और फिर सवेरे तो कलकत्ते जाया जा सकेगा, और दो-एक मित्रों से मिल कर और चीनी भोजन करके लौटा जा सकेगा–आगे तो अगले दिन चलना है...

यहाँ पर टायर को थोड़ी देर चुप हो जाना चाहिए। टायर के 'वात प्रकृति' होने में तो सन्देह हो ही नहीं सकता–ठोस टायरों का युग तो गया–पर उसे भी जब-तब साँस लेनी ही पड़ती है! किन्तु कहने का क्रम न टूटे, इसलिए कलकत्ते से आगे की यात्रा का संक्षिप्त वर्णन यायावर की डायरी से ले लिया जाए :

'प्रात:काल चल कर 'विलिंगडन ब्रिज' द्वारा हुगली पार करके उत्तर-पाड़ा और वर्धमान (बर्दवान) होते हुए आसनसोल पहुँचे। आसनसोल में एक खुले मैदान के बीच में कैम्प था, वहीं एक 'बासे' में रात काटी। सवेरे स्टेशन जा कर नाश्ता किया और चल पड़े।'

'आसनसोल से बढ़ी–110 मील। राह की एक ओर पार्श्वनाथ गिरि को छोड़ा। बढ़ी में भी मैदान में कैम्प है–यद्यपि यहाँ व्यवस्था और अच्छी है। कैंटीन भी है, जहाँ से डिब्बे का सामान मिल जाता है। यहीं का ठेकेदार खाना भी खिला देता है–दाल का सूप, उबाल कर भूने हुए आलू और अंडे, चावल, तरकारी, और कुछ

मीठा–प्राय: पके केले को मसल कर बनाई हुई मीठी बड़ी। सप्ताह में दो दिन खुले में सिनेमा भी दीखाया जाता है–पर हमारा दिन वह नहीं था। इस समय कैम्प भी लगभग ख़ाली है, तम्बू में आराम है। थोड़ी–सी चाँदनी में इस तनिक–से ढाल वाले मैदान का विस्तार बड़ा अच्छा लगता है।'

'बढ़ी से बढ़े, पर गया नहीं गए; डेहरी–सोन का रेल का पुल पार करके अलीनगर पहुँचे। अलीनगर का बँगला मुगलसराय स्टेशन से दो मील पहले पड़ता है। बनारस जाया जा सकता था, पर रास्ते में नाव का पुल पड़ता है, जिस पर न जाने ट्रक जा सकें या नहीं; न गए तो रेल के पुल से पार करना होगा और घंटों लगेंगे। फिर रात को शहर में पहुँचने का आतंक तो है ही, और कानवाई ले कर दोस्तों के यहाँ नहीं जाया जा सकता। रात को छावनी में भटकें, फिर सफ़री कैम्प का पता लगावें, फिर वहाँ जगह मिले न मिले–यह उजाड़ बँगला ही अच्छा है...।'

'बनारस–इलाहाबाद। इलाहाबाद में भी कानवाई ठहराने की जगह नहीं थी, और दौड़ भी छोटी रह जाती, अत: पचीस–एक मील और जा कर मूरतगंज के बँगले में अड्डा जमाया। ख़ासा बड़ा बँगला है, साफ़–सुथरा। ठहरने के लिए एक्ज़ेक्यूटिव इंजीनियर की अनुमति तो चाहिए पर वह ठहर जाने के बाद भी ली जा सकती है–दरख़ास्त लिख कर चौकीदार को दे दी है!'

'कानपुर। स्टेशन पर भोजन किया। गर्मी बहुत थी, साढ़े चार बजे तक वेटिंग रूम में पड़े रहे। फिर चालीस मील और जा कर बिल्हौर में रात काटी। इस अंश में इतनी बैलगाड़ियाँ मिलीं कि गाड़ी हाँकने का सारा उत्साह ठंडा पड़ गया! बिल्हौर के छोटे–से बँगले में जा रुके?'

'निश्चय था कि आगरा होते हुए जाना होगा। इसलिए नहीं कि ताजमहल के पास से निकलेंगे, इसलिए कि भारतीय सैन्य–संगठन का मध्यवर्ती कैम्प आगरा है। कानवाई कलकत्ते से पूर्वी 'कमान' के अवधान में चला था, आगरे में उसे केन्द्रीय कमान के अवधान में आ कर आगे उत्तरी कमान की सीमा में जाने की सूचना देनी होगी। एतमादुद्दौला के नीचे धूल उड़ रही थी–वहाँ भीतर नहीं गए। ताजमहल के सदर फाटक से घुस कर एक बार बाहरी फाटक से ही ताज को झाँक कर ताजगंज की तरफ़ की हरियाली में बैठ कर जलपान किया, ज़रा बढ़कर मियाँ नजीर की उपेक्षित क़ब्र देखी और बचपन में बड़े उत्साह से कंठस्थ की हुई उनकी नज़्म के कुछ बन्द याद किए :

ऐसा था बाँसुरी के बजैया का बालपन
वो मधुपुरी नगर के बसैया का बालपन!
जाहिर में गो वो नन्द यशोदा के आए थे
वर्ना वो आपि' माइ थे वा आपि' बाप थे।

‘सुना है कि जब कवि ताजगंज से गधा हाँकते निकलते थे कि मदरसे जा कर लड़कों को पढ़ा आवें, तब रास्ते में इतनी जगह लोग उन्हें रोक-रोककर उन से दो-चार बन्द सुना के जाने का सफल आग्रह करते थे कि नजीर मियाँ को गोकुलपुरे में अपने मदरसे पहुँचते-पहुँचते साँझ हो जाती थी, और वह लड़कों को छुट्टी दे कर फिर रुकते-चलते रात तक घर पहुँच जाते थे। एक वह दिन था, जब कविता का स्वाभाविक उद्रेक राह चलते को खींचता था और फक्कड़ कवियों की बानी सीधे लोक-हृदय में पैठ जाती थी; एक हमारा दिन है कि ट्रक हाँकते, धूल उड़ाते चले जा रहे हैं, हर पोखरे में ढील फेंकते हैं और हर झमेले में टाँग अड़ाते हैं (क्योंकि “जीवन की धारा के बीचोबीच रहना कलाकार का धर्म है”) किन्तु फिर भी उस लोक-हृदय के आस-पास भी नहीं फटकते जो वास्तव में जीवन का मूल स्रोत है! क्योंकि जीवन का स्रोत घटना का स्रोत नहीं है, वह चेतना का स्रोत है। हमारी कविता बानी नहीं रही, लिखतम हो गई है; हृदय तक नहीं जाती वरन् एक मस्तिष्क की शिक्षा-दीक्षा के संस्कारों की नली से हो कर कागद पर ढाली जाती है जहाँ से दूसरा मस्तिष्क अपने संस्कारों की नली से उसे फिर खींचता है।...’

‘केन्द्रीय कमान में हाज़री दी, और एक बार आगरे में कानवाई की सूरत देख कर कम-से-कम मथुरा जा रहने का निश्चय किया। सिकन्दरा छोड़ कर रुनकता के पास कुछ मिनट रुके, सड़क छोड़ कर जमुना किनारे वह स्थल देखा जहाँ कभी सूरदास रहते थे और जहाँ अब उस स्थान को चिह्नित करने वाली कुछ बजरी-भर पड़ी हैं, जिसके पास एक और कोठरी और देवस्थान बन गया है-क्योंकि बिना मूर्त प्रतीक के श्रद्धा विकेंद्रित हो जाती है!’

‘मथुरा का बँगला भरा था, अतः और आगे जाने की ठानी। कानवाई को चाय-पानी करने को कहा और लगे-हाथ वृंदावन को छू आए। वहाँ मालूम हुआ कि तीन रुपए छः आने दे कर मन्दिर में अमुक सेर धूप-दीप का प्रबन्ध हो सकता है और बाईस रुपए दस आने दे कर मन्दिर की सीढ़ी पर नाम ख़ुदाया जा सकता है-और स्वर्ग के इन पहले और तीसरे दर्जों के टिकटों के अलावा ड्योढ़े-दूसरे के भी मिलते हैं। इतना ही नहीं, बिना टिकट लिए अन्य मन्दिर देखे भी नहीं जा सकते। स्वयं की रेल में कभी बैठने की जगह मिलेगी, जिसे यही भरोसा नहीं, वह टिकट क्या ख़रीदता? अत: केवल गोविन्ददेव का मन्दिर देख कर-जिसमें मूर्ति की प्रतिष्ठा नहीं हुई किन्तु जो वास्तुकला की दृष्टि से सर्वाधिक सुन्दर है-लौट आए। कुछ आगे छाता नाम का स्थान मिला, जहाँ एक क़िले के नीचे छोटी बँगलिया थी-वहीं डेरा डाला।’

‘नई दिल्ली...सब की वह भाभी, जो कि ग़रीब की जोरू नहीं है! जिस की मुसकान की अपेक्षा सबको है, लेकिन जिससे ठठोली करने की हिम्मत किसी को नहीं होती!’

'पुरानी दिल्ली। किंग्सवे; वह स्थान जहाँ कभी सम्राट् का अभिषेक हुआ था, और अब तपेदिक का अस्पताल है–ठीक है, साम्राज्य को घुन खा चुका है, अब नया युग आता है!'

'सोनीपत।'

'समालखा। नहर विभाग का बँगला। रात...'

दूसरे दिन कानवाई पानीपत-कुरुक्षेत्र-अम्बाला होता हुआ जालन्धर पहुँच गया। यहीं तक उसे पहुँचना था–यहाँ केन्द्र था, जहाँ से नया दायित्व ले कर यायावर को फिर आगे बढ़ना था। यहाँ शहर से चार मील दूर सुनसान के बीच एक बगिया में यायावर ने डेरा डाला। पहले दिन उसका नाम रखा 'चौमीला बाग़' क्योंकि बाग़ के फाटक पर ही चौथे मील का पत्थर था। दो-तीन दिन बाद जब साइकल पर दो-तीन बार शहर के फेरे लगा कर समझ लिया कि बस्ती का अन्तिम चिह्न पीछे छोड़ कर जब खुले निःसीम की सीमा पर पहुँचे तब जा कर कहीं डेरे के लक्षण दीखते हैं, तब उसका नाम बदल कर दिया गया 'द लिमिट'–सीमान्त! फिर कुछ दिन बाद, जब बग़िया के चारों कोनों पर अमलतास के वृक्ष फूलों से लदकर ऐसे दीप्त हो उठे कि बगिया में चारों कोनों के अतिरिक्त कुछ मानो दीखता ही नहीं, तब यायावर ने उसका नाम फिर बदल दिया और अब रखा 'अमलतासी'...और यही नाम सबसे मधुर लगा, और पीछे इतना सजीव हो आया कि अब भी उसका मन पीछे देखता है तो अमलतासी को ही याद करता है। क्यों, यह बताने के लिए जो भाषा चाहिए, वह यायावर के पास नहीं है, इस फटीचर टायर के पास तो होगी कहाँ, जो–

'घूम गया जो चक्र, उसी की ओर देखता जाता हूँ...'

पश्चिम-ख़ैबर

युद्ध समाप्त हुए कुछ महीने हो चुके। लोकतंत्रवाद की जो गाड़ी चीख़ती-चरमराती धीरे-धीरे गति पकड़ कर ज़रा ढंग से चलने लगी थी, वह मंज़िल पर पहुँच गई तो ब्रेक लगा कर उसे थमाने की समस्या सामने आई–तेज़ घूमते चक्र पर ब्रेक लगाने से स्फुलिंग निकलते हैं और उससे गाड़ी भी भक् से उड़ जा सकती है।...चलती गाड़ी में पहियों की धुरी में तेल डालना ज़रूरी है, तो ब्रेक कसने पर पहिए के हाल पर पानी डालना उतना ही ज़रूरी! युद्धोत्तर पुनः संस्थापन और पुनर्निर्माण के कार्य का महत्त्व बढ़ा, विभाग और योजनाएँ बनीं, शिक्षण केन्द्र खुले...दिसम्बर के अन्तिम सप्ताह के एक दिन यायावर को सूचना मिली कि उसे सीमाप्रदेश का दौरा करना होगा। वह प्रदेश उपेक्षित-सा रहा है, और उसका महत्त्व बहुत है, (और वहाँ और कोई जाने को राज़ी नहीं है, ख़ास कर इस जाड़े में!) और यायावर केन्द्र में रहने की अपेक्षा दौरे पसन्द भी करता है, (केन्द्र को इस बात का ध्यान असम में

बरसात-कीचड़ के दिनों में, पंजाब में बैसाख-जेठ में, और सीमाप्रान्त के लिए पौष में ही क्यों आता रहा, यह एक केन्द्रीय रहस्य है!) इसलिए उस पर विशेष अनुग्रह करके यह दायित्व उसे सौंपा जा रहा है। बल्कि वह युद्ध शेष होते ही सैनिक नौकरी छोड़ने का अपना दुराग्रह छोड़ दे तो उसकी पद-वृद्धि करके उसे वहाँ का विभागीय अधिकारी भी नियुक्त किया जा सकता है।

जो हो। कारणों में जा कर क्या होगा? शान्तिकालीन सैनिक बने रहने की विडम्बना तो नहीं सहनी है, और धमनियों का यायावर रक्त सीमा-रेखाओं के दुर्दम आकर्षण से नाच-नाच उठता ही है-पश्चिमोत्तर सीमान्त भी सही, पौष-माघ ही सही :

विश्वमय हे परिवर्तन!
तुम्हारी ही विधि पर विश्वास
हमारा चिर-आश्वास!
हे अनन्त हृत्कम्प! तुम्हारा अविरत स्पन्दन
सृष्टि-शिराओं में संचारित करता जीवन;
खोल जगत के शत-शत नक्षत्रों से लोचन,
भेदन करते अन्धकार तुम जग का क्षण-क्षण,
सत्य तुम्हारी राज्य-यष्टि, सम्मुख नत त्रिभुवन,
भूप, अकिंचन,
अटल शास्ति नित करते पालन!

वही अटल शास्ति जहाँ ले चले...

निकोलस रोयरिक का एक चित्र है जिसके कोने में एक प्रवत्स्यत् अश्वारोही मुड़ कर पीछे देख रहा है और पीछे एक छोटा कुटीर-सा घर है और उसके पीछे भव्य पहाड़...चित्र का नाम है 'याद रखना!' किन्तु जिस की दृष्टि ने पहाड़ सर्वदा आगे ही देखा है, और जिस की कल्पना ने 'घर' नाम से चित्रित किया है; क्षितिज के पास कहीं बनी एक मड़ैया को जिसे जब-तब प्रमादी झोंके वैसे ही छिन्न-भिन्न कर डालते हैं जैसे स्कूल से भागा हुआ शरीर लड़का पेड़ों पर चढ़ कर पखेरुओं के घोंसले गिराया करता है-वह क्या रखेगा याद?

पहली जनवरी को तड़के ही 'अमलतासी' से विदा ली। प्रभाव का अहेरी जब तक आलोक का फंदा सँभाल कर मीनार को फाँसे, तब तक यायावर कर्तारपुर के गुरुद्वारे से निकल चुका था। अहेरी की ढिलाई देख कर गुरुद्वारे के स्वर्ण-क्लश तनिक से मुसकरा भर दिए थे...

अमृतसर-उत्तर भारत की सबसे बड़ी व्यापारी मंडी, जहाँ अब पहले के मिठबोले ताँगे वाले नहीं रहे, और ढीली पगड़ी, ढीले केस, ढीले तंबे और बहुत ही ढीली ज़बान वाले सिख बस-ड्राइवरों की भरमार हो गई है; लेकिन जहाँ

की खत्रानियाँ पहले जिस सर्राटे से तिल्लई जूतियाँ चटकारती चलती थीं उसी से अब नई-नई काट के सैंडल चटकारती हैं। जलियाँवाला, दरबार साहब-ये नाम हैं जिनका इतिहास भी है और गहरे संस्कार भी-लेकिन ये संस्कार घड़ी की कमानी जैसे नहीं जो हर वक़्त चलाती रहे, एलार्म की कमानी जैसे हैं जो ख़ास-ख़ास मौक़ों पर ही शोर मचा दे...गोविंदगढ़ क़िले के पास से जाते हुए यायावर ने याद किए एक और बरस के जाड़े के वे दिन जब वह 'दुर्दियाने का पुंछवासी नारायण पंडित, क़मीशन एजेंट' से 'मुहम्मद बक्श बिजली का मिस्त्री' में परिणत हो कर उसी क़िले की छाया तले रहता था और व्यस्त था कि उसके दल की पिस्तौलों की मरम्मत का गुप्त कारख़ाना ठीक से स्थापित हो जाए, ताकि ब्रितानी सत्ता की आतंक की दीवार भेदी जा सके। आज भी वह भारत की आज़ादी के लिए कम उत्सुक नहीं है, पर आज वह 'ब्रितानी भारत' की वर्दी पहने है, और आज एक 'शेर मुहम्मद' उसका 'बेरा' है और उसे 'साहब' कहता है! **परिवर्तित कर अगणित नूतन-दृश्य निरन्तर, अभिनय करते विश्वमंच पर तुम मायाकर!**' किन्तु क्या सचमुच मानव स्वयं कुछ नहीं है, निरा कठपुतला, क्या सचमुच ही

हमारे काम न अपने काम
नहीं हम, जो हम ज्ञात;
अरे निज छाया में उपनाम
छिपे हैं हम अपरूप;
गँवाने आए हैं अज्ञात
गँवा कर पाते स्वीय-स्वरूप!

जाड़ों का सवेरा शायद हलकी दार्शनिकता का सहायक होता है-ख़ास कर जब कोई सामने की सीट पर अकेला मोटर हाँक रहा हो, और सड़क सीधी, सपाट और वैचित्र्य-विहीन हो। नहीं तो विचार अगर और गहरे जाते, तो शायद कुछ और आगे देख सकते-जब अमृतसर में न मिठबोले ताँगे वाले होंगे, न ढीले सिख, न चटकीली जूतियाँ, न खत्रानियाँ-और जब पुंछ का नारायण पंडित और बिजली वाला मुहम्मद बक्श एक नहीं, एक-दूसरे के प्राणलेवा होंगे...और जब लाहौर, हिन्दुस्तान के तीन गन्दे शहरों में एक, साहित्यिकों का लाहौर, सैलानियों का लाहौर, लाइब्रेरियों का लाहौर, लफंगों का लाहौर, प्रचारकों का लाहौर, पियक्कड़ों का लाहौर, संस्कृतियों का संगम-स्थल, हिन्दुस्तान का पैरिस लाहौर, एक अधिक झोंका हुआ आवा हो जाएगा जो एक-एक ईंट को जला कर अब बुझ गया है! संसार में निरर्थक, अनेक चीज़ें होती हैं, लेकिन एक ओर लुढ़की हुई और मोर्चा खाई हुई चिमनी वाले, बुझे हुए और परित्यक्त आवे से अधिक बेमानी दीखने वाली चीज़ें कम ही होती होंगी...आवा मरता है तो उसकी मिट्टी की

जीवनी-शक्ति भी मर जाती है–और फिर, इससे पहले कि उसमें दुबारा बीज धारण करने की शक्ति आवे, उस पर न जाने कितने युगों की धूल की परतें पड़ जाती हैं...

तब लाहौर।

नहीं, यायावर, यादों के साथ मत रुको। अभी उनका और संचय करना है। पात्र भरे तभी उड़ेलना, अभी भरने दो :

गुज़राँवाला, जहाँ रणजीतसिंह ने जन्म लिया और फिर पंचत्व पाया, जहाँ के माल्टे (एक प्रकार का सन्तरा) और लोहे की तिजोरियाँ प्रसिद्ध हैं; बज़ीराबाद, जहाँ के छुरी-चाकू प्रसिद्ध हैं और जहाँ से स्यालकोट को लाइन जाती है, जहाँ के क्रिकेट-टेनिस के बल्ले विख्यात हैं; और फिर गुज़रात, जहाँ रैन-बसेरा होगा। दिन-भर की दौड़ में पंचनद की तीन नदियाँ पार कर लीं–जालन्धर-अमृतसर के अधबीच व्यास, लाहौर में रावी, गुजरात के निकट चनाब जो इन तीनों में–बल्कि शायद पाँचों नदियों में सबसे सुन्दर है। 'शायद' इसी लिए कि सम्भव है सतलज का ऊपरी भाग अधिक सुन्दर हो–वह यायावर का देखा हुआ नहीं। रावी और व्यास के उद्‌भव तक वह गया है, और रोहतंग घाटी के पार कोकसर से उसने चन्द्रा का भी पहला आवर्त्त देखा है, और तीनों की तथा झेलम की प्रारम्भिक यात्रा के कई पड़ावों तक वह साथ-साथ चला है। लोक-गाथा से भी प्रतीत होता है कि चनाब ही की लहरों में लोक-हृदय ने अपनी सिहरन पहचानी है, उसी के साथ उसका सुख-दुःख, प्यार और दर्द बँधा हुआ है। चनाब के किनारे ही हीर और राँझा, सोहनी और महीवाल का प्यार उपजा, पनपा, फूला और दुर्दैव के विवर में झर गया–लेकिन सारे अंचल पर अपनी स्मृति की छाप छोड़ कर...अब भी जब लोग डूबती हुई सोहनी के विलाप की गाथा गा कर पढ़ते हैं, तब उसमें ऐसा दर्द गूँज उठता है कि सोहनी का चेहरा मूर्त्त हो आवे और श्रोता उसकी हाँप और द्रुत-प्रवाहिनी, और स्वैरविलासिनी चन्द्रभागा का कलनाद उसमें सुन पावें!

पार झनावीं मझीवाले दा डेरा
सानूँ वी लै चल पार घड़्या
देखन नूँ दो नैन तरसदे,
मेल मेरा दिलदार घड़्या!

'चनाब के पार मेरे महीवाल का डेरा है, मुझे वहाँ ले चल, घड़े! देखने को नैन तरसते हैं, मुझे दिलदार से मिला दे, ओ घड़े!'

किन्तु बीच नदी में, छल द्वारा बदल कर रखे गए कच्चे घड़े को पानी में खुरता देख कर :

सोहनी घड़े नूँ आखदी
अज्ज मैंनू पार लँघा, घड़्या!

कच्ची मेरी मिट्टी कच्चा मेरा नाम
कच्चयाँ दे हुँदे आख़िर कच्चे अंजाम
कच्चयाँ ते रखिए ना उम्मैद पार दी!
पक्का तैनूँ देख के मैं पाया हत्थ वे
अद्ध विच-धारयाँ गया ख़ुद वे
शकल वेखा दे अज्ज महीवाल दी!

'सोहनी घड़े से कहती है, आज मुझे पार पहुँचा दे! किन्तु घड़े की मिट्टी कच्ची है, कच्चों के अंजाम कच्चे होते हैं; उन पर पार लगाने की उम्मीद न रखनी चाहिए। तुझे पक्का समझ कर मैंने लिया था, पर तू अध-बीच में खुर गया। आज जैसे भी हो, महीवाल की शकल दीखा दे, ओ घड़े!'

पर कहाँ?

शौह दरया विच नैया डोले,
मैं न्याणी की जाणदी साँ,
जान कुठली अज्ज लुटड़ी,
आई मिलन दी तार घड़्या!

'प्रेम नदी में नैया डोलती है। मैं अनजान नहीं जानती थी...अभागे प्राण आज लुट चले-मिलन के क्षण आ गए, ओ घड़े...'

लालामूसा से झेलम के पथ में प्राचीन भारत का बहुत-सा इतिहास पड़ा है। पथ की बाईं ओर चिल्लियाँवाला है, जहाँ सौ वर्ष पहले सिखों ने अंग्रेज़ों से मोर्चा लिया था और उन्हें करारी हार दी थी। इसी युद्धक्षेत्र के आस-पास कहीं पर उससे भी बाईस सौ बरस पहले का एक और युद्धक्षेत्र रहा होगा जिसमें सिकन्दर और पुरु का युद्ध हुआ था। चिल्लियाँवाला से आगे, वर्तमान रसूल के पास कहीं सिकन्दर ने झेलम पार की होगी।

खारियाँ के आस-पास सड़क अद्‌भुत ऊबड़-खाबड़ प्रदेश में हो कर गुज़रती है। यह सारा प्रदेश कभी घक्कड़ जातियों की क्रीड़ास्थली रहा और भूमि की आकार-रेखा देख कर ही समझा जा सकता है कि ये जातियाँ युद्ध-कुशल, सहनशील और लड़ाका रही होंगी। पानी से कट-कट कर सारा प्रदेश गलियों-खड्‌डों से भर कर मरुभूमि हो गया। दूर पीरपंजाल श्रेणी की हिमाच्छन्न चोटियाँ चमकती हैं। आगे झेलम नदी है, जिसमें कश्मीर से बहाई हुई लकड़ी यहाँ बटोरी जाती है।

झेलम से बारह मील दूर कान्ह नदी के कगार पर रोहतास का पहाड़ी दुर्ग है। वर्तमान दुर्ग शेरशाह ने बनवाया था, और पठान स्थापत्य का सुन्दर नमूना है। इसी के भीतर राजा मानसिंह का महल है, जो काबुल विजय (ई. 1585) के बाद बनवाया गया था।

दूसरे पड़ाव को अभी देर थी, पर रावलपिंडी से बीस-एक मील आगे सड़क के किनारे एक बोर्ड लगा देख कर जब जाना कि तक्षशिला केवल अढ़ाई मील है, तब स्टियरिंग पर यायावर के हाथ की जकड़ स्वत: कड़ी हो आई और गाड़ी दाएँ घूम गई।

यायावर पुराविद् नहीं होते, न पुरातत्त्व उनके लिए स्वयं एक साध्य होता है– वह केवल दूसरों के संचित अनुभव के फल के रूप में महत्त्व रखता है। यह महत्त्व कम नहीं है, और यह कथन पुरातत्त्व की अवज्ञा तो कदापि नहीं है। तक्षशिला, नालन्दा, सारनाथ, ये नाम यायावर के शरीर में पुलक उत्पन्न करते हैं, किन्तु इसलिए नहीं कि ये प्राचीन खँडहरों के नाम हैं, वरन् इसलिए कि ये सांस्कृतिक विकास के–समष्टि के अनुभव पर आधारित जीवन की उन्नततर परिपाटियों के आविष्कार के–कीर्ति-स्तम्भ हैं। अन्ततोगत्वा बात एक ही है, किन्तु एक नहीं भी है। भेद आत्यन्तिक वस्तु का नहीं है, केवल दृष्टिकोण का है, वस्तु से व्यक्ति के सम्बन्ध का भेद है।

अस्तु! तक्षशिला के इस वर्णन की प्रामाणिकता का कोई दावा नहीं है। न उसे प्रामाणिक बनाने के लिए विशेष यत्न प्रयोजनीय है, क्योंकि प्रामाणिकता के खोजी तक्षशिला का परिचय इस भटक-पुराण में पढ़ने नहीं आएँगे।

तक्षशिला के खँडहरों को अच्छी तरह देखने के लिए चार-पाँच दिन का अवकाश तो चाहिए ही, उतना समय ले कर थोड़े ही देखने वाले वहाँ जाते हैं, और बहुत से तो केवल संग्रहालय में सुरक्षित प्राचीन स्वर्णाभरण देख कर ही तृप्त हो कर चल देते हैं। संग्रहालय तक्षशिला की तीन आबादियों में से सबसे प्राचीन बस्ती के खँडहर भीड़ टोपे के पास हैं। तक्षशिला की दूसरी बसाई के अवशेष तामड़ा नाले के पास सिरकाप स्थान में हैं, और तीसरी के कुछ उत्तर-पूर्व को सिरसुख में। पहली बस्ती ई.पू. 500-600 की होगी, दूसरी कदाचित् बाख्त्रियों द्वारा निर्मित हुई थी और पीछे शकों के हाथ पड़ी। तीसरी नगरी कुशाण सम्राट् कनिष्क की बसाई हुई है और कई सौ वर्षों तक आबाद रही। य्वान च्वाङ् जिस तक्षशिला में आया वह यही थी, और उसने जिन स्थलों का वर्णन किया है उनकी दूरी के संकेत यहीं से हैं।

धर्मराजिक स्तूप ('चीन टोपा' क्योंकि पहली ख़ुदाइयों में उसे चीर दिया गया था) कदाचित् अशोक के समय निर्मित हुआ था, और पीछे उसके आस-पास अन्य स्तूप और विहारों का निर्माण हुआ। विभिन्न खंड अलग-अलग समय पर बने, और सब की निर्माण शैली अलग-अलग है। टोपे के उत्तरी भाग में बुद्ध की एक विराट् मूर्ति के केवल पैर अवशिष्ट हैं जो पूरी लगभग बीस हाथ की रही होगी।

कुणाल स्तूप उसी स्थान पर बनाया गया बताया जाता है, जहाँ विमाता तिष्यरक्षिता के दुश्चक्र से कुणाल की आँखें फोड़ दी गई थीं। दैव की विडम्बना है कि इसी स्थान से समूची नगरी का और नीचे की उपत्यका और नदी का पूरा दृश्य दीखता है। कदाचित् यहीं पर से तक्षशिला का शासक युवराज कुणाल अपने नगर और प्रदेश का प्रेक्षण किया करता होगा, और यहीं पर सम्राट् का मुद्रांकित, सम्राज्ञी का आदेश पा कर उसने अन्तिम बार आँख भर कर उस सारे रूपान्तर को देख लिया होगा जो तत्कालीन प्राच्य संस्कृति का कनक-फल, मानवार्जित सकल ज्ञान के अम्बुधि की कौस्तुभ-मणि था, और फिर आँखें मीच ली होंगी कि सम्राज्ञी की वासना का अन्धकार उन्हें छा ले, ग्रस ले...

कुणाल स्तूप से लगभग पाँच मील भल्लड़ स्तूप है, जिसके साथ के विहार में सौत्रांतिक कुमारलब्ध ने वास किया था।

सिरकाप के खँडहर कई युगों के अवशेष हैं जिनका ब्यौरा अन्यत्र मिल सकता है। इसी के उत्तर को जंडियाल में एक यवन मन्दिर के अवशेष दर्शनीय हैं जो शायद शक सूर्योपासकों ने बनाया होगा।

जौलियाँ और मोहरा मुरादू के बौद्ध विहार और स्तूप उत्तरी भारत के अन्य बौद्ध अवशेषों की अपेक्षा कहीं अच्छी अवस्था में हैं; और दर्शनीय हैं।

किन्तु साँझ हो आई थी, और हिसाब से अभी साठ-एक मील और आगे जाना चाहिए था। यायावर ने फिर बड़ी सड़क पकड़ी। किन्तु जाड़ा बढ़ने लगा, और कुहरा भी घना हो आया, तब दस ही मील जा कर हसन अब्दाल के बँगले में डेरा जमा दिया। यहाँ से ग्रांड ट्रंक सड़क सीधी अटक-पेशावर चली जाती है, और एक सड़क मुड़ कर एबटाबाद हो कर कश्मीर जाती है। हसन अब्दाल में ही सिखों का तीर्थस्थान 'पंजा साहब' है, जो मुसलमानों के अनुसार 'बाबा वली का चश्मा' है। सिख गाथा का एक रूप यह है कि गुरु नानक ने वहाँ पर बाबा वली नामक मुस्लिम पीर से पानी माँगा तो बाबा वली ने उन्हें डाँट दिया और उन पर पत्थर फेंका। गुरु नानक ने उस पत्थर को हाथ पर लिया और उनके स्पर्श से उसी में पानी का सोता फूट निकला। कुंड के एक छोर पर एक पत्थर पर पंजे का निशान अब भी दीखाया जाता है और इसी से 'पंजा साहब' नाम पड़ा है। तथ्य जो भी रहा हो, कुंड विभिन्न समयों पर बौद्धों, हिन्दुओं, मुसलमानों और सिद्धों के अधिकार में रहा, और प्रत्येक ने उसे तीर्थ का गौरव दिया। सूखे प्रदेश में कोई भी सोता पुण्यस्रोत होता है-तीर्थ जो जल का पर्याय है वह क्या यों ही? और जहाँ संस्कृतियों का संघर्ष अथवा संगम हुआ है वहाँ स्थानिक प्रसिद्धियों का भी परिपाक बराबर होता रहा है; नहीं तो क्या अटक के नीचे सिन्धु नदी के पार व्याकरणकार शालातुरीय पाणिनि के गाँव के लोग आज के दर्शक को इतने गौरव के साथ बतला सकते कि उनका गाँव 'पीर शालातूरा' का गाँव है!

हसन अब्दाल के पास ही पहाड़ पर 'वाह' नाम का स्थान है, जिसका वर्तमान गौरव उसके सीमेन्ट के कारखाने से है, किन्तु जिसका नामकरण अकबर ने अजाने ही कर दिया था–उस स्थान का सौन्दर्य देख कर वह कह उठा था 'वाह! वाह!' अकबर का बनवाया हुआ बाग़ इस घटना का स्मारक है। अब यह टिवाणा ख़ानदान के सरदारों की सम्पत्ति है।

हसन अब्दाल से ग्रांड ट्रंक रोड पेशावर–लंडीकोतल जाती है और ख़ैबर का पथ वही है। किन्तु सीमान्त के रास्ते और भी हैं, और सबका अपना–अपना आकर्षण है। हसन अब्दाल से ही एक सड़क एबटाबाद जाती है जो हज़ारा ज़िले का केन्द्र है और जहाँ से दुमेल हो कर कश्मीर जाते हैं। फिर अटक से आगे नौशहारा (नौशेरा) में काबुल नदी पार करके होती मर्दान, तख़्त–बहाई और मलकंड जहाँ से स्वात नदी की उपत्यका आरम्भ होती है। फिर पेशावर से इधर चारसदा (या मर्दान से सीधे चारसदा हो कर पेशावर जा सकते हैं) और उधर कोहाट का दर्रा पार करके कोहाट। दर्रा ख़ैबर तो जाना ही है, पर सीधा चल के कौन कहीं पहुँचा है, और पहुँच ही गया तो बड़ाई क्या! ढाई घर की तुरंग–चाल ही यायावरों की चाल है, और ध्येय की ओर बढ़ते हुए भी इन पारिपार्श्विक आकर्षणों या विकर्षणों के प्रति आँखें न बन्द करनी होंगी। फिर सारे प्रदेश का दौरा करने का सरकारी ध्येय सीमान्त को छूने के निजी ध्येय के आड़े कहाँ पड़ता है!

एबटाबाद की सबसे स्पष्ट स्मृति है वहाँ के जंगली नरगिस। रात सर्किट हाउस में विश्राम करके प्रातःकाल यायावर जब बाहर टहलने निकला, तो बिखरी धुंध से छनी हुई किरणों के प्रकाश में देखा, सूखी धरती पर कड़े जमे हुए कुहरे की पपड़ियों के बीच में उमगती हठीली नालों पर नरगिस फूल रहे थे–सारा ढलान उन से छाया हुआ था और दूर पेड़ों के झुरमुट के भीतर तक फूल ही फूल दीख रहे थे–और उसके आगे धुंध की दीवार। और उनकी असंख्य चकित आँखें नीचे जमी बर्फ़ को निहार रही थीं, मानो अपलक विस्मय से कि यह कठोर भूमि ही इस रूप–श्री की जननी है। उर्दू–फ़ारसी शायरी में नरगिस प्रेमी की आँख का उपमान है–'नरगिस की आँख से तुझे देखा करे कोई'। नाम भी नरगिस लड़कियों का होता है–नरगिस का फूल उतना ही स्पष्टतया स्त्रैण है जितना कि गेंदे का फूल मर्दाना! यूनानी न जाने क्यों चूक गए–वैसी प्रकृति–प्रेमी और प्रतीक–स्रष्टा जाति से यह भूल न होनी चाहिए थी! यद्यपि यह भी है कि नरगिस जैसा अपने ही रूप पर मोहित होने वाला युवक बहुत ही ज़नाना मर्द रहा होगा।

सारा पहाड़ नरगिसों से छाया हुआ था। तीसरे पहर पहाड़ के शिखर पर चढ़ते समय भी राह में अनेक स्थलों पर नरगिस मिले। शिखर चीड़ वृक्षों से छाया हुआ था, किन्तु ऊपर पहुँच कर वहाँ से पामीर और मनकियाल की हिम-मंडित गिरि-शृंखलाएँ दीखीं। सामने ही काकुल की छावनी थी, जिसके नीचे कई गुरुद्वारे और ज़ियारतें बिखरी हुई हैं। एबटाबाद से ही एक रास्ता मानसेहरा को जाता है, जो मुज़फ़्फ़राबाद-दुमेल की सड़क पर पहला ठिकाना है। मानसेहरा में तब भी कुछ उपद्रव की खिचड़ी पक रही थी, यह यायावर को पता चल गया था, पर दो ही वर्ष बाद वह इतना विकट रूप लेगी, यह अनुमान वह न कर सका था। मानसेहरा से ही कबाइलियों के आक्रमण मुज़फ़्फ़राबाद और वहाँ से दुमेल में किशनगंगा-झेलम को पार करके उड़ी-बारामूला पहुँचे। मुज़फ़्फ़राबाद की शान्त स्वत: सम्पूर्ण बस्ती, जिसके लोग तीसरे पहर नीचे उतर कर हठीली किशनगंगा में नहाते थे-इस पार सहज गम्भीर पुरुष जो नहा कर किसी पत्थर पर बैठ कर बँसरी बजाया करते थे; उस पार स्त्रियाँ जो हाथ से पानी उछाल कर किलकारियाँ मारती थीं और फिर चट्टानों की ओर अपने काले पैरहनों की ओट में बैठ कर धूप में देह और बाल सुखाया करती थीं-मुज़फ़्फ़राबाद जो आज जल कर राख हो चुका है, जिसके बँसरी वाले मारे गए हैं और किलकारने वालियाँ लुट गई हैं...तब यायावर को यह सब नहीं दीखा, यद्यपि एबटाबाद की सड़कों पर लारियाँ भर-भर जाते हुए सब्ज़ कुरती वाले दलों के 'ले के रहेंगे पाकिस्तान', 'लड़ के लेंगे पाकिस्तान', और जवाब में सिख जलसों के 'जो बोले सो निहाल-सत सिरी अकाल' आदि नारों से इतना तो अनुमान हुआ था कि इस प्रदेश में उपद्रव के पौधे पनप रहे हैं और फल देंगे...यायावर ने तभी अपनी डायरी में लिखा भी था कि 'मेरी कल्पना देखती है, इन नरगिसों को हज़ारों पैर रौंद रहे हैं, बेदर्द और बेरहम पैर-और फूलों की डाँठों के टूटने की आवाज़ वातावरण में नारों के बीच में डूब जाती है...सिनेमा का प्रतीक-चित्र-सा सामने आता है-बर्फ़ में झूमते नरगिस, रौंदते हुए पैर, केवल पैर...'

हरिपुर हज़ारा हो कर फिर हसन अब्दाल में ग्रांड ट्रंक सड़क पकड़ी। हरिपुर की कीर्ति वहाँ का जेल है-सीमा प्रान्त का सबसे बड़ा सेंट्रल जेल। यों यहाँ माल्टा-सन्तरे के बग़ीचे भी बहुत हैं। यहाँ के लोगों ने यायावर का नाम ठीक न समझ कर उसे 'वाहिद हुसैन' कहना आरम्भ किया, और यहाँ से आगे सीमान्त की यात्रा में वह प्राय: ही 'कप्तान वाहिद हुसैन' के नााम से जाना जाता रहा!

अटक का भव्य दुर्ग सिन्धु के बाएँ तट पर बना है, और कुछ आगे ही सिन्धु का पुल है। पुल ऐसे स्थल पर बना है जहाँ दोनों ओर पहाड़ की बाँहियाँ बढ़ आने से सिन्धु का पाट बहुत सँकरा हो गया है; पुल के नीचे नद का प्रवाह तीव्र है और जब पानी चढ़ता है तो साठ हाथ तक चढ़ जाता है-पुल साधारण तल से पैंसठ हाथ

ऊँचाई पर बना है। पुल से नीचे नद का पाट दूर तक सँकरा चला जाता है, और चट्टानी भुजाओं से घिरी हुई नद की शुभ्र-नील हलचल दर्शक की आँखों को जैसे मोह लेती है। अटक से नौका द्वारा ख़ुशहालगढ़ तक जाया जा सकता है जो कैम्बेलपुल-कोहाट के बीच पड़ता है। यह 'पनघाटी' ('गॉर्ज' के लिए यह शब्द गढ़ लेना क्षम्य समझा जाए) अपने ढंग की अनूठी है और नर्मदा के भेड़ाघाट से कम भव्य नहीं है, यद्यपि इसका सौन्दर्य बिलकुल दूसरे प्रकार का है।

अटक दुर्ग का दृश्य बहुत ही प्रभावोत्पादक है, यद्यपि विमान और अणु-बम के इस युग में उसका सैनिक महत्त्व नगण्य हो गया है। पश्चिम से जहाँ काबुल नदी सिन्धु में आ कर मिलती है, उसके नीचे ही दुर्ग स्थित है, और दुर्ग के उत्तरी भाग से न केवल सिन्धु की दून का मीलों तक का दृश्य दीखता है वरन् काबुल नदी का भी। दोनों दूनों की दूरी जिस क्षितिज में जा मिलती है, उस पर हिम-शृंगों की झालर-सी टँगी दीखती है-ये सफ़ेद कोह और पामीर शृंखला की चोटियाँ हैं।

क़िले के नीचे ही घाट है, जहाँ से नावें पार जाती हैं। इस घाट के ऊपर ही एक पत्थर के पुराने पुल के स्तम्भ दीखते हैं; ये काबुल नदी के संगम के निकट ही हैं जहाँ कि सिन्धु का पाट उथला और चौड़ा है। इस पुल का इतिहास यायावर को नहीं मालूम; वर्तमान क़िला अकबर का बनाया हुआ है और उसी ने इस के नीचे का घाट चलवाया था।

अटक से सिन्धु पार करके ख़ैराबाद स्टेशन पड़ता है जहाँ से पीछे दुर्ग और पुल का पूरा दृश्य दीखता है। यहाँ से आगे सड़क काबुल नदी के साथ-साथ चलती है। अठारह-बीस मील जा कर नौशेरा पड़ता है। यहाँ पर सिख रेजिमेंट का मेस दर्शनीय था। आस-पास के प्रदेश में पाई गई गान्धार मूर्तियों, अर्धचित्रों, मसाले की बुद्ध और बोधिसत्व-मूर्तियों के भग्नावशेषों को यहाँ बड़े सुन्दर ढंग से सजा कर प्रदर्शित किया गया था; और भीतर तिब्बती रेशमी टंकाओं का संग्रह भी बहुत अच्छा था। नौशेरा की दूसरी उल्लेखनीय वस्तु है वहाँ का विशिष्ट कबाब जो 'चपली कबाब' कहलाता है-वह पेशावरी चप्पल के तले जैसे फैला हुआ होता है। पहनिया सत्कार के लिए दो जूते देने का मुहावरा है, चपली कबाब एक ही पूजा के लिए यथेष्ट होता है।

नौशेरा से दूसरा विकर्षण-ऐसे धुआँधार पंडित क्या अब नहीं रहे जो विकर्षण और अंग्रेज़ी एक्सकर्शन की व्युत्पत्ति एक ही धातु से कर दें?-होती मर्दान और तख़्त-बहाई का रहा। काबुल नदी पार करके रिसालपुर छावनी के पास से सड़क जाती है। रिसालपुर में-जैसा कि नाम से स्पष्ट है-रिसाला रहता है और एक हवाई अड्डा भी है।

मर्दान में भी 'गाइड्स कैवेलरी' का मेस गान्धार शिल्प का संग्रहालय ही था। अधिकांश सामग्री मलकंड और स्वात की दून की ख़ुदाइयों में प्राप्त हुई थी और फ़ूशे ने अपने ग्रन्थ 'सूर ला फ्रोंतियेर एंद-अफ़गान' (भारतीय अफ़गान सीमान्त पर) में उसका वर्णन किया है; शेष सामग्री रिसाले के अफ़सरों द्वारा जब-तब एकत्र की जाती रही। मर्दान से उत्तर-पूर्व शहबाज़गढ़ी में अशोक का प्रसिद्ध प्रस्तर लेख है जो खरोष्ठी लिपि में लिखा है।

मर्दान से आठ मील दूर तख़्त-बहाई और शहरे-बहलोल के बौद्ध अवशेष हैं। किन्तु उनकी यात्रा का वर्णन करने से पहले थोड़ी भूमिका आवश्यक है।

यायावर का नियम था कि जहाँ-जहाँ जाता वहाँ के प्रमुख व्यक्तियों से मिल लेता, और कभी-कभी इन्हीं के साथ जहाँ-तहाँ घूमने का प्रसंग भी निकल आता है। इसी तरह नौशेरा से एक रूसी कलाकार उसके साथ हो लिए थे। उन्हें सुविधा के लिए रूसी कलाकार कह लिया जाए; अन्यथा इस उपाधि के दोनों पदों की व्याख्या होनी चाहिए। ये सज्जन जन्मना पोलैंड-वासी व्हाइट रशियन रहे; रूसी क्रान्ति के समय इन के पिता भाग कर चीन चले गए थे और उत्तरी चीन में बस गए थे। लड़का एन्तोन चीन में घर से असन्तुष्ट हो कर पहले हाङ्काङ् और फिर शाङ्हाई भाग गया था, और फिर उपजीविका के लिए शाङ्हाई की फ़्रांसीसी पुलिस में भरती हो गया था। इस प्रकार उसने फ़्रांसीसी नागरिकता प्राप्त कर ली थी। वहीं संगीत में रुचि के कारण वह पुलिस बैंड का निर्देशक बना था, और पीछे नौकरी छोड़ कर रंग-मंच का संगीत-निर्देशक और अभिनेता भी हो गया था। थोड़ी-बहुत चित्रकारी भी जानता था, अतः पर्दे आदि रँगने का काम भी कर लेता था। दूसरे महायुद्ध के समय भारत आ कर वह भारतीय नृत्य-कला और लोक-नाट्य का अध्ययन कर रहा था। यह अध्ययन उसे नौशेरा कैसे ले गया, यह प्रश्न व्यर्थ है; उपर्युक्त वर्णन से समझ लेना चाहिए कि उसके भी सिर-पैर में चक्कर था।

तो मर्दान के मेल-मिलाप में दोनों साथ-साथ लोगों से मिलते थे। प्रभावोत्पादकता के लिए कभी दूसरों के सामने 'अहो रूपं, अहो ध्वनिः' भी कर लेते थे, और कभी-कभी अकेले किसी से मिल कर दूसरे की बड़ाई कर आते थे-एन्तोन की हिन्दी में (जो उसने कलकत्ते में बंगालियों से सीखी थी!) 'ये साब चालता हाय-ऐसा क्यूं नेई करेगा?' निदान होती मर्दान के नवाब से एन्तोन मिलने गया और यायावर की तथा अपनी तरफ़ से उन्हें चाय पर निमंत्रित कर आया। नवाब साहब मर्दान के सर्किट हाउस में पधारे तो यायावर द्वय देखते रह गए-उनके साथ आठ अंगरक्षक राइफलें लिए हुए आए और जब नवाब साहब को कुर्सी दी गई तो पीछे क़तार बाँध कर खड़े हो गए। भेंट यों भी औपचारिक थी; इस असाधारण वातावरण में वार्तालाप कुछ बहुत हार्दिक नहीं हुआ, यह समझा ही जा सकता है। फिर भी

उसे चलाए रहने के लिए तख़्त-बहाई की बात छेड़ी गई; जिस पर नवाब साहब ने पथ-प्रदर्शक भेज देने का वचन दिया। इससे आगे भी वह व्यवस्था करने का आश्वासन देते थे, पर उनके अपने अमले को देख कर अनुमान किया जा सकता था कि वह व्यवस्था कैसे होगी, अतः उसे धन्यवाद दे कर टाल दिया गया। अन्त में नवाब साहब ने दोनों को उपहार-स्वरूप एक-एक छोटा स्वाती कम्बल दिया। इस अप्रत्याशित कृपा का प्रतिदान देने के लिए उपस्थित कुछ नहीं था, अतः यायावर ने अपने सामान में महीनों से सँभाल कर रखी हुई पुर्तगाली ब्रांडी की बोतल और उसकी देखा-देखी एन्तोन ने घर की याद को मीठा बनाने के लिए छः साल से छिपाई हुई रूसी वोद्का की बोतल उन्हें भेंट कर दी। नवाब साहब स्पष्टतया इस प्रति-भेंट से तुष्ट हुए दीखे; दूसरे दिन प्रातः काल एक नवयुवक एक तश्त में कुछ खाद्य सामग्री लाया और मालूम हुआ कि वह मार्ग-दर्शक है।

रविवार था, छुट्टी थी। गाड़ी न ले जा कर रेल से ही जाने का निश्चय था। जाने और आने वाली गाड़ी में लगभग तीन घंटे का अन्तर था, मार्ग-दर्शक ने कहा कि अवशेषों को देखने के लिए यह पर्याप्त है।

तख़्त-बहाई एक पहाड़ी पर है जिस की रीढ़ का छोर स्टेशन से आधा मील दूर ही मिल जाता है। पहाड़ी लगभग 800 फ़ुट ऊँची है; बिलकुल सूखी और नंगी; ढंग का रास्ता पकड़ने के लिए दो मील सड़क से जा कर पहाड़ी के मध्य तक पहुँचते हैं और वहाँ से चढ़ाई आरम्भ करते हैं। किन्तु मार्ग-दर्शक छोटे रास्ते से ले जा रहा था न, उसने रीढ़ का छोर पकड़ा और उसी के ऊपरी किनारे-किनारे चढ़ चला। पीछे यायावर और उसके पीछे एन्तोन-और यायावर एन्तोन के बीच का फ़ासला बढ़ता चला...पहली चढ़ाई के बाद थोड़ी देर के लिए एक समतल-सी जगह मिली-जैसी बाख्त्री ऊँट के दो कूबों के बीच होती है!-तो एन्तोन ने हाँफते हुए मार्ग-दर्शक से कहा, "ब-हूत आच्छा रास्ता है यह, क्यूँ? चढ़ने का मज़ा आ गिया!" और यायावर से अंग्रेज़ी में कहा, "अच्छा शार्ट-कट दीखाया है, पाजी कहीं का!" यायावर ने शरारत से भर कर युवा से कहा, "साहब इस रास्ते से बहुत ख़ुश है, और भी छोटा कोई रास्ता है? ख़तरे की फ़िक्र नहीं है साहब को।"

युवक खिल गया। ख़तरे की फ़िक्र भी तो भी पठान गड़रिए की पगडंडी पकड़ता है, अब तो वह बकरी की लीक भी छोड़ेगा। वह सचमुच पहाड़ी छाग की तरह सधे हुए पैरों से फुर्ती से उछलता हुआ ऊपर चढ़ने लगा।

एन्तोन ने रुक कर नीचे से पुकारा, "हे, हे, हामरा पास में रस्सी नेइ है, हाम कैसे आएगा?"

सचमुच, ऐसी परिस्थिति आ गई थी कि पत्थरों पर चिपट कर दरारों में हाथों-पैरों के पंजे गड़ा कर चढ़ना पड़े-मार्ग-दर्शक भी जहाँ-तहाँ हाथों से काम लेता हुआ चढ़ रहा था। दो-तीन बार यायावर ने ऊपर से हाथ बढ़ा कर एन्तोन को खींचा। युवक ऊपर से खीसें काढ़ कर हँसता रहा। एन्तोन ने झल्ला कर कहा, "चीकी बाउंडर!" किन्तु फिर शायद सोच कर कि अंग्रेज़ी गाली भी बाँक को सीधा नहीं करती, एक बार 'हुफ़्फ़!' करके बैठ गया और बोला, "ऑल राइट, ऑल राइट! आइ गिव अप!" (अच्छा भाई, मैं हारा!)

युवक ने हँस कर कहा, "इससे भी अच्वा रास्ता है-" लेकिन फिर पसीज भी गया, बोला, "अब थोड़ा दूर है बुत का जगेह।"

तख़्त-बहाई में, अब, देखने को कम है। चढ़ाई का मार्ग और परिपार्श्व का दृश्य ही मुख्य है, क्योंकि आस-पास के पहाड़ों पर कई विहारों और दुर्गों के अवशेष हैं, और इन की निर्माण-परिपाटी से तत्कालीन वास्तु-कला का अनुसन्धान बड़ा रोचक है। जंगम कलावस्तु वहाँ अब लगभग नहीं है, जो रही वह या तो पेशावर के संग्रहालय में गई या पारखियों के निजी संग्रहों में; बहुत-सी व्यापारियों या निरे चोरों के पास भी गई और जब-तब किसी रूप में प्रकट हो जाती है। तख़्त-बहाई में जो कुछ है-या कि अन्य वैसे स्थानों में-वह सब खंड-खंड; प्रायः मूर्तियों के सिर नहीं हैं और अगर कटे हुए सिर हैं तो उनके भी चेहरे मिटा दिए गए हैं। और होता भी क्या जब कि बुतशिकनी से जन्नत मिलती हो और राह चलते-चलते भी बुतखानों पर ढेले-पत्थर फेंकते जाने से सहज ही सबाब मिलता रहता हो!

तख़्त-बहाई से लाइन आगे दरगई जाती है, जहाँ एक बीहड़ दुर्ग है और जहाँ से भलकंड की घाटी का पथ आरम्भ होता है। यायावर का इरादा मलकंड से स्वात नदी के पार चकदरा के क़िले तक जाने का था। स्वात की उपत्यका ही प्राचीन 'उड्डीयन' रही (उडेग्राम की बस्ती अब भी है); य्वान च्वाङ् ने इस नाम को 'उद्यान' बना दिया, जो कि यों कम उपयुक्त नहीं रहा होगा-सारा प्रदेश विहारों से भरा रहा होगा। फ़ा-ह्यान के अनुसार वहाँ पाँच सौ संघाराम रहे, और सुङ्युन ने प्रदेश को 'सम-शीतोष्ण', उर्वर, जाड़े-गर्मी भर फूलों से भरा रहने वाला बताया है-रात में सारी उपत्यका घंटा-ध्वनि से गूँजा करती थी...वह गौरव न जाने कहाँ विलीन हो गया, अब सारे प्रदेश में असंख्य भग्नावशेष बताते हैं कि वे न केवल कीर्तिनाश काल-गति के आगे झुके वरन् हज़ारों भोले मतांधों के 'पुण्य-संचय' का भी सहज साधन बनते रहे। ब्रितानी सत्ता की धाक से जो स्वात नहर दो मील लम्बी सुरंग काट कर बनी, उससे प्रदेश की हरियाली तो फिर लौट आई, किन्तु शान्तिदूत बुद्ध के विहारों का स्थान सैनिक डिपो छावनियों ने ले लिया...

किन्तु कई कारणों से यायावर का आगे जाना न हो पाया, और उसे दूसरे दिन मोटर से केवल मलकंड छू आने से सन्तोष करना पड़ा। किन्तु दरगई में बिताए हुए दो घंटे अवश्य सफल हुए, क्योंकि वहाँ उसे कुछ गान्धार मूर्ति-खंड और एक मसाले की बुद्ध-मूर्ति का सिर प्राप्त हुआ। सामग्री कुछ और भी थी, किन्तु कुछ तो अधिक टूटी-फूटी थी और कुछ बड़ी भी, उन सबको ले आना तब सम्भव न हुआ।

और तब न हुआ, तो न हुआ।

और अब न होगा...

मर्दान से पेशावर चारसदा हो कर जाने का विचार था, इसलिए कि एक नया रास्ता भी देख लिया जाएगा और साथ ही एक प्राचीन नगरी का स्थान भी-चारसदा ही सिकन्दर-कालीन राजधानी पुष्कलावती है। किन्तु तभी चारसदा में एक घटना हुई जिसमें दो-एक भारतीय सिपाही मारे भी गए; फलतः चारसदा 'हद से बाहर' घोषित कर दिया गया और रास्ता सैनिक यात्रियों के लिए बन्द कर दिया गया।

लौटते हुए रिसालपुर के पास एक घटना घटी। काबुल नदी के पुल और रिसालपुर के बीच में कुछ टीले हैं जिनमें से हो कर सड़क जाती है। ये टीले ऐसे हैं कि दूर से आती-जाती गाड़ी वहाँ से दीखती है जब कि टीले की ओट में बैठा व्यक्ति सड़क से नहीं दीखता। पठान युवक ऐसे स्थलों पर बैठ कर चाँदमारी का अभ्यास किया करते हैं-और ऐसे ही स्थलों पर नौसिखिया बन्दूकचियों की परीक्षा भी हुआ करती है। झुटपुटे का समय इस के अनुकूल होता है, क्योंकि दिन में दूर से ठीक नहीं जाना जाता कि आती-जाती गाड़ी में निशाना कहाँ लगा, जब कि दीया-बाती के बाद तुरन्त पता लग जाता है कि मोटर की बत्ती की शिस्त ले कर चलाई गई गोली ठीक बैठी या चूक गई। यायावर ने यह बात नौशेरा में ही सुन ली थी, और जिस जानकार से सुनी थी उसने यह भी उपदेश दिया था कि कभी लाचार झुटपुटे के समय आना पड़ ही जाए तो बत्तियाँ तेज़ न जलाई जानी चाहिए बल्कि मन्द कर के। क्यों? इसलिए कि तेज़ बत्ती की चौंध होती है; पठान निशानेबाज़ अगर ठीक शिस्त न ले पाएगा तो गोली जहाँ-तहाँ लग सकती है, अगर मन्दी बत्ती होगी तो निशाना बत्ती पर ही लगेगा!

उस समय तो बात बहुत पते की जान पड़ी थी। यह न सोचा कि निशानेबाज़ अगर नौसिखिया होगा, तो वह बत्ती का ही निशाना लगाने की मर्यादा नहीं भी रख सकता है; शग़ल के लिए यह भी तो सोचा जा सकता है कि अगर बत्ती अमुक स्थान पर है तो पिछला टायर कहाँ पर होना चाहिए-या देखें तो ड्राइवर की सीट

का अनुमान से निशाना लगाया जा सकता है या नहीं! यह बात यायावर की समझ में तब आई जब वह मर्दान से साँझ को ही लौटा, और टीले के पास आ कर उसने बत्ती मन्द करने की बजाय बिलकुल ही बन्द कर दी। उसे अँधेरे में गाड़ी चलाने का अभ्यास कुछ तो था ही, और कुछ वह बढ़ाना भी चाहता था। टीले के मोड़ पर मुड़ते ही एक गोली झन्न से अगले दाएँ मडगार्ड पर लगी–शायद पहिए के लिए प्रेषित की गई थी–और दूसरी सामने के दो शीशों में से बाएँ शीशे को भेदती चली गई। यह ड्राइवर के लिए भेजी गई रही होगी, या कि (यह मान कर कि ड्राइवर तो निरा ड्राइवर होता, है असली सवारी तो बग़ल में होगी!) साथ के व्यक्ति के अभिवादन में! एन्तोन भाग्यवश होने से पिछली सीट पर लेटा हुआ था, नहीं तो उस दिन एक रूसी कलाकार कम हो गया होता। यह और बात है कि कोई उसे न रूसी माने, न कलाकार!

थोड़ी देर में दूसरे टीले की ओट मिल गई, फिर खुला रास्ता, जहाँ बत्तियाँ जला ली गईं...

तीसरा अभियान–कोहाट।

पेशावर से यों तो ख़ैबर का सीधा रास्ता है, और वास्तव में अनुक्रम में रहा भी पहले ख़ैबर, किन्तु पथभ्रंशों का इतिहास पूरा ही हो जाए तो आगे बढ़ा जाएगा।

नौशेरा से आगे भी सड़क काबुल नदी के साथ-साथ चलती है–कभी कुछ निकट, कभी कुछ दूर। नौशेरा से कुछ आगे ही बाग़ आरम्भ हो जाते हैं, और पब्बी स्टेशन से आगे पेशावर तक के बारह-एक मील तो जैसे एक लम्बा बाग़ ही है। पब्बी से बाएँ तो चेरात का पर्वतीय ठिकाना है जिस की पिछली (दक्खिनी) तरफ़ कोहाट पड़ता है। पेशावर से कोहाट का रास्ता कोहाट की जोत से हो कर जाता है। पेशावर से दक्षिण को जा कर आदमख़ेल अफ़्रीदियों का स्वतंत्र इलाक़ा पार करते हुए जोत की चढ़ाई आरम्भ होती है; ठीक जोत पर एक क़िला है और उसके बाद ही सख़्त उतराई शुरू हो जाती है–तीन मील में रास्ता लगभग एक हज़ार फ़ुट नीचे उतरता है!–और दो मील और जा कर कोहाट पहुँच जाते हैं। कोहाट की जोत, तीरा पर्वत-श्रेणी की सबसे पूर्वी बाँही को काटती है। जोत भी स्वतंत्र इलाके में है और दिन में ही पार की जा सकती है।

तीरा पर्वत-श्रेणी के अफ़्रीदी जाड़ों में आक़ाख़ेल और कजुरी के खुले प्रदेश में उतर आते हैं, जो बाड़ा नदी की दून है। यह नदी पेशावर से दक्षिण में कोहाट की सड़क को और पूर्व में ग्रांड ट्रंक रोड को काटती है, और इसी से पेशावर को पानी मिलता है जो बाड़ा से आठ मील जल-प्रणालियों द्वारा लाया जाता है। इसी दून से अफ़्रीदियों ने सन् 1930 में पेशावर पर आक्रमण किया था, जिसके बाद उस प्रदेश

पर क़ब्ज़ा कर लिया गया था। किन्तु कोहाट की सड़क पहले पन्द्रह मील के बाद स्वतंत्र इलाके में प्रवेश करती है और कोहाट की जोत को पार करके उससे निकलती है। सड़क पर कँटीले तार के जाल स्वतंत्र प्रदेश की मर्यादा सूचित करते हैं। यहीं पास में ऐमल चबूतरा है और उससे बाईं ओर मैकिसन दुर्ग। सड़क हरे-भरे और सुन्दर प्रदेश से गुज़रती है, जहाँ-तहाँ धान के खेतों के बीच फल-वृक्षों के झुरमुटों में गाँव हैं और चमचमाते स्वस्थ चेहरे वाले अफ़्रीदी पीठ पर एक और कभी दो-दो राइफलें लटकाए घूमते हैं। सड़क से कुछ हट कर ही इस प्रदेश का बन्दूकों का मुख्य कारख़ाना है।

कोहाट से आगे एक सड़क रेल की पटरी के साथ थल को जाती है, दूसरी बहादुरख़ेल होती हुई बन्नू, और एक सड़क ख़ुशहालगढ़ पार करके कैंबलपुर जा मिलती है। कुर्रम नदी पर बसा हुआ थल तो एक टोली के साथ जा कर छू आया गया, किन्तु और आगे का डौल नहीं हो सका।

पुनः उसी राह से पेशावर लौटना पड़ा।

भारत के नगरों की अपनी-अपनी विशेषताएँ हैं। यों तो किसी भी शहर को एक विशेषण से नहीं बाँध लिया जा सकता क्योंकि प्रत्येक में विविधता है, किन्तु उस विविधता की भी अलग लीकें हैं। यथा जोधपुर में रंगों की विविधता उसे विशिष्ट करती है, श्रीनगर में गन्धों की विविधता ('सहस्रगन्धा नगरी'), लाहौर में गन्दगी की अथवा (इस विषय में कलकत्ते को प्रतियोगी मान लें तो), फैशन की, इत्यादि। इसी प्रकार पेशावर की विशेषता उसके बाज़ारों की सजीवता में थी-यद्यपि उनमें रंगीनी, गन्ध या गन्दगी या फैशन की भी कुछ कमी न थी!

बाड़ा नदी को पार करके और बालाहिसार के क़िले के नीचे से होते हुए यायावर पेशावर पहुँचा, तो पहली समस्या रहने के स्थान की हुई। उसका समाधान हुआ तो दूसरी समस्या भोजन की हुई, किन्तु उस पर विचार करने जब होटल ग्रीन्स में बैठ कर चाय-पान शुरू किया-भोजन का समय निकल चुका था, समस्या का हल रात तक ढूँढ़ा जा सकता था!-तब सामने की मेज़ पर एक पठान को अन्य सामग्री के साथ तीन-तीन पाव भुनी हुई दुम्बे की चर्बी की एक के बाद एक कर के तीन प्लेट खा लेते देख कर यायावर ने समझ लिया कि इस भोजन-रसिक रसना-लोलुप देश में समस्या अगर होगी तो खाने की नहीं, न खाने की हो सकती है!

पेशावर तीन स्पष्ट भागों में बँटा है। एक भाग तो शहर है ही, एक सिविल बस्ती है जो अन्य अच्छी सिविल बस्तियों की तरह साफ़-सुथरी और ढंग की बनी है, फिर एक फ़ौजी बस्ती अलग जिससे लगा हुआ हवाई अड्डा भी है। छावनी

का रखाव ऐसा बनाया गया है कि दोनों सिरों पर भारतीय सैन्य रहता है और बीच में ब्रितानी पलटनें।

शहर उन दिनों फ़ौजियों के लिए 'हद से बाहर' था–उनका इलाक़ा सिविल लाइन और सदर तक सीमित था। किन्तु पेशावर आ कर पेशावर न देखना असह्य था। छुट्टी के दिन तक प्रतीक्षा अवश्य की जा सकती थी। इस अन्तराल में कुछ स्थानीय परिचय भी पा लिए गए। रूसी उज़बकिस्तान के एक व्यक्ति अब्दुल करीम का, जिससे मुम्बई का थोड़ा-सा परिचय था, पता लगाया गया, और उसके द्वारा और दो-चार व्यक्तियों से सम्पर्क हुआ। इन्हीं में से एक, ताजिक नूर मुहम्मद से तय हुआ कि रविवार को शहर में उसके यहाँ भोजन होगा और बाज़ार की सैर की जाएगी। इस निर्णय में एन्तोन का भी भाग था, कैसे, यह अभी विदित होगा।

रविवार को यायावर ने मुफ़्ती पहनी। सिर पर अब्दुल करीम से माँगी हुई अस्त्रखानी टोपी लगाई। एन्तोन पर तो बन्धन था ही नहीं। दोनों खोजते हुए नूर मुहम्मद के यहाँ पहुँचे। भोज में भुना हुआ माँस, खमीरी मीठी रोटी जिसमें भीतर किशमिश और ऊपर ख़सख़स यथेष्ट था, और गहरी चाय मिली। भोजन के बाद वार्तालाप हुआ, जिसका ढंग उल्लेखनीय था। एन्तोन अंग्रेज़ी के अतिरिक्त ताजिकी भाषा जानता था। नूर मुहम्मद की वह मातृभाषा थी, उसके अतिरिक्त वह उज़बकी भी जानता था। अब्दुल करीम उज़बकी और उर्दू जानता था। वार्तालाप चक्रगति से चला–यायावर एन्तोन से अंग्रेज़ी में कुछ कहता, एन्तोन नूर मुहम्मद से ताजिकी में बात करता, नूर मुहम्मद अब्दुल करीम से उज़बकी में, और अब्दुल करीम यायावर को उर्दू में उत्तर देता। यों दोनों की भाषा में फ़ारसी धातुओं की यथेष्ट मात्रा रहने के कारण कुछ बात यों भी अनुमान से समझी जा सकती थी।

नूर मुहम्मद जूतों का व्यापार करता था–वह और उसका परिवार स्वयं जूते सीते थे। उसकी कारीगरी की कीर्ति थी और उसके हाथ के सिले जूते दुगुने दामों पर बिकते थे। उसके साथ बाज़ार की सैर आरम्भ हुई तो पेशावरी तिल्लई चप्पलों के बाज़ार में पहले घुसना स्वाभाविक था–नज़दीक भी वही था!

पेशावर का शहर अन्य उत्तरी शहरों की भाँति प्राचीर से घिरा हुआ है जिसमें बीस फाटक हैं। इनमें मुख्य काबुली दरवाज़ा है, जिसके भीतर पेशावर का अनुपम किस्साख़ानी बाज़ार है। रेशमी लुंगियाँ, कुले, कपड़े पर मोम का काम, कारुकार्य, तिल्लई चप्पल और बढ़िया चाकू–ये पेशावर के मुख्य व्यवसाय हैं। यों तिल्लई जूते बढ़िया रावलपिंडी के ही माने जाते हैं और वहाँ से पेशावर भी बिकने आते हैं। इन स्थानीय शिल्पों के अतिरिक्त पेशावर सारे उत्तरी-पश्चिमी अंचल के शिल्प के लिए बड़ी मंडी है; काबुल, बुख़ारा और मध्य एशिया से सार्थवाह यहाँ आते हैं। स्वात और चित्राल की दस्तकारियों के नमूने भी यहाँ मिलते हैं। ख़ैबर के रास्ते सप्ताह में दो बार जो मीलों लम्बे क़ाफ़िले उतरते और

चढ़ते हैं, पेशावर ही उनका परम तीर्थ होता है। बाज़ार में मोल-भाव करने का भी पठान का अपना ढंग है, जिसे और लोग अपना तो सकते ही नहीं, सर्वदा ठीक समझ भी नहीं सकते। यह सब आवा-जाई, हल्ला-गुल्ला, खींच-तान, लल्लो-चप्पो, टिटकारी-निहारे, चमक-दमक, कुला-शमला, जूतों की चरमर और मूँछों की ऐंठन उस जगमग सजीवता के उपकरण हैं जिसे बाज़ार किस्साख़ानी कहते हैं; और जहाँ-तहाँ सींक और चपली कबाब भुने दुंबे, मेरे-बादाम और फलों की गन्ध-विगन्ध और रंग-बिरंगी दुकानों से मानो इसमें और भी चिलक आ जाती है...

किस्साख़ानी बाज़ार को देख कर उसका सामंजस्य प्राचीन भारत का इतिहास पढ़ कर मन में बनाए हुए पुरुषपुर के चित्र के साथ करना कठिन हो जाता है। गान्धार राज्य की राजधानी पुरुषपुर का नामान्तर अकबर के समय हुआ था, जब वह गान्धार राज्य की राजधानी से अपदस्थ हो कर केवल 'मेशा आवर' रह गया-सीमान्त का नगर। प्राचीन गौरव के अवशेष जहाँ-तहाँ पुराखंडों में ही मिलते हैं। पेशावर के पास ही 'शाहजी की ढेरी' में अनेक अन्य वस्तुओं के साथ कनिष्क-कालीन मंजूषा भी मिली जिसमें बुद्ध के धातु सम्पुट थे। यह मंजूषा अब पेशावर संग्रहालय में है। आठवीं शती से पुरुषपुर पर पठानों के आक्रमण होने लगे; ग्यारहवीं शती के आरम्भ में राजा जयपाल और युवराज आनन्दपाल मुहम्मद ग़जनवी से पराजित हुए। पन्द्रहवीं शती से वे कबीले आस-पास बसने लगे जो अब वहाँ के रहने वाले हैं। सोलहवीं शती के आरम्भ में बाबर उधर से आया और उसके बाद अकबर ने शहर को नया नाम दे दिया। इन कई शतियों का इतिहास पेशावर संग्रहालय की वस्तुओं से मिल जाता है-वहाँ पर शाहजी की ढेरी के अतिरिक्त चारसदा स्वात की दून, तख़्त-बहाई और शहरे-बहलोल के भी अवशेष संगृहीत हैं।

संग्रहालय के बाहर भी जहाँ-तहाँ अवशेष हैं, जिनके अवहेलनसूचक नाम ही उनके ऐतिहासिक महत्त्व का वक्र संकेत करते हैं। उदाहरणतया पेशावर में ही जो गोर खत्री ('खत्री की क़ब्र') है, वह कभी बौद्ध विहार था, फिर हिन्दू मन्दिर रहा (अब वह तहसील है)। इसी प्रकार लंडीकोतल के ऊपर एक लाल क़िला है। जिसे क़ाफ़िर कोट कहते हैं-इसका इतिहास ज्ञात नहीं पर स्पष्ट ही वह गान्धार-काल की स्मृति है।

इसी प्रकार जिन स्थलों के नामों में बड़ाई है, उन्हें इतिहास का अध्येता मुसकरा कर छोड़ दे सकता है-यथा स्टेशन के निकट ही 'नौगज़ा पीर' का मज़ार-इस पीर के नौ गज़ लम्बे रहे होने के अतिरिक्त और उसकी कीर्ति न मालूम हो सकी-यों पीर का मज़ार पाक-गाह है और मुरादें पूरी करता है!

पेशावर से चले, तो यायावर का कुनबा कुछ बढ़ गया था। एन्तोन तो साथ था ही, चित्रकार कँवलकृष्ण और उनकी पत्नी देवयानी भी साथ थीं। देवयानीजी इन्दौर की रहने वाली हैं और स्वयं चित्रकर्त्री हैं, कँवलकृष्ण जन्मना पंजाबी हैं, लेकिन वैसे यायावर परम्परा के साधक, जो चित्रों की सामग्री की खोज और घूमने की लत के कारण तीन-चार बार तिब्बत और दो-तीन बार कैलास हो आए हैं, और पश्चिमोत्तर सीमा प्रान्त भी छान चुके हैं। उन दिनों प्रान्त के गवर्नर सर जॉर्ज कनिंगहम के संरक्षण में कँवलकृष्ण दम्पती की एक चित्र प्रदर्शनी हो रही थी, जिसमें विभिन्न यात्राओं में अंकित किए गए चित्र प्रदर्शित किए गए थे। यायावर ने कँवलकृष्ण को एक बार पहले देखा था जब वह महापंडित राहुल सांकृत्यायन के साथ तिब्बत गए थे; पेशावर में एक परिपक्व और विदग्ध रूपान्तर देखने को मिला। तभी ख़ैबर-यात्रा का साथ निश्चित हो गया। कँवलकृष्ण उन भारतीय चित्रकारों की रेणी में अन्यतम हैं, जिनकी साधना और रचना की (भारतीयों द्वारा) उपेक्षा ही होती रही है। जहाँ चित्र के साथ पुराण नहीं तो कहानी तो अनिवार्यतः चाहिए ही, वहाँ दृश्यालेख (लैंडस्केप) की क़द्र क्या होगी, और जहाँ घर-गिरस्ती आबाद करना ही जीवन की सफलता हो, वहाँ इस भटक-भटक कर अनुभव-संचय, और जीवन के रस-शोध को कौन महत्त्व देगा! यह नहीं कि वैसे व्यक्ति को इस की परवाह होती है, किन्तु इन चीज़ों का उचित स्थान समझना कुछ देना नहीं, कुछ पाना है, और उससे संस्कृत जीवन की गहराई बढ़ती है...

परमिट इत्यादि सबसे पहले से ले लिया गया था और लंडीकोतल की छावनी को सूचना भी दे दी गई थी। प्रातःकाल ही हवाई अड्डे के पास से हो कर यह 'मोटरबन्ध क़ाफ़िला' चला। कँवलकृष्ण-दम्पती ने एक डलिया में थर्मस-भर चाय, कुछ फल और कुछ अन्य सामग्री रख ली थी, एन्तोन को यों ही समय-असमय चरने की आदत थी और प्रायः चार पैकेट आलू के कुरकुरे और कुछ सैंडविच (डबल रोटी के पुटों में अंडा, मछली, तरकारी या कीमे का पूर) उसके दोहरे सीने की वास्केट के बहुसंख्यक खीसों में भरे ही रहते थे। यायावर भगवान्-भरोसे था।

इस्लामिया कॉलेज के पास से हो कर सीधी-सपाट सड़क पर साठ-पैंसठ मील की चाल से गाड़ी चली जा रही थी। सामने ख़ैबर की पहाड़ियाँ थीं, छोटे-छोटे अभ्रक से चमकते पत्थरों की पच्चीकारी से भरी हुई सूखी, नंगी ढालें जिनमें जहाँ-तहाँ कीलियों-सी मीनारें दीख जाती थीं। बाईं ओर हरिसिंह बुर्ज को छोड़ कर गाड़ी जमरूद पर रुकी। यह जंगी जहाज-सा दीखने वाला, गारे की पपड़ी से ढका हुआ दुर्ग भी हरिसिंह के नाम से सम्बद्ध है-सिख सेनापति हरिसिंह नलवा ने अफ़गानों को अटक से ख़ैबर तक खदेड़ने के बाद सन् 1823 में इसे बनवाया था। यहीं पर चौदह वर्ष पीछे अमीर दोस्त मुहम्मद के सैनिकों से युद्ध करते हुए नलवा सरदार ने

वीर-गति पाई। हरिसिंह बुर्ज में उसका दाह-संस्कार हुआ। और पीछे गुज़राँवाला में समाधि बनी जो अभी तक है। देखने को क़िला बिलकुल गारे से बना हुआ दीखता है, किन्तु उसकी दीवारें आठ हाथ मोटी हैं, और धुस्स दोहरे फाटक और बुर्जों से परिपुष्ट की गई हैं। क़िले के नीचे ही चौकी है जहाँ परमिटों की पड़ताल होती है। जमरूद पार करके ख़ैबर घाटी की चढ़ाई आरम्भ हो जाती है।

ख़ैबर मार्ग को 'पास' कहते हैं, पर 'पास' वास्तव में 'जोत' का पर्याय है। पहाड़ी की रीढ़ पर की वह नीची जगह जहाँ रास्ता इस पार चढ़ कर उस पार उतरे, 'जोत' कहलाती है; यह नाम कुलू-कांगड़ा में अधिक प्रचलित है। इसी को गढ़वाल-कुमाऊँ में 'घाटा', राजस्थान में 'घाटी' और पुश्तु में 'कोतल' या 'गर्दन' कहते हैं। पहाड़ की शृंखला के आर-पार रास्ते को दर्रा कहते हैं, और ख़ैबर का दर्रा उपयुक्त नाम है। सड़क और रेल की पटरी कुछ तो ख़ैबर नाले की दून से और बाक़ी बगियारी की दून से हो कर गुज़रती है। लंडीखाना से तीन मील पहले ही वह जोत पड़ती है जहाँ से रास्ता शृंखला के पूर्वी पार्श्व को छोड़ कर पश्चिमी पार्श्व पर उतरता है; यह जोत लंडी की जोत अथवा लंडीकोतल है। सड़क लंडीखाने से आगे तूरख़म तक जा कर अफ़गान-सीमा में प्रविष्ट होती है। रेल की पटरी लंडीखाने में समाप्त हो जाती है।

ख़ैबर रेलवे इंजीनियरी विद्या का करिश्मा है। कई विदेशी विशेषज्ञों ने रेल की योजना को असम्भव ही घोषित कर दिया था, और सैनिक आवश्यकता के बिना इतना दुस्तर काम कभी उठाया न जाता। जमरूद से छब्बीस मील की पटरी पर चौंतीस सुरंगें हैं जो कुल पटरी की लम्बाई का अष्टमांश छते हुए हैं; एक मील में औसत लगभग चार पुल हैं जिनमें कई बड़े दुर्गम स्थलों में बने हैं। चढ़ाई का अनुपात औसत 33 में 1 है, और कहीं-कहीं इससे भी कर्रा। चंगई स्टेशन पर एक मील से कम के घेरे में पटरी 130 गज़ उठती है, जो कि 13 में 1 की चढ़ाई है। इतना अवश्य है कि यहाँ पर दूरी बढ़ाने के लिए पटरी दो बार आगे-पीछे जा कर त्रिकुंड-सा बनाती हुई चढ़ी है। इसी प्रकार लंडीकोतल से लंडीखाने की उतराई में तोड़ाटिग्गा की लौट (रिवृसग) में भी हुआ है। रेल की पटरी के लिए एक यह भी समस्या थी कि वह कहीं भी सड़क से आधे मील से अधिक दूर न हो-सैनिक सुरक्षा की दृष्टि से इस मर्यादा का कड़ाई के साथ पालन हुआ। अब दोनों में औसत दूरी चौथाई मील की है।

ख़ैबर की सड़क का निर्माण पहले-पहल लेफ्टिनेंट मैकिसन ने प्रथम अफ़गान युद्ध के बाद सन् 1840 में किया था। उसने सड़क का निर्माण दोनों सिरों से आरम्भ किया था-जमरूद से ऊपर और लंडी से नीचे, अली मस्जिद तक। वैसे ख़ैबर के दर्रे का प्राचीन व्यापारिक मार्ग तो सदियों से चला आता था और अब भी पक्की सड़क के साथ-साथ कहीं-कहीं उसे काटता हुआ चला है। यह प्राचीन

मार्ग भारत के सभी विदेशी आक्रमणों का मार्ग न भी रहा हो, तो भी यह एशिया की जातियों का सदा परिचित रहा और नाना देशों के कार्यवाहों ने इसी की धूल की झिलमिल के पार ऋद्धि के स्वप्न देखे। भारत के गान्धार उपनिवेश से सम्पर्क की धमनी तो यह थी ही, ईरान और अरब के लिए भी यही मार्ग था। अभी तक मध्य एशिया के व्यापार के लिए यह प्रमुख निर्यात मार्ग है, और अब भी सप्ताह में एक या दो बार इसी राह से दो-कुब्बे बाख़्त्री ऊँटों, बैलों, खच्चरों और गधों के मीलों लम्बे क़ाफ़िले गुज़रते हैं, जिनके साथ टांडा-टब्बर लिए सैकड़ों क़ाफ़िलेदार चलते हैं। प्राचीन काल में ये क़ाफ़िले अपनी रक्षा की व्यवस्था स्वयं करते थे; जब यायावर गया तथा रक्षा का काम ख़ासादारों के सुपुर्द था, जो ब्रितानी पोलिटिकल एजेंट से गोला-बारूद और रुपया पाते थे। इन क़ाफ़िलों से लम्बे (यद्यपि सर्वथा भिन्न प्रकार के!) टांडे उत्तर-पश्चिम में केवल रज़मक के नीचे गोमल नदी की दून में देखे जाते हैं, जहाँ घुमंतू पविंडे जाड़े लगते ही अपने रेवड़ ले कर अफ़गानिस्तान के पर्वतों से उतरते हैं और वसन्त में फिर पश्चिमोन्मुख होते हैं। ये टांडे तो छः-सात मील लम्बे होते हैं!

ख़ैबर की सड़क कोटों और दुर्गों से पटी हुई है। जमरूद के बाद फ़ोर्ट मॉड, शगई और अली मस्जिद के क़िले मुख्य हैं, फिर ज़िनतारा पार करके लंडी पहुँचते हैं जो बड़ी छावनी है। शगई का क़िला कच्ची और पक्की सड़क के बीच पड़ता है। इस के बाद अनेक बुर्जों और ठियों से भरी एक तंग घाटी में से बढ़ते हुए काटा कुश्ता पहुँचते हैं, जहाँ से रास्ता फिर खुल जाता है। काटा कुश्ता तक का प्रदेश कुकीख़ेल और मलिकदीन कबीलों की भूमि है, इससे आगे लंडी तक दबंग ज़क्काख़ेल का इलाक़ा है। लंडी के आस-पास इस खेल के अतिरिक्त शिनवारियों के भी गाँव हैं। ज़िनतारा के आस-पास अनेक अफ़्रीदी गाँव हैं। कच्ची ईंट और गारे के अफ़्रीदी घर चपटे, सूने और मनहूस दीखते हैं, बाहर से गाँव का कोई किवाड़ नहीं दीखता, केवल सपाट दीवारें जिनमें जहाँ-तहाँ बन्दूक की नली निकालने भर को सूराख...अंग्रेज़ी कहावत है कि 'अंग्रेज़ का घर उसका गढ़ है', लेकिन अफ़्रीदी का सब-कुछ ही गढ़ है-उसकी आँखें, हृदय, चेहरा, शरीर, उसका घर, गाँव, कबीला, सभी!

लंडीकोतल पहुँच कर नियमानुसार हाजरियाँ भर कर छुट्टी पा ली तो समस्या हुई कि घूमने के लिए मार्ग-दर्शक कहाँ मिलेगा। यों वर्दी पहने होने के कारण थोड़ा-बहुत तो यों ही भटका जा सकता, पर इतना पर्याप्त न था। कोतल के फ़ौजी अस्पताल के कमांडिंग अफ़सर मेजर नैना ने उबारा-उनके उदार आतिथ्य से तृप्त हो कर उनके सहकारी कप्तान सिंह को साथ ले कर यायावर आगे चला।

लंडीखाने की उतराई यों भी कर्री है, तिस पर उस कंकरीट की सड़क पर 'अजगर दाँत' पड़े हुए थे। अजगर-दाँत (ड्रैगंस टीथ) जंगी टैकों की बाढ़ को

रोकने के लिए सड़क पर बनाए गए लोहे और कंकरीट के अटकाव को कहते हैं। कंकरीट की सड़क में जमाई हुई लोहे की कीलियों पर कंकरीट के टोपे जमा कर सड़क को आर-पार पाट देते हैं। टैंक के पहिए जो अपनी कनखजूरी पेटी के कारण खाई-खड्डे सब लाँघते हुए उतरते-चढ़ते जा सकते हैं, इस एक-डेढ़ फुट ऊँची बाधा से रुक जाते हैं क्योंकि उसकी सम-कोण उठान कहीं पकड़ाई नहीं देती और न उसे धक्के से गिराया जा सकता है। यह कोई स्थायी रक्षा तो नहीं है पर इससे दो-तीन दिन का भी अवकाश रक्षकों को मिल जाए तो यथेष्ट होता है। जिन दिनों यायावर गया उन दिनों आधी सड़क में दाँत लगे हुए थे; बाक़ी खुली थी पर इसमें भी जहाँ-तहाँ कीलियाँ लगी हुई थीं। काबुल से आने वाली सड़क पर टैंक-रोधक रक्षाओं की आवश्यकता पर यायावर विचार कर ही रहा था कि उसे याद आया, युद्ध आरम्भ हुआ तब भारतीय सेना के ब्रितानी संचालक संकट की सम्भावना पूर्वी सीमान्त पर नहीं, पश्चिमी सीमान्त पर करते थे, और आक्रमण भी नात्सी-फासी देशों का नहीं, रूस का। ये सब रक्षाएँ काबुल मार्ग से आने वाले संभाव्य रूसी आक्रमण की रोक के लिए की गई थीं-आधी सड़क बन्द कर दी गई थी और बाक़ी को आवश्यकता पड़ते ही बन्द करने की व्यवस्था कर रखी थी! यायावर को एक उच्च सैनिक अधिकारी ने, जो एक सशस्त्र मोटरबन्द सेना (आमर्ड कोर) के अफ़सर थे, बताया था कि सन्' 42 के पूर्वार्ध में भी उनकी सेना रूस का सामना करने के 'नकली युद्ध' और अभ्यास कर रही थी। यूरोपीय युद्ध की निष्पत्ति के उपरांत इन दाँतों को उखाड़ देने का कार्य आरम्भ हुआ, किन्तु उतनी दूर तक ले जा कर छोड़ दिया गया जितने से आने-जाने का पथ खुला रहे।

लंडीखाने से पहले पथ के उत्तर को मिचनी कंडाव का क़िला पड़ता है। यहाँ से पहाड़ का उत्तर गैंडे के पार्श्व जैसा सीधा है, जिसमें सड़क बल खाती उतरती है। रेल का ऐसे मार्ग से जाना असम्भव दीखता है, किन्तु उसका अधिकांश भाग सुरंगों में से ही जाता है और तोड़ाटिग्गा में जा कर निकलता है, जहाँ से लौट कर रेल लंडीखाना पहुँचती है। मिचनी कंडाव से आगे का मार्ग और दूर तक का खुला दृश्य दीखता है जिसमें तूरख़म का टीला ही थोड़ा अवरोध करता है। पश्चिम जाती हुई घाटी क्रमशः उत्तर-पश्चिम को मुड़ती है, अतः मिचनी की अपेक्षा उसके दूसरी (दक्षिण) पार पिसगाह के दुर्ग से अधिक दूर तक का स्पष्ट दृश्य दीखता है। वहाँ से शेराबाद की अफ़गान छावनी और उससे आगे काबुल नदी की दून के फलों के बाग़ भी दीखते हैं।

उतार कुछ हलका हुआ, थोड़ी-सी सीधी दौड़ लगा कर गाड़ी एक सराय के सामने से दाहिने को मुड़ी ही थी कि ज़ोर से ब्रेक लगा कर रोक दी गई। दाएँ को उसी अभ्रक-से पपड़ीले पत्थर का छोटा-सा टीला, बाएँ को झरने के पार सीधी पसली का गर्वीला काला पर्वत-शृंग जिसके अध-बीच से एक चूने

की-सी रेखा तनिक आगे आ कर कंटीली तार बन गई है। संकरीली सड़क के ओर-छोर गड़े हुए कँटीले तारों से मढ़े दो खम्भे; परले ठिये में कँटीले तार के बाड़े में काँधे-बन्दूक एक अजनबी सन्तरी,-वरले ठिये के पास मोटी सुई-सा दुम्मट और उसके बराबर कँटीले तार के ऊपर झाँकती बे-शऊर विज्ञप्ति-'भारत का सीमान्त'...

'फ्रंटियर ऑफ़ इंडिया : ट्रैवलर्स ऑर नॉट पर्मिटेड टु पास दिस नोटिस-बोर्ड अनलेस दे हैव कंप्लाइड विद द पासपोर्ट रेगुलेशंस।'

(भारत की सीमा : यात्रियों को इस विज्ञप्ति से आगे बढ़ने की अनुमति नहीं है जब तक कि उन्होंने पासपोर्ट के नियमों की पूर्ति न कर दी हो।)

जहाँ सब-कुछ कँटीला है, वहाँ देह भी कंटकित क्यों न हो आए? यायावर बहुत देर तक सारे दृश्य को देखता रहा। फिर उसकी आँखें तूरख़म के गर्वीले श्यामल उभार पर केन्द्रित हो आईं। यह हमारे देश का मर्यादा-पर्वत है, देश की सीमा उसकी मर्यादा है और सीमा की रक्षा देश की मर्यादा की रक्षा है...चुपचाप खड़े-खड़े यायावर के मन में फिर रोयरिक के उस चित्र की याद ताज़ा हो आई-इस दृश्य में 'घर' नहीं है, लेकिन उसे आँख-भर देख कर हृदय में बसा लो, क्योंकि उसके कारण ही घर जहाँ हैं वहाँ घर हो सके हैं-वह मर्यादा जो है...और यह सोचते हुए उसके भीतर युगों के संस्कार, शताब्दियों की सांस्कृतिक परम्पराओं के तार, धीरे-धीरे स्वरित हो उठे; भारत का भारतत्त्व, उसका प्राणतत्त्व बोलने लगा। भारत, नीचे क्षितिज-स्पर्शी असीम सागर के वेष्टित और ऊपर नभ-चुंबी हिमालय के अंचल से छादित, जिस की अपनी सीमाएँ छूती हैं एक खड़ी परा-सीमा को और एक पड़ी परा-सीमा को; जो भा-रत हो कर आलोक की खोज में लवलीन रहा है और जिस ने कहीं से भी आती हुई प्रज्ञा-किरणों को स्वीकार किया है और अपने विमल मानस में धारण करके और चमका दिया है, जिस ने अनेकता में एकता पाई है क्योंकि वह अपनी एकता में अनेकों को अपना सका है, सह सका है-'**प्रियः पियायार्हसि देव सोढुम्!**'

और जो आगे भी सह सकता है, जो आगे भी अनेकता में एकता को उद्भावित कर सकता है क्योंकि वह एकता में अनेकता को पनपने दे सकता है, जैसे एक उद्यान में अलग-अलग आलवालों में अलग-अलग पौधे, अपने-अपने मालंच पर आधारित नाना-रूप तलाओं के गुल्म बढ़ते, फूलते और फलते हैं...भारत की संस्कृति एक जड़ धातु-पिंड नहीं है, फिर चाहे वह धातु स्वर्ण ही क्यों न हो, वह निधि है जिस की मंजूषाओं में नाना रत्न संगृहीत हुए हैं और होते रहेंगे; वह एक परम्परा है जिसमें मानव का ज्ञानालोकित उद्योग कड़ी-कड़ी जोड़ता रहा है, और जिसका सजीव प्रसार काल के विस्तार को कोली भर कर भेंटने की स्पर्धा करता है...

इससे क्या कि इस मर्यादा पर्वत का नाम तूरख़म है? इससे क्या कि उससे भी ऊपरली तरफ़ जो गान्धार-युगीन दुर्ग है वह आज क़ाफ़िर-कोट नाम से प्रसिद्ध है, जब कि जिस काल में उसका निर्माण हुआ होगा, उसमें कुफ़्र की उद्भावना करने वालों का ही आविर्भाव न हुआ था, और अफ़गानिस्तान और रूस के शिखरों का सिंहावलोकन करने वाला वह दुर्ग षड्पारमिताओं की साधना का प्रतीक था, जिनमें सर्वश्रेष्ठ है प्रज्ञा पारमिता? उठना और गिरना, बनना और मिटना, पाना और खोना हर पारमिता की साधना में निहित है, किन्तु अनुभव की लौ के लिए यह सब ईंधन है; इस समिधा से वह पूताग्नि प्रज्वलित होती है और मानव पारमिताओं के निकटतर पहुँचता है। जो बढ़ता है वह पत्ते झारता ही है, केंचुल छोड़ता ही है, चोला बदलता ही है, द्विदल फोड़ता ही है...

'मैं वह हूँ जिस ने आरम्भ किया,
मुझ से युग प्रसूत होता है,
मुझ से ही पुरुष और परमेश्वर,
मैं एकमेव और सम्पूर्ण हूँ :
परमेश्वर बदलता है, और पुरुष, और उनके रूपाकार बदलते हैं,
मैं प्राण-तत्त्व हूँ।

'मुझ से ऊपर या आगे
जाने का मार्ग नहीं है,
मुझे प्रेम करो या अप्रेम
जानो या न जानो,
मैं ही हूँ जो मुझे प्रेम या अप्रेम करता है, जानता या न जानता है।
मैं आक्रान्त हूँ और मैं ही आक्रमण भी।
'मैं वह वस्तु हूँ जो पुनीत बनाती है-
मेरी साँस क्षान्ति है,
मेरा ही स्पर्श सहलाता है
अरूप हाथों से
मेरे अजात अंगों को जिनका व्यास सीमाओं को नापता है
भाग्य के विस्तार की।

....

'विश्वास एक रूढ़ि है,
राज-मुकट तामस हैं,
ईश्वर एक यही बात है-
पूरे सामर्थ्य के साथ मानव होना :
प्राणों के सम्पूर्ण बल के साथ सीधा विकसित होना, प्रकाश की
तरह जीना।

'मैं तुझ में हूँ तेरी रक्षा के लिए
यह मेरा स्वर तेरे भीतर बोलता है :
तू दे, जैसे कि मैंने तुझे दिया है
अपना जीवन–रस और अपने प्राण,
अपने कर्म के हरित पत्र, अपने ज्ञान के शुभ्र सुमन, और अपनी मुक्ति के लाल फल।

'मैं हूँ वह बहुमूल तरु
जो आकाश तक फैलता है,
लाल फलों की झालर वाला
जीवन–तरु मैं हूँ,
तेरे जीवन के कोरकों में भरता है मेरी धमनी का रस, जीवन मेरा है।

'किन्तु तेरे बनाए हुए देवता
जो लेते हैं और देते हैं,
जिन की कृपा और अकृपा
हँसती और डँसती है,
ये कीड़े हैं जो पलते हैं झरे हुए वल्कल में, इन की मृत्यु है, जीवन नहीं।

'मेरा भार दुर्वह है,
जितना तू जान सकता है उससे अधिक,
और मेरे विकास का कोई पुरस्कार नहीं
स्वयं उस विकास के अलावा
किन्तु मैं स्खलित नहीं होती विकास के पथ से,
न ऊपर कड़कते वज्र से, न नीचे कुलबुलाते कृमि–कीट से!'

स्विनबर्न के पृथ्वी स्तोत्र 'हेर्था के पद' यायावर के मन में गूँजते रहे–इसे उसने बन्दी जीवन के एकान्त में बीसियों बार पढ़ा था और प्रायः पूरी कविता उसे कंठस्थ थी...

क्या यह यात्रांत है? नहीं। हरी–भरी पहाड़ी सर्वत्र मिल सकती है, किन्तु वह सर्वदा आगे रहती है; और मानव पंचीभूत हो कर ही उसे आत्मसात् करता है, उसका सुर पृथ्वी के सुर में लीन होता हुआ कहता है कि मैं ही वह हरी पहाड़ी हूँ :

मैं हूँ कर्म और कर्ता, बीज और कृषक, मैं वह पुनीत धूल जो ईश्वर है!

और इस प्रकार तूरख़म से गाड़ी फिर वापस मुड़ी, और टायर फिर घूमने लगा। लंडीकोतल से चाय पीकर चले तो दिन छिप गया था। रात में ख़ैबर पार कोई नहीं जाता और दल में कोई स्त्री हो तो दिन में भी ब्रितानी अफ़सर शस्त्र-सज्जित रक्षक टुकड़ी साथ लेते हैं; पर यायावर तो अजातशत्रु होते हैं...

यथा द्यौश्च पृथ्वी च न बिभीतो न रिष्यत:
एवा मे प्राण मा बिभे:।
यथाहश्च रात्री च न बिभीतो न रिष्यत:
एवा मे प्राण मा बिभे:॥
यथा सत्यं चानृतं च न बिभीतो न रिष्यत:
एवा मे प्राण मा बिभे:।
यथा भूतं च भव्यं च न बिभीतो न रिष्यत:
एवा मे प्राण मा बिभे:॥

ऐसे ही मेरे प्राण निर्भय हों—यह प्रार्थना भी है और आशीर्वाद भी है।

किरणों की खोज में

बाल्यावस्था में अंग्रेज़ी लेखक राइडर हैगर्ड का एक रोमांचक उपन्यास पढ़ते हुए जब नायक के विषय में की गई किसी की भविष्यवाणी पढ़ी थी कि **'डेथ विल कम टु हिम स्विफ़्टली ओवर द वाटर्स'**, अर्थात् जल-विस्तार के पार से उसका काल द्रुत वेग से आएगा,–तब एक सनसनी शरीर में दौड़ गई थी। उस समय नहीं जान पाया था कि क्यों, और पीछे-ग्रह-फल में यह पढ़ कर भी कि पानी से संकट है, इस बात का कोई सम्बन्ध जल-जात दुर्घटनाओं की चर्चा से होने वाले रोमांच के साथ नहीं जोड़ा था। पर अब जानता हूँ कि जल के साथ जीवन के बहुत-से अनुभव–कुछ प्रिय, कुछ अप्रिय, पर सभी स्मरणीय–सम्बद्ध हैं। और जिस अभियान की बात आज याद कर रहा हूँ, उसकी तो एक-एक स्मृति पानी से भीगी हुई है–पानी कभी चंचल फेनोर्मिल, कभी निष्कंप गम्भीर, कभी आकुल वाष्पायित, कभी कल-कल प्रपतित, कभी असंलग्न हिमावेष्टित नीरव...यद्यपि उस अभियान की योजना में जब विश्वविद्यालय के वैज्ञानिक अन्वेषी दल की सदस्यता सहर्ष स्वीकार की थी, तब विद्युद्दर्शक-अन्वीक्षक-प्रकाशचित्र-ग्राहक यंत्रों के मरुस्थल में पानी की कुल्या की झाँईं तक न दीखी थी।

किन्तु, बात लाहौर से आरम्भ करना व्यर्थ होगा। वहाँ से कार्यक्रम निर्धारित करके चला था अवश्य, पर रावलपिंडी-कोहमरी-दुमेल होता हुआ कश्मीर पहुँचा था सैलानी के रूप में ही। दुमेल में बस रुकी तो आगे चलने का तनिक भी आग्रह न किया था, बल्कि रात वहीं ठहरने की सलाह दी थी (गाड़ी माल ले जा रही थी, सामने की सीट पर अकेला सवार था)। नया-नया विज्ञान का ग्रेजुएट था,–विद्यार्थीगीरी की आदतें छोड़ कर नौकरी के उम्मीदवारों की टीम-टाम करने की बात अभी सूझी ही न थी; दुमेल के डाक-बँगले का मार्ग न पूछ रस्सों के पुल से झेलम-पार मुज़फ़्फ़राबाद में गुरुद्वारे में रात काटी (गुरुद्वारे के किरपानधारी खटमलों का पता तो देर रात को चला जब भाग खड़े होना सम्भव न था!) और फिर वेगवती कृष्णगंगा में स्नान करके बस में जा बैठा। झेलम के साथ लुका-छिपौवल करती सड़क पर उड़ी-बारामूला पार कर, पाटन के मन्दिर के पास से गुज़रते हुए, और मन-ही-मन

राह से कुछ दूर शादीपुर की सड़क पर परिहासपुरा के बौद्ध अवशेषों की याद करते हुए, अपराह्न श्रीनगर पहुँच गए। श्रीनगर और आस-पास का प्रदेश बचपन का परिचित था; श्रीनगर के लिए विशेष उत्साह बचपन में भी नहीं रहा था और अब जब आ कर देखा कि तब की बड़ी-बड़ी चीज़ें छोटी-छोटी लगने लगी हैं, पहले की नौ सौ निन्यानवे गन्धों का स्थान अब तक एक हज़ार एक गन्धों ने ले लिया है, हतबियों के चेहरे कम उजले और पैरहन कहीं अधिक मैले हो गए हैं, और जो कमल के फूल पहले यों ही लुट कर एक शिरसा धार्य विभूति रहते थे, अब बिकने लग कर हेच हो गए हैं-तब बची-खुची स्फूर्ति भी जाती रही। केवल एक उदास नंगी जगह जिस की पुकार की प्रेरणा अब भी दुर्निवार है, फिर जा देखी-हरमुख शृंग की अधित्यका पर बना हुआ परीमहल, जिन ने अपने को चारों ओर से दीवारों में समेट कर आकाश के प्रति खोल दिया है, और जिसके आगे श्रीनगर का सारा सौन्दर्य बिछ गया है...कवयित्री बेगम ज़ेबुन्निसा का यह महल[1]-(परीमहल यों जल-विहार के लिए बना होगा वहाँ जल-प्रणालियों के अवशिष्ट अभी हैं, यद्यपि पानी का निशान भी नहीं रहा, और बहते पानी का कल-कल कितना सान्त्वनाप्रद होता है, इस की गवाही अनेकों कवि देते हैं)।[2] कभी कितने चाव के साथ बनवाया गया होगा-आस-पास के सजे-सजीले रूप से उतना ही पृथक् जितना कि अन्तर्मुखी ज़ेबुन्निसा अपने परिमंडल से पृथक् थी-वैसा ही पृथक् और वैसा ही रूप-प्रसार को पटस्थ भाव से ग्रहण करने की शक्ति के कारण सुन्दर! यह सूखा परीमहल, जहाँ प्यास मिटाने के लिए पानी नीचे से साथ ले जाना पड़ता है; और सामने फैला हुआ पानी-पानी-पानी! क्या यह विडम्बना है ज़ेबुन्निसा के अपने अतृप्त जीव की, जो भीतर भावनाओं का सम्पन्न संसार लिए हुए बाहर आह भर कर कह सका :

हमदमे गर नेस्त ऐ दिल, रोज़े-मेहनतगो म बाश
यूनिसे ज़िन्दाँनियाँ रा बहतर अज़ दीवार नेस्त!
लज़्ज़ते-दर्दे-मुहब्बत रा ज़िबेदरदाँ मयुर्स
क़दरे-सेहतरा नदानद हर कि ओ बीमार नेस्त!
जादमे दरदैमो अज़ खूने जिगर परवरदा ऐम-
कोह हा-ए-ग़म अगर आयद मरा आज़ार नेस्त!

---

1. ऐसा सुना है, यद्यपि इस प्रसिद्धि की ऐतिहासिकता की पड़ताल नहीं की।
2. ज़ेबुन्निसा ('मख़्फ़ी') ने लिखा है :

ऐ आबशार नौगहार अज़ बहरे चीस्ती
चीं बर जिबी फ़िगन्दा ज़ि अन्दोह कीस्ती
आया चि दर्द बूद कि चूँ मा तमाम शब
सर ए-ब-संग मीं ज़दी ओ मी गरीस्ती!

ऐ निर्झर! तू क्यों रोता है, क्यों तेरे माथे पर व्यथा की रेखाएँ खिंच गई हैं? तुझे ऐसा कौन-सा दुख है कि मेरी ही भाँति रात-भर पत्थरों पर सिर पटक-पटक कर रोता रहा है?

तेरा अगर कोई साथी नहीं है तो, ऐ मेरे दिल! चिन्ता न कर। बन्दी-गृह में दीवारों से अच्छा नातेदार और कौन होगा! प्रेम की व्यथा का आनन्द उन से पूछ जो बेदर्द हैं। जो बीमार नहीं वह स्वास्थ्य का मूल्य क्या जानेगा?

वेदना से मैं जनमी, और जिगर के ख़ून पर पली; सामने अब दु:ख के पहाड़ भी हों तो मुझे क्या डर!

उसके बाद श्रीनगर छोड़ कर सीधे गुलमर्ग की राह पकड़ी। वास्तविक अभियान यहीं से आरम्भ होता है।

गुरु-पत्नी ने हँस कर कहा, "मैं तो यह बिलकुल नहीं मानती कि तुम इन के अनुगत हो कर आए हो और इनके नेतृत्व में अन्वेषण करने जा रहे हो। मैंने तो इन्हें तुम्हें सौंपा, और तुम से वसूल कर लूँगी।"

मैंने कहा, "आप निश्िंचत रहें, मैं गुरु की भरसक सेवा करूँगा।"

उन्होंने फिर कहा, "उंहुक्! तुम इन्हें आज वज़न करके देख लो। मैं वज़न लिख लेती हूँ। और लौटकर आवें तो तौल में कम न हों, समझे? तुम इन्हें बता दिया करना कि कब खाने का समय हो गया, कब हजामत बनाने लायक हो गई, कब गर्म कपड़ा पहन लें, कब..."

गुरुजी ने ब्याज गाम्भीर्य के साथ कहा, "देखो मरियम, यह समझेगा कि तुम्हारे तीन बच्चे हैं।"

गुरु-पत्नी ने ज़रा भी अप्रतिभ न हो कर उत्तर दिया, "तीन क्यों, वे दोनों तो तुम्हारे हैं; मेरा तो एक ही बच्चा है, बिलकुल भोला बाबा।" फिर मेरी ओर उन्मुख हो कर; "समझे वत्स? हो तो तुम भी इन्हीं के शिष्य, पर मैं जानती हूँ तुम्हें भौतिक-शास्त्र के बाहर की भी बहुत-सी बातों में रुचि है।"

यहाँ गुरु-दम्पती का कुछ अधिक परिचय दे देना उचित होगा। प्रोफ़ेसर ब-मेरे भौतिक विज्ञान के अध्यापक रहे। भौतिक विज्ञान के अतिरिक्त मिशन संस्था से सम्बद्ध होने के नाते उन्हें ईसाई धर्म-शिक्षा के लिए भी कुछ वर्ग लेने पड़ते थे, और मैं भी उन्हीं के वर्ग में था, पर उन्होंने हम में से कभी किसी से अपने-अपने धर्म से अलग किसी ईसाई धर्म के सिद्धान्तों की बात कही हो, ऐसा मुझे याद नहीं। इस के प्रतिकूल राधाकृष्णन् के 'हिन्दू-जीवन-दर्शन' का विशद और सटीक अध्ययन हम लोगों ने उनकी 'बाइबल क्लास' में ही किया, वहीं कुङ्-फ़ूत्से और लाओ-त्से, बुद्ध और शंकर, पास्कल और स्पिनोजा के विचार-दर्शन से परिचय प्राप्त किया। 'अपने धर्म का विवेकपूर्ण अनुसरण ही सच्ची ईसाइयत है', यह वह प्राय: कहा करते थे। कभी-कभी यह भी कहते कि 'मुझ से आशा की जाती है कि मैं अधिकाधिक ईसाई बनाऊँगा। अभी मैं नहीं जानता कि तुम में से कौन ईसाई है

और कौन नहीं, पर अगर कभी कोई धर्म बदल कर मेरे पास आएगा तो इतना मैं जान लूँगा कि कम-से-कम यह ईसाई नहीं है।' प्राय: उनकी 'बाइबिल क्लास' में लाहौर आने-जाने वाले वैज्ञानिक आमंत्रित होते; आ कर वे आधुनिक दार्शनिक विचारों और ऊहापोह का कुछ परिचय हमें दे जाया करते। डॉक्टर (अब सर) शान्तिरूप भटनागर[1] के 'द थर्मोडायनैमिक्स ऑफ़ गॉड' पर किए हुए दो-तीन भाषणों से उत्पन्न होने वाली हलचल मुझे अब भी स्मरण हो जाती है। गुरुजी ने ईसाई मत की व्याख्या की थी तो केवल प्रातिनिधिक शोध[2] के सिद्धान्त की, जिसे वह मानव-जीवन का एक महान् सत्य मानते थे और जो उनकी समझ में अहिंसा के सिद्धान्त का मूलाधार था।

किन्तु, भौतिक विज्ञान का शोध उनके जीवन की साधना थी। सत्य की खोज और निर्धारण के प्रति उनकी उत्कट लगन ने ही एकाधिक बार उनके स्वास्थ्य को चौपट कर दिया था, और फिर उसी की तन्मयता ने यक्ष्मा से उन्हें उबार लिया था, यद्यपि उसकी छाप उनके फेफड़ों पर रह गई थी...उनके छरहरे शरीर में अपरिमित स्फूर्ति थी, पर चेहरा सदा खोया-सा रहता था और विचारों की उलझन में उन्मन रहने का एक लक्ष्य परिणाम यह हुआ कि उनकी दाहिनी भौंह सदा बाईं से ऊँची रहती थी और एक तिरछा बल माथे पर सर्वदा पड़ा रहता था।

यों तो गुरुजी सर्वदा प्रयोगशाला या यंत्रशाला में कुछ बनाते-बिगाड़ते रहते थे; पर भौतिक विज्ञान में उनकी विशेष रुचि थी वैद्युतिक किरणों की ओर। मैंने जब भौतिक विज्ञान में ऑनर्स के लिए विशेष अध्ययन का विषय निर्दिष्ट कर देने को कहा, तब पहले उन्होंने मुझे बेतार-किरणों का विषय दिया (जिसके लिए मैंने लाहौर के विभिन्न स्थानों में साथ-साथ चुंबकीय आकर्षण और बेतार-यंत्र की ग्राहकता के नाप लिए और उनकी परस्परता की छान-बीन की); फिर-कदाचित् मेरी परिश्रमशीलता के बारे में आश्वस्त हो कर-अपने विशिष्ट विषय कॉस्मिक किरणों पर कुछ काम करने को कहा। परीक्षा-काल में टायफॉयड से पीड़ित होने के कारण ऑनर्स की व्यावहारिक परीक्षा में मैं सम्मिलित न हो सका। किन्तु, मेरे कार्य से सन्तुष्ट हो कर उन्होंने परीक्षा के बाद मुझे अपने सहकारी का काम दिया। वह कई वर्षों से डॉक्टर काम्प्टन (अनन्तर नोबेल पुरस्कार-विजेता) के साथ कॉस्मिक किरणों का शोध कर रहे थे, और उसी के लिए एक वर्ष पूर्व डॉ. काम्प्टन के साथ कश्मीर जा भी चुके थे। इस वर्ष डॉ. काम्प्टन अमेरिका में ऊँचे तल पर वायुमंडल में माप ले रहे थे (गुब्बारे आदि के द्वारा), और पानी की

1. अब दिवंगत।
2. ईसाई धर्म का यह सिद्धान्त कि एक के पाप की शुद्धि, दूसरे की तपस्या अथवा कष्ट-सहन द्वारा हो सकती है-जिसका ज्वलन्त उदाहरण मानवता के पाप-मोचन के लिए ईसा का सूली को वरण करना है।

गहराइयों में माप लेने का काम मेरे गुरुजी के सुपुर्द था। वर्ष-भर वह यंत्रादि तैयार करते रहे थे, अब पंजाब विश्वविद्यालय ने साहाय्य रूप में वैज्ञानिक सामान की ढुलाई का ख़र्च उठाने का वचन दिया था। यंत्र बनाने आदि के लिए शिकागो विश्वविद्यालय ने सहायता दी थी। अब केवल अपने-अपने मार्ग-व्यय और खाने-पीने की बात थी, सो उसकी चिन्ता उन्हें थी ही नहीं; और मैं भी साथ जाने को राज़ी ही नहीं, उत्सुक भी था। इसी लिए मैं पहले से कश्मीर चला गया था; यहाँ ठहरा था कि गुलमर्ग के नीचे टंगमर्ग में सप्ताह-भर विश्राम कर लेंगे और जब चलेंगे वहीं मैं आ मिलूँगा।

इस परिचय से गुरु-पत्नी की चिन्ता का कारण स्पष्ट तो नहीं होता, पर उसका कुछ संकेत तो मिल जाना चाहिए। गुरुजी धुनी थे, ऐसे धुनी कि उन्हें सनकी कहा जा सकता है। काम में उन्हें खाने-पीने का होश न रहता। कपड़े उनके अच्छी काट के होते, जिसका श्रेय पत्नी को था; पर कॉलेज में कभी वह अनजाने टाई ढीली कर लेते तो वह खुली ही लटकती रहती; मोजे वह प्रायः उलटे या बेजोड़ पहनते। दोपहर को खाने की छुट्टी में वह खाना मेज़ पर ही रखकर भूल जाते। उन दिनों उन्होंने एक विद्युत-घड़ी बनाई थी और इस धुन में थे कि वह केवल एक निर्दिष्ट समय पर नहीं, वरन् प्रत्येक 'पीरियड' के बाद एलार्म बजा दे-जिस दिन 55 मिनट का पीरियड हो, उस दिन प्रत्येक 55 मिनट पर; जब 45 का हो तब 45 मिनट पर; 35 का हो तो वैसे ही। और जिस दिन कॉलेज की छुट्टी होती और घंटे न बजते, उस दिन घर जाने की ही सुध न रहती, और प्रायः पत्नी आ कर लिवा ले जातीं। उन्मन इतने रहते कि गणित के बुनियादी सिद्धान्त भूल जाया करते, साधारण अंक-गणित के लिए भी 'स्लाइड रूल'[1] बरतते और उसके द्वारा $8 \times 8 = 53.99$ पा कर हम लोगों के हँसने पर ज़रा भी विचलित न होते, क्योंकि 'वैज्ञानिक तथ्य क्या है? निकट अनुमानों की परम्परा!'

इन विशुद्ध वैज्ञानिक धुनों के अतिरिक्त उन्हें और व्यावहारिक धुनें भी थीं। एक पुरानी 'इंडियन' मोटर-साइकल उनके पास थी, जो बहुत सुश्रुषा चाहती थी और पाती थी। इसे ले कर गुरुजी जब-तब कबाड़िये के यहाँ यंत्रों के पुरज़े और अन्य काम का सामान ख़रीदने जाया करते थे। लाहौर के सब कबाड़िये उस 'वहमी अमेरिकन' को जानते थे। कबाड़ी के यहाँ से टाइम-पीस लाकर उन्होंने एक घड़ी-कैमरा वैद्युतिक मापन के लिए बनाया था, कबाड़िये से लेंस ले कर दूरवीक्षक, कबाड़िये से किरमिच के टुकड़े ख़रीद कर अपने हाथों सी कर छोटे-बड़े तम्बू-छोलदारी (पीछे हम इसी में रहे, और एक तम्बू माँग कर मैं बाद में और

1. पट्टियाँ, जिन की सहायता से गणित की प्रक्रियाएँ सीधे-सीधे न करके अंकित लघु-गणकों के द्वारा सिद्ध कर ली जाती हैं। इनमें उसी सीमा तक सन्निकटीकरण होता है जिस तक कि गणक में रहा हो।

स्थानों पर भी अकेला घूमा), कबाड़िये से पुराने रबर के थैले ले कर तैरने वाले गद्दे (ये भी अनन्तर काम आए), एक छोटी बन्द होने वाली नाव, और अन्य कई चीज़ें...अनन्तर परिचय घनिष्ठ होने के बाद मैंने गुरुजी से उनके जीवन के बहुत-से अनुभव जाने और उन से शिक्षा ग्रहण की। उन्हीं से सीखा कि सर्दी बहुत हो और कम्बल न हो तो दो (चाहे पतली) चादरों के बीच में अख़बार की तह दे कर ओढ़ ले, काम चल जाएगा। उन्होंने कैनाडा के एक काठ-गोदाम में लकड़ी ढोने का काम करके अपने पढ़ने के साधन जुटाए थे, वहाँ तो सर्दी में यही युक्ति काम देती थी;-बुरादे पर अख़बार बिछा कर सोते, एक कम्बल और चादर की तह में अख़बार दे कर ओढ़ते। उन्हीं से जाना और फिर परीक्षा करके देखा, कि साँप को निहत्थे मारने का उपाय यह है कि निष्कंप फुर्ती से उसकी पूँछ पकड़ कर झटक दे, इससे उसकी दुर्बल रीढ़ की कड़ी-कड़ी अलग हो जाती है; पर ज़रा-सी झिझक घातक हो सकती है। यह युक्ति उन्होंने अमेरिका के मरु-प्रदेशों में सीखी थी, जहाँ विषैला 'झुनझुनिया' साँप (रैट्ल-स्नेक) बहुत होता है।

एक बात उन से और सीखी वहीं टंगमर्ग में। इसी लिए यहाँ उल्लेख कर देता हूँ, नहीं तो वह अप्रासंगिक है। मेरे जाने के दूसरे दिन वह मुझे ले कर मोटर के अड्डे पर गए-उन्हें एक चिट्ठी श्रीनगर भेजनी थी और डाक में छोड़ने से देर न हो इसलिए किसी को दे देना चाहते थे।

मोटर में एक आदमी को पत्र दे कर उन्होंने उसे श्रीनगर पहुँच कर डाक में डालने को कहा-वहाँ से वही पत्र उसी दिन बँट जाएगा। यात्री ने पत्र ले कर जेब में डाल लिया, तो उससे फिर बोले, "इसे सँभाल कर रख लीजिए-इसमें बीस रुपए के नोट हैं। मैंने श्रीनगर से कुछ ज़रूरी सामान मँगाया है, दुकान को ऑर्डर और रुपए भेज रहा हूँ।"

यात्री ने पत्र बाहर की जेब से निकाल कर अन्दर की जेब में रख लिया और कहा, "आप बेफ़िक्र रहें, मैं एहतियात से चिट्ठी डाल दूँगा।" मोटर चली गई।

मैने गुरुजी से पूछा, "उसे यह बताने की क्या ज़रूरत थी? वह चिट्ठी न डाले-खोल ले तो?"

"मेरी चिट्ठी अवश्य पहुँच जाएगी।"

"मुझे तो सम्भावना नहीं दीखती। एक तो यात्री यों ही चिट्ठी डालना भूल सकता था, फिर आप ने उसे बताया कि उसमें रुपए हैं। फिर चिट्ठी भेजी है दुकान को। वह कहे कि चिट्ठी नहीं मिली तो क्या सबूत? या कि चिट्ठी मिली और उसमें रुपया नहीं था तब? बल्कि यह तो सचमुच हो सकता है-अगर यात्री निकाल ले तो! तब आप जान ही न पाएँगे कि उड़ाया किस ने!"

"मैंने तो बता देना ठीक समझा। मानव का विश्वास करना चाहिए।"

"हाँ, लेकिन धोखा तो हो ही सकता है।"

"जिसका विश्वास न करें वह धोखा दे सकता है। विश्वास पा कर धोखा देना आसान नहीं है।"

"आसान न सही; पर आपका रुपया निश्चय ही गया अब।"

"तो जाए। रुपया कभी-कभी ही जाएगा, हमेशा नहीं। फिर एक बार रुपया खो कर मुझे अधिक-से-अधिक तीन दिन दु:ख होगा, और क्या? मगर मानव में विश्वास खो कर तो सारा जीवन दु:खी हो जाएगा, यह तुम नहीं सोचते? लेकिन तुम देखना, रुपया खोएगा नहीं।"

मैं चुपचाप उनके मुँह की ओर देखता रहा। भीतर कहीं मन ने उनकी बात पकड़ ली, गाँठ बाँध ली।

चौथे दिन श्रीनगर में उनकी चिट्‌ठी मिली, जिसमें यह भी लिखा था कि उनका मँगाया हुआ सब सामान ठीक समय पर पहुँच गया है।

टंगमर्ग से घोड़ा ले कर गुलमर्ग, फ़िरोज़पुर नाला और खिलिनमर्ग देख आया और नंगापर्वत के विराट् सौन्दर्य की झाँकी भी ले आया। गुलमर्ग अच्छा स्थान होता अगर वह विदेशियों द्वारा यों उपनिविष्ट न हो गया होता–कोई बात है कि वैसे स्थान के आकर्षणों में होटल, गॉल्फ, टेनिस, नृत्य आदि सब गिनाए जाएँ, और फ़िरोज़पुर घाटी के चीड़-वनों, खिलिनमर्ग के हिमावेष्टित सरोवर और नंगापर्वत की भव्य रूप-श्री की उपेक्षा हो जाए! फ़िरोज़पुर नाले के एक-एक प्रपात का रूप दर्शनीय है और कल-कल मन:स्फूर्ति देने वाला।...

श्रीनगर में अपनी आवश्यकताओं की सूची बना कर सामान जुटाना आरम्भ किया। अनुमान था कि तीन सप्ताह का अभियान होगा, आने-जाने का एक सप्ताह जोड़ कर एक मास की व्यवस्था आवश्यक थी सो पाँच सप्ताह के लिए ले रहा था। डिब्बे का जो सामान मिलना था–मटर, गाजर, नाना प्रकार के सूप, दूध, पनीर, मक्खन, घी, फल–वह तो लिया ही,–सूखे फल और मेवे, आलू छोटे टिकाऊ सेब ('तरेल') कच्ची सरद–आटा, दाल, चावल, चीनी आदि भी उचित अनुपात में ले लिए। सफ़री सामान–खाट, मेज़, कुर्सी, लालटेन, मोमबत्तियाँ, घासलेट, बरसातियाँ लीं। तम्बू थे ही; ख़ानसामाँ के लिए छोल-दारियाँ, दो स्टोव, बर्तन आदि। कैमरा भी लाया था, गुरुजी के पास भी था। वैज्ञानिक यंत्रादि पहले से तैयार रक्खे थे; किरमिच की नाव भी।

किन्तु वैज्ञानिक अभियान के लिए और व्यवस्थाएँ करनी पड़ती हैं। कोंसरनाग तक–जो हमारा लक्ष्य था–जाने के लिए शुपियाँ तक सड़क है, मगर पुल सब कच्चे हैं, उन पर मोटर चलाने का 'परमिट' लेना था। शुपियाँ से पैदल या घोड़े पर जाते हैं। घोड़े और कुली तो नहीं मिलेंगे, किन्तु तहसीलदार के नाम परवाना ले जाना होगा।

इस के लिए मालूम हुआ कि श्रीनगर के गवर्नर से मिलना होगा। राजधानी में राजा की विद्यमानता में गवर्नर क्या करता है, नहीं जानता था। पर रियासतों में

अधिकारी काम करने को ही हों, ऐसी कोई बाध्यता नहीं होती, यह जानता था। किन्तु डेढ़ घंटे तक गवर्नर महोदय को इस वैज्ञानिक अभियान का प्रयोजन समझाने की चेष्टा करके भी कोंसरनाग जाने की आवश्यकता सिद्ध न कर सका। क्या और कहीं कोई झील नहीं हैं, या कि समुद्र में गहरा पानी है, यों तो पानी के नीचे किरणें नापने में ही क्या तुक है, और विदेशी साइंसदाँ क्या कह कर क्या करते हैं, इसका क्या भरोसा! हाँ, स्वयं यह जान सका कि गवर्नर वास्तव में ज़िला मजिस्ट्रेट का काम करने वाले अधिकारी हैं और शासन-सूत्र सर्वत्र दीर्घ-सूत्र होता है; उसकी ऐंठन के प्रकार बदल सकते हैं, पर उसकी दीर्घता नहीं! अन्त में मोटर शुपियाँ तक ले जाने की अनुमति तो मिली, पर 'वैज्ञानिक मंडल' के लिए नहीं, सैलानियों के दल के लिए (जिस की पड़ताल की आवश्यकता न पड़े) और इस शर्त के साथ कि प्रत्येक पुल पार करने से पहले मोटर ख़ाली की जाएगी और पार जा कर फिर लादी जाएगी। (इस शर्त का हम ने पाँचों-छहों पुलों पर पालन किया, केवल एक पर पूरा सामान न उतार कर केवल सवारियाँ और उनका निजी सामान उतारा गया था।)

क्रमश: पूरा दल श्रीनगर में एकत्र हो गया। गुरु-शिष्य के अतिरिक्त दो व्यक्ति इसमें और थे-एक रसायन-शास्त्र के प्रोफ़ेसर, दूसरे उनके भतीजे उद्‌भिज-विज्ञान के अध्येता, जिन्होंने हाल में अपने विषय में एम.एस-सी. की परीक्षा सम्मानपूर्वक पास की थी, और जिन्हें 'बड़े जोशी जी' और 'छोटे जोशी जी' कहा जाएगा। बड़े जोशी जी कश्मीर में कुछ औषधियों की खोज के लिए आए थे और वुलर झील के पार गिलगित मार्ग में गुरैज़ में अपना अनुसन्धान[1] पूरा कर हम लोगों के साथ मिल गए थे; छोटे जोशी जी को धुन थी कि जिस प्रकार उनके आचार्य डॉ. काश्यप ने हिमालय में पर्यटन करके कई नए पौधों का पता लगाया था, जिनमें एक-आध उनके नाम से अभिहित होते थे, उसी प्रकार वह भी वनस्पतियों की नई जातियाँ खोज निकालेंगे, जिनमें उनका नाम अमर हो जाएगा। उनकी विशेष रुचि सूक्ष्म पौधों की-काई, फफूँद, आदि-तथा अन्य उपजीवी (पैरासाइड) और यंत्रवीक्ष्य उद्‌भिजों की ओर विशेष थी, और वह यह भी सोचते थे कि भौतिक विज्ञान की खोज के साथ वह उच्च तलों के जलजात उद्‌भिजों पर भी कुछ अनुसन्धान कर लेंगे।

दल का पाँचवाँ सवार था ख़ानसामां रहमत, जिसके चुनाव में विशेष परिश्रम करना पड़ा था। उससे पहले वर्ष गुरुजी डॉ. काम्प्टन के साथ उत्तरी कश्मीर की जिस झील पर गए थे, वहाँ उनका ख़ानसामाँ बीमार हो गया था और नीचे लाते-लाते न्यूमोनिया-ग्रस्त हो कर चल बसा था, जिससे खिन्न हो कर मंडल लौट रहा

---

1. कश्मीर में आर्टिमीसिया और एफ़ीड्रा (सोम अथवा सोमकल्प) नामक दो वनस्पतियाँ पाई जाती हैं, जिन से क्रमश: सैंटोनिन और एफिड्रीन औषधियाँ प्रस्तुत होती हैं। सैंटोनिन कृमिनाशक है, एफ़िड्रीन श्वास रोगों की दवा है। बड़े जोशी जी इन्हीं दोनों के प्रस्तुत करने की नई विधियों के शोध के लिए गुरैज़ गए थे।

था। इसी लिए इस वर्ष ऐसा आदमी छाँटा गया था जो अपने काम में नौसिखिया भले ही हो, स्वस्थ और कर्रे शरीर का हो और उच्च पर्वतीय वायुमंडल को सह सके। रहमत ने खाना बनाने का अनुभव अपने पैंतालीस वर्ष के जीवन में दो-तीन वर्ष ही किया था, पर शरीर से वह स्वस्थ था, क्रान्ति से हँसमुख और तबीयत का फक्कड़-कश्मीरी के दर्शन का मूल-तंत्र 'कुछ फिकिर नेई' उसने घुट्टी में पिया था। कुछ शिकारी टोलियों के साथ बन्दूक-बरदार बन कर वह पहाड़ी अभियानों का काफ़ी अनुभव पा चुका था।

इस प्रकार जुलाई के दूसरे सप्ताह के एक दिन प्रातःकाल हम लोग श्रीनगर से निकल पड़े। आरम्भ में जम्मू की सड़क पकड़ी। यह सड़क मेरी बचपन की पहचानी थी। ज्यों-ज्यों हम बढ़ते जाते, त्यों-त्यों मेरी पुरानी स्मृतियाँ उभरती आतीं और मैं मनश्चक्षुओं से सड़क के इधर या उधर की तत्काल न दीखती वस्तुओं को देखता चलता...बाएँ को शंकराचार्य पर्वत, जिसके शिखर पर पिंजरे-सा शिव-मन्दिर–पाणिनि जैसे 'पीर शालातूरा' हो गए हैं, वैसे ही यह पर्वत 'तख़्ते-सुलेमान' हो गया है!–कुछ आगे दाहिने को झेलम के एक बड़े प्रायवृत्त में राममुंशीबाग़ के बँगले जिनमें से एक में बचपन का निर्भय अंश बिताया था–वह अंश जिसमें उभरते व्यक्तित्व की विपंची को प्रकृति की अँगुलियाँ रहस्य की शत-शत मिज़राबों से झंकारती रहतीं...यहीं से बाएँ को वह मैदान जिसे कई टेढ़ी-सीधी पगडंडियों से पार करके गुपकार और मुगल उद्यानों की सड़क पकड़ा करते थे, 'छोटे रास्ते' के नाम पर पराए बग़ीचों में घुस कर आलूचे, आड़ू, खूबानी, गिलास, सेब, नाशपाती, जो मिल जाए चुरा कर खाते थे और कभी आहट पा कर माली के ललकारने पर भागने में गिर जाते थे और काई के हरे-पीले रंगों से सने कपड़े ले कर घर पहुँचते थे। मेरे भाई, मैं, पड़ोस के बँगले के दो बच्चे और कभी-कभी हमारी बड़ी बहन और उनकी बड़ी बहन भी–यह पाँच अथवा सात का गिरोह बग़ीचों के आस-पास मौक़े की ताक में मँडराया करता था। प्रत्येक अपने 'निकर' की जेब में दियासलाई की ख़ाली डिबिया में नमक, काली मिर्च और मसाला मिलाकर तैयार रखता था। चोरी के फल यों तो अन्य फलों से कहीं स्वादिष्ट होते हैं, पर प्रायः कच्चे ही उपलब्ध होते हैं और कुछ बिनार-सँभार चाहते ही हैं। गिरोह की सांकेतिक भाषा में इस डिबिया को 'नमस्कारी' कहते थे–न नमक, मस् मसाला, इसका उपयोग नमस्कार; यह इस की परिभाषा थी, और जब हम लोग घूमने निकलने के पहले बड़ों को 'नमस्कार' करते थे तब कनखियों से एक-दूसरे को देख कर मुसकराते थे कि नमस्कार तो अभी होगा!

और दो मील जा कर बाएँ को पांड्रेथन का छोटा-सा किन्तु सुन्दर शिव-मन्दिर। पांड्रेथन कदाचित् पुराणाधिष्ठान का भ्रष्ट रूप है–मन्दिर के चारों ओर बेंत वृक्ष मानो डालें नवा कर सहस्राधिक बरस पुराने इस अवशिष्ट को उदास

प्रणति देते हैं। इससे आगे रास्ता खुल जाता है। दाहिने झेलम (वितस्ता, जिसे कश्मीरी 'वियत्थ' कहते हैं) और बाएँ शालिखेत–यों बढ़ते हुए हम लोग पामपुर (=पद्मपुर) पहुँचे। यहाँ के नानबाई अद्वितीय हैं। उनकी परम्परागत विद्या का फल जिन्होंने नहीं चखा वे जान ही नहीं सकते कि निरी 'रोटी' भी क्या चीज़ हो सकती है–'बाकरखानी' और 'शीरमाल' उनकी विशिष्ट कृतियाँ हैं। हम लोगों ने अपनी यात्रा के लिए प्रचुर मात्रा में दोनों ले कर रख लीं–कुछ मीठे और नमकीन कुलचे तो श्रीनगर से ही ले लिए थे। चाय के आनुषंगिक के लिए इससे बढ़कर चीज़ नहीं होती।

पामपुर से जम्मू वाली सड़क छोड़ी। नदी पार करके पूर्व से दक्षिण–पूर्व जाने लगे। यह कच्ची सड़क शुपियाँ तक जाती है, जो कि पीर पंजाल श्रेणी की उत्तर उपत्यका में है। उधर से जम्मू आने का एक रास्ता भी है, जो पीर पंजाल और रतनपीर पार करके नौशहरा–भीमबड़ जा निकलता है। यह मार्ग अत्यन्त रमणीक किन्तु दुर्गम है, सैलानी समुदाय इधर से नहीं जाता। कोंसरनाग पीर पंजाल का ही एक बड़ा सरोवर है। यह हम में किसी ने पहले नहीं देखा था, किन्तु नक़्शा देख कर ही इसे अभियान के लिए चुन लिया गया था। इससे पहले वर्ष गुरुजी पहलगाँव से ऊपर तूलियन झील पर गए थे। वह इतनी गहरी और बड़ी न थी, यद्यपि वहाँ पहलगाँव से साहसिक घुमक्कड़ जब–तब चले जाते थे। उसकी ऊँचाई भी केवल 9 हज़ार फ़ुट थी। नक़्शे में कोंसरनाग की आकृति और उसके आस–पास के पर्वतों के ढलाव से अनुमान हुआ कि यह बड़ी झील पर्याप्त गहरी भी होगी, और बस्ती आदि की बाधाओं से मुक्त तो वह थी ही। ऊँचाई लगभग हज़ार फ़ुट थी। ऊँची और अलग–थलग झील ढूँढ़ने का कारण यह था कि वातावरण की धूल, धुएँ, धातु–कण, आस–पास की इमारतों, यंत्रों और यानों के सम्भव प्रभाव से मुक्त, विशुद्ध वातावरण में ही कॉस्मिक किरणों के स्वभाव, शक्ति, भेदकता, विकिरण आदि का अध्ययन किया जा सके।

बहुत दूर न गए थे कि रास्ते में कीचड़ आना शुरू हो गया, और पानी से ढके हुए गहरे गड्ढों के दचके लगने लगे। एक–एक गड्ढे में 'गच्च' से पहिया धँसता और हमारा हड्डी–पसली का ढाँचा हिल जाता। जोशी जी ने कहा, "इस तरह तो थोड़ी देर में ज़ोरों की भूख लग आएगी, पेट का तो व्यायाम हो रहा है।" गुरुजी बोले, "बाकरखानी तुम्हें खानी हो तो माँग लो, पैंतरे की क्या ज़रूरत है!"

इतने में एक ज़ोर का दचका लगा, थोड़ी–सी कीचड़ उड़ कर भीतर आई और इंजन बन्द हो गया। ड्राइवर ने फिर स्टार्ट करके गाड़ी चलानी चाही–पिछले पहिए कीचड़ उछालते हुए घूम गए, गाड़ी न सरकी।

हम लोग कीचड़ में उतरे। गाड़ी ठेलनी चाही, पर कीचड़ काली मिट्टी की थी, इतनी चिकनी कि हम पीछे फिसलते थे।

मुझे ऐसी स्थिति का अनुभव न था। गुरुजी के अतिरिक्त किसी को न था। उन्होंने रहमत से कह कर ऊपर लदा एक थैला उतरवा, उसमें से छोटी कुल्हाड़ी और दो-तीन लोहे की सांकलें निकालीं। कुल्हाड़ी ले कर हम कुछ दूर पर के पेड़ों से डालियाँ काट-काट कर पहियों के नीचे बिछाने लगे, सांकलें अरों में से आर-पार पिरो-पिरो कर पहियों पर लपेट दी गईं। अब गाड़ी चलाने पर सांकलों के अटकाव से गाड़ी कुछ आगे ठिली, और इस प्रकार थोड़ा-थोड़ा करके डालें बिछा-बिछा कर उसे निकाला गया। पामपुर से रामू के छोटे कस्बे तक के दस-एक मील में कई बार गाड़ी फँसी और निकाली गई; रामू से शुपियाँ के दस मील में कई बार ख़ाली करके पुल पार करा कर भरी गई। शुपियाँ से लगभग दो मील पहले एक नाले का पुल टूट गया था। वहाँ शहतीर बिछाकर उन पर घास-फूँस और बजरी डाल कर एक काम-चलाऊ पुल बनाया गया था, जो ठीक पहिए के फ़ासले जितना चौड़ा था। गाड़ी बिलकुल ख़ाली कर दी गई, धीरे-धीरे पुल पर चढ़ाई गई और गुरुजी दूसरे पार से हाथ के इशारों से ड्राइवर को पहिए घुमाने के बारे में आदेश देते रहे ताकि गाड़ी पुल पर बिलकुल सीधी चली आए। अगले दो पहिए निर्विघ्न पार हो गए तो ड्राइवर का हौसला बढ़ा, उसने सहसा गाड़ी को तेज़ कर दिया, धक्का लगते ही पिछला एक पहिया पुल पर से फिसला-फिसला कि गया, गाड़ी तिरछी हो कर टँग गई। अगला एक पहिया पक्की धरती पर, एक अधर में, पिछला एक पुल पर, एक नीचे अधर में। हम लोगों ने आगे के उठे हुए कोने पर खड़े हो कर गाड़ी को दबा कर सीधा करने की चेष्टा की, पर अधिक ज़ोर डालने से डर था कि गाड़ी का ठट्ठर टेढ़ा होने से इंजन न चटक जाए, इसलिए छोड़ दिया। एक मोटी डाल काट कर पिछले पहिए को उठाने की चेष्टा की, पर पुल पर खड़े-खड़े 'लीवरेज' न मिलता था, और इधर-उधर तो जगह कहाँ थी! आस-पास कोई आदमी भी नहीं दीखते थे। अन्त में रहमत को भेज कर शुपियाँ से पन्द्रह-एक आदमी बुलवा कर गाड़ी को सामने रस्सी से खींचा गया और पीछे लकड़ी से उठा कर ठेला गया, तब कहीं वह निकली। हानि कुछ नहीं हुई, पर तीन घंटे उलझन में बीते और ड्राइवर के प्राण सूखते रहे। पन्द्रह रुपए मददगारों की भेंट चढ़े।

शुपियाँ की बस्ती रेम्बियारा नदी के पार थी। नदी के इस पार ही तम्बू लगाए गए, सामान आदि उतार कर गाड़ी को छुट्टी दी गई। उससे तय तो यही हुआ कि वही फिर आ कर लिवा ले जाएगा, पर लौटती बार अग्रिम सूचना भेज देने पर भी वह नहीं आया था और हम लोग रामू तक पैदल ही आए थे (वहाँ से ताँगे मिल गए थे), पर यह बाद की बात है।

तहसीलदार साहब से साँझ होते-न-होते मिल कर अगले दिन की व्यवस्था कर ली। माल के लिए लद्दू घोड़ों के अतिरिक्त दो सवारी के घोड़े भी बुलाए गए कि बारी-बारी से कुछ आराम मिलता रहेगा। कोंसरनाग यहाँ से है तो बीस मील

अथवा दो पड़ाव ही, पर मार्ग सुगम नहीं है और दूसरे दिन तो ढाँटी चढ़ाई है। तहसीलदार से मालूम हुआ कि कोंसरनाग लोग जाते तो हैं, पर रात को वहाँ कभी कोई नहीं रहा, निचले पड़ाव कुंगवतन में जंगल-विभाग के बँगले में रह कर लोग दिनोदिन कोंसरनाग हो आते हैं–'वहाँ है ही क्या–वीरान जगह है, न झाड़ न झंखाड़, तूफ़ान भी आते हैं। वहाँ तो गूजर भी नहीं रहते।'

जो हो। हमें तो वहाँ तीन सप्ताह रहना है, काम करना है।

रम्बियारा नदी पार करके शुपियाँ में से होते हुए हम लोग खुले खेतों के प्रदेश में आ गए। खेत अधिकतर मकई के थे, बीच-बीच में जहाँ-तहाँ घास की हरियाली और अखरोट के पेड़। बस्ती के पास पेड़ थे, उन पर फल का नाम नहीं था, भुट्टे अपनी ललाती सुनहली जटाएँ झुलाते हुए मानो अटारियों से उझक रहे थे। खेत के पास से गुज़रते हुए मैंने और छोटे जोशी ने दो-एक तोड़े। बड़े जोशी जी ने कहा, "हैं-हैं, यह क्या करते हो? बुरी बात है।"

मैंने कहा, "यह तो राह-चलतों का रूढ़ अधिकार है, इसमें कोई बाधा नहीं देता।"

"लेकिन चोरी तो चोरी है।"

"क्यों, चोरी तब हो अगर मालिक को आपत्ति हो, या वह कर्म उसका अप्रत्याशित भी हो।"

"हूँ; यह सब हेतुवाद है।"

मैंने कुछ न कहा, भुट्टों का आकर्षण विवाद के आकर्षण से बढ़कर होता है। दो भुट्टे मैंने गुरुजी को दिए, हम लोग खाने लगे। भुट्टे दूधिया थे और बहुत मीठे।

तनिक देर में बड़े जोशी जी बोले, "तुम बड़े दुष्ट हो जी! हमारे सामने चर रहे हो, हम से पूछा भी नहीं।"

मैंने कहा, "आप ने तोड़ने से मना किया था, मैंने समझा कि आप नहीं खाते।"

"वाह! खाते क्यों नहीं।"

"तो तोड़ लीजिए न-सब तरफ़ तो भुट्टे ही भुट्टे हैं।"

"न-तुम तोड़ दो तो खाऊँगा। मैं चोरी नहीं करता।"

"मगर चोरी के फल खाने से परहेज़ नहीं, क्यों?" गुरुजी ने कहा।

"तब तो यह उचित है कि तुम्हारे हाथ से तुड़वा कर भुट्टे हम लोग खाएँ।"

हम सब हँसते रहे। पर भुट्टे मैंने तोड़कर उन्हें दे दिए।

थोड़ी देर तक क़ाफ़िला चुपचाप चला। लद्दू घोड़ों को आगे भेजा गया था, हमारे साथ सवारी के घोड़े चले आ रहे थे। रहमत आगे गया था, दो घोड़ों वाले हम लोगों के साथ थे।

बड़े जोशी जी सबकी हँसी से कुछ अप्रतिभ थे। शायद बदले की सोच रहे थे। हठात् बोले, "अच्छा घोड़ों की सवारी कैसे होगी? मेरी राय है कि तुम पहले आधे में सवारी करो, हम उत्तरार्ध में।"

मैं समझ गया कि यह प्रस्ताव क्यों किया गया है। उत्तरार्ध में टाँगें थक जाएँगी और रास्ता भी विकट होगा, तब वह सवारी करके हमें पैदल चलाना चाहते हैं; अभी सीधा-सपाट हरियाला रास्ता है और सुहावना समय, अभी वह चल लेंगे। मैं मन ही-मन मुसकराया। कहा, "अच्छा! पूर्वार्ध मैं और गुरुजी, उत्तरार्ध जोशी-द्वय। ठीक है।"

गुरुजी भी ताड़ गए। बोले, "मैं राज़ी हूँ।"

दोनों जोशी भी सहमत हो गए।

हम दोनों घोड़ों पर सवार हुए। एड़ दी और घास से ढकी हुई पगडंडी पर सरपट दौड़ाते हुए ले चले। पहाड़ी टट्टू के नाल प्राय: नहीं देते, घास पर ही उन्हें सरपट दौड़ाया जा सकता है और इसका एक अद्‌भुत आनन्द होता है...

सेदाऊ गाँव में हम लोग क्षण-भर रुके। कुछ अंडे ख़रीदे। फिर गाँव पार करके घोड़े दौड़ाना शुरू किया, किन्तु आगे पथ ऊँचा-नीचा और क्रमश: चढ़ता हुआ था, सरपट दौड़ाना सम्भव न था। थोड़ी देर में चीड़ के वन आ गए, जिनमें जहाँ-तहाँ खुली जगहों में तम्बू लगाने के लिए चौतरे बने हुए थे। पहले वहाँ तम्बू लगते रहे होंगे। कुछ दूर पर एक बावड़ी भी थी, जहाँ से सोते का स्वच्छ पानी मिल सकता था। सैर के लिए आए होते तो अवश्य यहाँ एक-आध दिन रहते, पर हमारा ध्यान तो कोंसरनाग में केन्द्रित था...

कुछ और आगे फिर उतार शुरू हुआ, और थोड़ी देर में हमने विशुव नदी के पार सामान के घोड़ों को जा पकड़ा। एक झरने के पास थोड़ी खुली जगह में क़ाफ़िला सुस्ता रहा था। हमारे घोड़े भी सरपट दौड़ से बिलकुल थक चुके थे; उन्हें हमने छोड़ दिया। यहाँ से मील-भर दूर हरिबल का जलप्रपात था, जिसके सौन्दर्य की प्रशंसा पथ-दर्शिकाओं में पढ़ रखी थी। रहमत को साथ ले कर और कुछ चाय का सामान ले कर हम दोनों वहाँ उतर गए। गुरु-पत्नी की बनाई हुई अदरख की खताइयाँ भी थीं, हम लोगों ने चाय बना कर पी और फिर जलप्रपात के तले जा बैठे। प्रपात ऊँचा तो नहीं था, कोई 40-50 फ़ुट होगा, किन्तु पानी बहुत था और स्थान भी अत्यन्त रमणीक। बड़े-बड़े श्वेत-हरित पत्थर, वैसा ही दूध और जहर-मुहरे के घोल-सा पानी, फेन के आवर्त और वन-सरस्वती का अप्रतिहत संगीत! घंटे-भर बाद जब वहाँ से चलने को उठे, तब मैं बार-बार लौट-लौट कर देखता रहा। स्वर के साथ-साथ प्रपात का चित्र अन्तस् में बस गया था, और मैं मानो मुड़-मुड़ कर एक बन्धु को आश्वासन दे रहा था कि फिर आऊँगा, फिर आऊँगा...वह 'फिर आना' नहीं हुआ है, न जाने कभी होगा कि नहीं; किन्तु वह प्रतिश्रुति झूठ

नहीं है, क्योंकि वह मनोभाव झूठ नहीं है। 'फिर आना' वास्तव में कभी होता ही नहीं, क्योंकि काल की दिशा में लौटना कभी नहीं होता। प्रत्येक आना नया आना होता है, घटना की आवृत्ति होती है, अनुभूति की नहीं...अनुभूति की आवृत्ति पुनरानुभूति केवल स्मरण में है...

घोड़े सब सुस्ता चुके थे, क़ाफ़िला चल रहा था। रहमत को हमने आगे कर दिया और थोड़ी देर बैठे कि जोशी-द्वय आ जाएँ। सवारी के घोड़े भी हमारे साथ रहे।

पहुँचते ही बड़े जोशी ने कहा, "तुम लोग यहाँ आराम करते रहे और हम धूप में चलते आए हैं। ख़ैर, अब तुम चलना और हम घोड़े पर बैठे मुँह चिढ़ाएँगे।"

हम चुप रहे। घोड़े थक चुके थे, और आगे घना छायादार जंगल आ रहा था, और रास्ता अत्यन्त दुर्गम, और बीच-बीच में ऐसी कर्री उतराई कि घोड़े की पीठ पर टिकना तो असम्भव होगा ही, घोड़े को बड़ी ख़ुशामद करके उतारना पड़ेगा...यह सब पहले से देखा नहीं था, पर नक़्शे से जानते थे; और घोड़े थकाये तो थे ही-हम दोनों यों पैदल काफ़ी चल सकते थे और घोड़ों को सरपट दौड़ाने के शौक़ीन भी थे सो एक आनन्द हम ले चुके थे और अब चीड़ के जंगलों में पैदल जाने वाले थे ही...

जोशी जी ने कहा, "चाय पी जा सकती तो अच्छा होता। सामान वाले घोड़े इतनी आगे चले गए?"

हमने कहा, "हमने तो पी ली।"

"कहाँ?"

"हम लोग हरिबल का प्रपात देखने गए थे, वहीं पी आए।"

"तो तुम लोग प्रपात भी देख आए! कितनी दूर है?"

"डेढ़ मील।"

जोशी जी थोड़ी देर हमें घूरते रहे। फिर बोले, "हम भी जाएँगे।"

गुरुजी ने कहा, "अब तो देर हो गई। आगे रास्ता ख़राब है, कुंगवतन जल्दी पहुँचना चाहिए नहीं तो रात में जंगल में खो जाएँगे। इस जंगल में काले रीछ भी बहुत होते हैं।"

यह बात यों सच थी, पर कही इसलिए गई थी कि जोशी जी शेर से अधिक काले रीछ के नाम से घबराते थे।

और दलील अनावश्यक थी। जोशी जी चल पड़े। बोले, "तुम लोगों ने खाने को कुछ नहीं रखा?"

गुरुजी ने कहा, "और तो कुछ नहीं, अंडे हैं। खाओगे?"

उनके अतिरिक्त हम तीनों निरामिषाशी थे। मैं अंडा खाने में कोई युक्ति-संगत आपत्ति नहीं मानता था, तथापि तब तक खाया नहीं था।

जोशी जी ने कहा, ''और कुछ नहीं!''

गुरुजी तनिक पसीजे, बोले, ''थोड़ी-सी कुकीज़ (खताइयाँ) दे सकता हूँ। एक पैकेट चॉकलेट भी।''

''लाइए।''

किन्तु उससे कुछ नहीं बना। चलते-चलते सब खा कर जोशी जी फिर बोले, ''तो लाइए, आज आपके सिर हम अपना धर्म भी छोड़ें। अंडे कहाँ हैं?''

गुरुजी ने हाथ के झोले में से छः अंडे निकाल दिए।

''कच्चे-कच्चे तो हम नहीं खाएँगे।''

जो घोड़े वाला हमारे साथ था उसके पास एक अलुमिनियम का कटोरा था। उसी में अंडे उबाले गए। तोड़ने पर पता चला अंडे पुराने थे, उनमें गन्धक की तीव्र गन्ध थी। जोशी जी ने जैसे-तैसे एक खाया। मुँह बिचकाते जाते और खाते जाते। दो खाने के बाद गुरुजी से बोले, ''यही है अंडा जिस की इतनी प्रशंसा आप लोग करते हैं? यही आप इतने चाव से खाते हैं?''

''अच्छे अंडे स्वादिष्ट होते हैं, ये तो बासी निकले।''

जोशी जी ने नाटकीय ढंग से माथा ठोंक कर कहा, ''धूत्! हमारा धर्म भी लिया तो सड़े अंडे के दामों। हम यह भी कहने लायक न रहे कि चलो धर्म गया तो गया एक न्यामत तो चखी!''

मैंने धीरे से कहा, ''इसी को तो कहते हैं गुनाह बेलज़्ज़त।''

''तुप चुप रहो जी!'' कह कर जोशी जी ने गुरुजी की ओर उन्मुख हो कर कहा, ''आप ने अपने छात्रों को बहुत सिर पर चढ़ा रखा है। हम-आप प्रोफ़ेसर, ये दोनों छोकरे हम से मज़ाक़ करते हैं।''

चलते-चलते अचानक हम लोग ठिठक गए। घाटी के मोड़ के आगे खुली पहाड़ी, किन्तु यहाँ निरी घास नहीं, बीच-बीच में मीलों तक फैले हुए फूल ही फूल! इनमें से कई-एक फूल यत्नपूर्वक बग़ीचों में लगाए जाते हैं, किन्तु यहाँ जंगली हैं। कास्मियाँ, पोटेंटिला, स्नो-ड्राप, एनिमोनी बटर-कप और अनेक जातियों के फूल जिनके देशी-विलायती कोई नाम नहीं जानता। पीले, लाल, गुलाबी, नीले, आसमानी, किरमिज़ी, उन्नाबी, सफ़ेद, चम्पई रंगों की होली-सी मची हुई थी और हवा के झोंकों से नाल झूम-झूम जाते थे। मानो फूल मटक-मटक कर हवा से कह रहे हों, 'उंह्, हमें तुम्हारी क्या परवाह है!'

पहाड़ों में फूल मैंने और भी देखे हैं, किन्तु वैसे नहीं। पहाड़ों और फूलों के चित्र भी बहुत देखे हैं, किन्तु उस दृश्य के आस-पास का भी चित्र कभी नहीं देखा। केवल निकोलस रोयरिच के एक चित्र में याद पड़ता है, वैसी ही फूली हुई पहाड़ियों

का चित्र है, यद्यपि उसमें भी थोड़ी कृत्रिमता लाई गई है क्योंकि वह 'कृष्ण की वंशी' से कुसुमित हो उठते वन-प्रदेश का चित्र है, उस वन-खंड का नहीं जो अपनी ही अन्तर्वंशी की पुकार से खिल उठा हो, अस्तित्व के सहज आनन्द की पंखुड़ियों पर दोलायित हो रहा हो...

उपत्यका लम्बी थी, चौड़ाई उसकी अधिक न थी, और हमें उसके आर-पार जाना था। थोड़ी देर में हम लोग फिर चीड़ के वन में घुस गए।

फूलों की घाटी जोशी-द्वय ने घोड़ों पर पार की थी। घोड़े बहुत धीरे-धीरे चल रहे थे, उस पर समय वही अभीष्ट था। अब जंगल में जब वे लोग पिछड़ने लगे तब उन्होंने घोड़ों को दौड़ाना चाहा, पर घोड़ों ने दुलकी भी चल कर न दी। बड़े जोशी जी ने घोड़े वाले से कह कर एक पतली-सी छड़ी कटवाई। किन्तु घोड़े अद्भुत थे, कोड़ा पड़ते ही बिलकुल निश्चल खड़े हो जाते और बहुत पुचकारने पर चलते-अपनी उसी धीर गति से।

जोशी जी ने घोड़े वाले को डाँट दिया। उसने कहा, "साहब घोड़े थक गए हैं-सुबह इतना दौड़े हैं।"

अब बात उनकी समझ में आ गई। हमें पुकार कर बोले, "तुम लोगों की चालाकी अब मैं समझा। कल पहली बारी हमारी। तुम लोग भी मज़ा देखना।"

हमने कहा, "अच्छा।" कल क्या मिलेगा, इसे हम लोग नक़्शे पर अच्छी तरह देख चुके थे। कोंसरनाग की चढ़ाई का अन्तिम आध-पौन मील तो सीढ़ी जैसी चढ़ाई का था जिसमें घोड़े की सवारी हर हालत में असम्भव होती, उससे इधर के रास्ते के परिवर्तन हमारे पक्ष में थे...

घोड़े धीरे-धीरे चलते रहे। थोड़ी देर में रास्ता बिलकुल खो गया। नाले के ऊपर झुकी हुई चट्टानों के पेट के आर-पार एक हलकी-सी लीक-यही पथ था। हम लोग जैसे-तैसे एक हाथ से चट्टान का सहारा लेते-लेते बढ़ते गए। घोड़े रुक गए। यों ही पहाड़ी घोड़े पगडंडी के बाहरी सिरे पर चलते हैं, पहाड़ी के पार्श्व से अपने को बचाते हुए; और जोशी जी उनकी इस आदत से बहुत घबराते थे; यहाँ पर अगर घोड़े पार जाने को राज़ी भी होते तो भी वह सवार न होते। उतर कर घोड़ों को कुछ खींच कर, कुछ पुचकार कर पार कराया। यहाँ से आगे सारा रास्ता लगभग ऐसा ही था-चीड़ के घने जंगल, एक ओर सीधी चट्टानें, दूसरी ओर घहराता पानी, बीच में पतली-सी लीक...केवल कहीं-कहीं थोड़ी-सी खुली जगह आ जाती, जहाँ तनिक रुक कर चीड़ों में ढलती धूप के खेल देख लेते और फिर बढ़े चलते...

एक खुली जगह, पास में नदी, उस पार चढ़ाई के ऊपर जंगल के सिरे पर छोटा-सा बँगला-यह कुंगवतन है। बँगले का परमिट हमने नहीं लिया था, वह उन दिनों के लिए किसी विभागीय अफ़सर के लिए रिज़र्व था। नदी के इस पार ही शहतीरों का एक बाड़ा था, जिसके सिरे पर एक काठ-घर भी था। दिन छिपने को

था, थोड़ी–थोड़ी बूँदें भी पड़ रही थीं। सामान के घोड़े पीछे थे, हम लोगों ने उस काठ–घर में ही शरण ली। आग जला कर बैठ गए। घोड़े वाला अपनी छोटी बालटी माँज कर कहीं से दो सेर दूध ले आया। मालूम हुआ कि आस–पास ख़ानाबदोश गूजर बसते हैं और दूध की इधर बहुत सुविधा है। हमने उस समय दो आने सेर लिया, किन्तु बाद में रुपए का बारह सेर तक मिलता रहा।

थोड़ी देर में सामान भी आ गया। एक तम्बू खड़ा किया गया। रसोई काठ–घर में ही रही, सामान भी वहीं रख दिया गया और रहमत सोया भी वहीं। मैंने सूजी का हलवा बनाया; फल, दूध और हलवे का जलपान करके हम तीन जने टहलते हुए कल का कार्यक्रम निर्धारित करने लगे, और छोटे जोशी पौधों की खोज में लग गए। रहमत ने रात को भुने आलू, पराँठे, दूध में पकाए हुए सूखे सेब और कहवा देने का ऑर्डर पा कर अपना काम आरम्भ कर ही दिया था। चारों ओर वन्य शान्ति थी, साँझ के बुझते आलोक में हरे चीड़ काले पड़ गए थे, हरा पानी उजला हो आया था, हरे पत्थरों पर फीकी लालिम दीप्ति खेल रही थी। एक सत्य के आलोक के फीके पड़ते ही कितनी माया–मरीचिकाएँ उभर आई हैं और रंगीले प्रलोभन बिखेरने लगी हैं! किन्तु प्रभात फिर होगा; आलोक फिर होगा, सब भौतिक सत्य फिर तादृशत्व पा कर खिलेंगे...हम जानते थे कि कल फिर वैसा ही दिन होगा, किन्तु फिर भी साँझ की रंगीनी के साथ उदासी क्यों आती है, क्या इसलिए कि वह रंगीनी अपनी असारता का भी बोध लाती है?

निशा के बाद उषा है, किन्तु
देख बुझता रवि का आलोक
आ करण हो कर सहसा मौन
ज्योति को देते विदा सशोक...

कोंसरनाग नदी के किनारे–किनारे हलकी चढ़ाई चढ़ते हुए हम लोग कोंसरनाग झील की ओर बढ़ने लगे। हलकी चढ़ाई में घोड़े को कष्ट तो नहीं होता, पर दौड़ाया भी नहीं जाता; जोशी–द्वय भी हम लोगों के साथ ही साथ चल रहे थे। थोड़ी देर में घोड़े की चाल से ऊब कर वे भी पैदल चलने लगे।

कुंगवतन की ऊँचाई लगभग साढ़े आठ हज़ार फ़ुट है। दोपहर तक हम लोग एक हज़ार फ़ुट और चढ़ गए थे। चीड़ों ने पहले भूर्ज और फिर छोटे–छोटे वृक्षों को स्थान दे दिया था; अब निरी झाड़ियाँ मिलने लगीं और सामने खुली घास के प्रसार दीखने लगे। बहुत बिरली, गाव–ज़बान और 'जूनियर' की झाड़ियाँ और घास में जहाँ–तहाँ नाना प्रकार की गन्धौषधियाँ जिनके खाने से यहाँ गूजरों की गाएँ अजवायन–सा महकने वाला दूध देती हैं।

मैंने जोशी जी से कहा, "यहाँ से तो घोड़े हमारे हैं न?"

उन्होंने कुछ आना-कानी करते हुए कहा, "नहीं, यह आधा मील हम दौड़ा लें, फिर।"

तय हुआ कि सामने जो नाला दीख रहा है, वह जहाँ कोंसरनाग नदी में मिलता है वहाँ पर वे घोड़े हमें दे देंगे। वहाँ तक दोनों घोड़े दौड़ाते ले गए।

हम लोग घोड़े पर सवार हुए। अब पूरा क़ाफ़िला साथ ही साथ था, सामान कुछ पहले चला था अवश्य, पर हम लोगों ने उसे जा पकड़ा था और फिर साथ चले थे।

घोड़े वाले ने कहा, "यह नाला पार करना होगा।"

हमने घोड़े नदी में डाल दिए। धीरे-धीरे पैर जमाते हुए वे आगे बढ़े, जहाँ स्रोत तेज़ था वहाँ रुक गए, फिर, थोड़ी पुचकार के बाद आगे बढ़े और क्रमशः पार हो गए। नाला ख़ासा गहरा था। बीच धार में हम लोगों ने पैर उठा लिए थे, पर जल रिकाब के ऊपर तक आ गया था।

पार जा कर हमने हँसना शुरू किया। जोशी-द्वय अभी देख रहे थे। हमारे हँसने से चिढ़ कर छोटे जोशी ने जूते-मोजे उतार कर पतलून के पहुँचे चढ़ाना शुरू किया। बड़े जोशी जी ब्रीचेस पहने थे, उसे चढ़ाया न जा सकता था।

छोटे जोशी भी लड़खड़ाते हुए जाँघों तक भीग कर पार आ गए; कोट की आस्तीन और पैंट के पहुँचे काफ़ी भीग गए थे।

घोड़े वालों ने भी भाँप लिया कि कुछ बात है। एक ने बड़े जोशी जी से कहा, "कुछ फिकिर नेइ हजूर, हम आपको कन्धे पर बिठाकर ले जाएँगे।"

जोशी जी ने झल्ला कर कहा, "नहीं, हम अपने-आप जाएँगे।"

थोड़ी देर शायद वह ब्रीचेस उतारने पर विचार करते रहे। इस बीच गुरुजी ने अपना घोड़ा वापस इस पार भेज दिया। घोड़े वाला पानी में उतर कर उसे खींच ले आया। जोशी जी सवार हुए; घोड़े वाला लगाम पकड़े खींचकर ले चला। किन्तु पानी के बीच में जब घोड़ा थमा, तब लगाम के बग़ैर बैठने के अनभ्यस्त जोशी जी ने अपनी डाँवाँडोल स्थिति से घबरा कर लगाम घोड़े वाले से ले ली और डपट कर कहा, "तुम जाओ, हम अपने-आप ले आएँगे।"

घोड़ा वहीं खड़ा तेज़ पानी को घूर रहा था। जोशीजी ने अधीर हो कर पेट में एड़ दी, घोड़ा कुछ बिदका, फिर ग़ुस्से से सिर झटक कर ज्यों-का-त्यों हो गया। अब की बार जोशी जी ने ज़ोर से एड़ दी, लगाम को भी झटक दिया।

घोड़े ने गर्दन मोड़कर एक तरफ़ जोशी जी की टाँग पकड़ने की कोशिश की और साथ ही पानी में बैठ गया। जोशी जी की टाँगें जूता-ब्रीचेस समेत जाँघ तक भीग गईं।

घोड़े वाले ने लौटकर रासें पकड़ीं। खींचकर घोड़े को उठाया और पार ले गया।

जोशी जी ने जूते खोलकर और ब्रीचेस की टाँगें दाब कर पानी निकाला, जूते फिर पहने। बर्फ़-सा ठंडा पानी था, जाँघ तक भीगी ब्रीचेस की नमी धीरे-धीरे ऊपर चढ़ रही थी, जोशी जी ठंड से काँप रहे थे।

गुरुजी ने सहानुभूतिपूर्वक चॉकलेट का पैकेट निकाल कर उन्हें दिया। थर्मस में थोड़ी चाय ली गई थी, वह भी पिलाई। हम लोग फिर आगे बढ़े। और भी दो-एक नाले पार किए, कोंसरनाग नदी भी एकाधिक बार पार की। उस एक अनुभव के बाद जोशी जी ने घोड़े पर बैठकर नाला पार करने से कतई इनकार कर दिया, और घोड़े वालों के कंधों पर सवार हो कर जाने की अवमानना भी स्वीकार की।

कुछ आगे सपाट दलदली भूमि में दो ताल मिले। बड़े का नाम माहीनाग है। इन्हीं के पास शुपियाँ से आने वाला एक रास्ता हमारे पथ में मिल गया। कुछ आगे जा कर यह रास्ता अलग हो कर गुगुमारां गली जाता है और वहाँ से पंजाल श्रेणी के पार भी जाया जा सकता है। हम कुंगवतन न जा कर शुपियाँ से यहाँ तक इस राह भी आ सकते थे, पर यह अपेक्षतया लम्बा रास्ता है। हमने दुर्गमता की परवाह न कर छोटा रास्ता पकड़ा था।

थोड़ी देर और रास्ते से चल कर हम कोंसरनाग की अन्तिम ढांटी चढ़ाई के चरण में आ गए। यहाँ से आगे पथ नहीं था, ध्येय था ऊँचा चढ़ना, पौन मील भर में डेढ़ हज़ार फ़ुट।

थोड़ी दूर तक सामान के घोड़ों ने चढ़ने का यत्न किया। एक तो चढ़ाई ऐसी थी, दूसरा मार्ग बहुत तंग था और चट्टानों के बीच-बीच हो कर ऐसा जाता था कि सामान टकरा कर फँस जाता था। जिन ट्रंकों में दोनों विद्युद्दर्शक थे, उनकी सबसे अधिक चिन्ता थी, और गुरुजी के बार-बार सावधान करने पर भी 'कुछ फिकिर नेई' के बीजमंत्र में घोड़े वालों की आस्था किसी तरह कम न की जा सकी थी; अत: घोड़े रोक कर यह सामान उतार कर घोड़े वालों की पीठ पर लादा गया। अन्य यंत्रों का एक-एक बक्स गुरुजी, छोटे जोशी और मैंने भी पीठ पर लिया-कैमरे और प्लेटों का, अन्वीक्षक और मापक यंत्रों का, इत्यादि। कश्मीर में डॉक्टरी परीक्षा में बड़े जोशी जी की हृद्गति अपेक्षया तेज़ पाई गई थी, यहाँ ऊँचाई के हलके वायुमंडल में वह यों ही एक सौ दस के लगभग थी। उन्हें कोई भार न दिया गया।

हम लोग चुपचाप चढ़ने लगे। साढ़े ग्यारह हज़ार फ़ुट हम आ गए थे। झील की ऊँचाई तो इतनी ही थी। किन्तु, हमें दो सौ फ़ुट और चढ़ कर किनारे की ओर उतरना होगा। झील तिकोनी थी, दोनों पार्श्व अत्यन्त ऊँची शृंगमालाएँ और तीसरी और बाँध-सी वह चढ़ाई जिस पर हम चढ़ रहे थे। इस की चोटी चपटी थी और उसके पार ही झील का उतार था।

ये अन्तिम दो सौ फ़ुट मुहाल हो गए। सुस्ताने के बाद दस क़दम चढ़ने में भी इतनी थकान आ सकती है! समझ में आने लगा कि कैसे एवरेस्ट पर चढ़ने वाले

अन्तिम सौ–पचास फ़ुट में भी हार कर आ जाते थे–उस ऊँचाई पर एक क़दम चलने से साँस फूल जाती है!

सामान रखकर एक चट्टान के सहारे पीठ टेक कर बैठा था। सामने एक और चट्टान के सहारे एक पत्थर तिरछा पड़ा था। देखा, उसके नीचे मैली-सी बर्फ़ अभी तक है। सोच ही रहा था कि सितम्बर में दुबारा बर्फ़ पड़ने तक यह पिघलती बनी रहेगी या नहीं, कि आँखें उसके पार की कन्दरा पर केन्द्रित हो आईं–देखा वहाँ एक फूल!

भीतर घुस कर उसे निकाला। हलके नीले रंग का एक पोस्त का फूल। सुन रखा था कि पहाड़ों में हिम-रेखा के आस-पास यह नीला पोस्त पाया जाता है और इसे पाना शुभ होता है। बर्फ़ और पत्थर को भेद कर यह कोमल सौकुमार्य निकलता है। इतनी तपस्या के बाद जो अवतीर्ण हो, उसका पाया जाना शुभ तो होना ही चाहिए।

किन्तु शुभ किस के लिए?

चट्टानों में भटकते हुए सहसा देखा, एक गुहा के भीतर जमी बर्फ़ के परे से झाँक कर नीले पोस्त का फूल मुसकरा रहा है। मैंने प्रसन्न हो कर कहा, "अहो भाग्य! यह शुभ फूल मुझे दीखा।" और लपक कर उसे तोड़ लिया।

फूल ने सिर झुका कर, आह भरते हुए कहा, "ठीक है, जो मुझे पाता है उसका भाग्योदय होता है, किन्तु मैं जब पाया जाता हूँ तो मेरी मृत्यु हो जाती है।"

थोड़ी-थोड़ी दूर पर और भी कुछ-एक फूल मुझे मिले, उन्हें भी मैंने तोड़कर रख लिया। पड़ाव पर जा कर इन्हें पुस्तक में दबा कर सुखाऊँगा और रखूँगा; अन्य प्रकार के फूल भी मैंने रखे थे...

और थोड़ा ऊपर इस घाटी की शिरोरेखा है, और सामने-सामने जो है, सो...

रूप की सीढ़ी पर एक तल ऐसा आता है जहाँ रंगों का महत्त्व नहीं रहता। उस तल तक हम सुन्दर की बात करते हैं, किन्तु वहाँ जा कर यह शब्द ओछा पड़ जाता है और विराट् का आविर्भाव होता है।

कोंसरनाग की जिस ढाल पर हम चढ़े थे, उसकी शिरोरेखा वह मर्यादा-रेखा थी। सौन्दर्य को, रंगमय रूप को, हम पीछे छोड़ आए थे, सामने था विराट्, और उसके साधन रंग नहीं थे, केवल श्वेत और कृष्ण केवल प्रकाश और छाया–केवल आलोक और निरालोक! यों जहाँ हम थे, वहाँ की काली या धूसर चट्टानों पर जहाँ-जहाँ काई की मिश्र-हरित, ताम्र-लोहित रंगत थी ही, जल में दूध-धुली नीलिमा भी थी ही, और दूर उस पार की निस्संग चोटियों की हिम-शीतल निर्मोह में लपेट रखने वाली बर्फ़ की चादर में संन्यासोचित गैरिक भाव भी था ही; किन्तु

बोध को जो चीज़ पकड़ती थी, वह दृश्य रंग नहीं, रंगों की अनुपस्थिति में केवल रेखाओं और तलों का बहाव, अन्योन्य-संवर्धक कोणों का रखाव, ऊँचाई-निचाई और गहराई, निराडम्बर महत्ता थी...

जिस तरफ़ हम थे, उधर जहाँ-तहाँ गलियों में और चट्टानों की आड़ में बर्फ़ जमी हुई थी। झील में भी नवनीत के बहुत बड़े-बड़े गोलों-सी बर्फ़ की चट्टानें तिर रही थीं, घोर निःस्तब्धता का राज्य था। तीसरे पहर की धूप हम लोगों की छायाओं को ले कर नीरव पैरों से सरोवर के पार भागी जा रही थी, और मानो उसके भागने के पथ-सी एक हलकी लहरीली रेखा झील की लम्बान को मापती हुई पार के हिमस्रोत के पद-मूल में खो गई थी।

झील के उतार पर एक खुली जगह हम लोगों ने पूर्वान्मुख शिविर डाला। इस स्थान के सामने एक बड़ी चट्टान चपटी बिछी हुई थी और उसी से लग कर एक चिकनी तिरछी चट्टान थी। दोनों मिल कर एक नैसर्गिक आसन्दी बना देती थीं जिस पर बैठ कर झील को देखा जा सकता था। दक्षिण को कुछ हट कर दो-तीन बड़े पत्थरों की आड़ में रसोई की छोलदारी लगाई गई, और उससे और आगे घोड़े वालों की छोलदारी। उन्होंने दो की बजाय एक ही लगाना पसन्द किया ताकि उसमें भीड़ करके गरम रह सकें।

जिस ढांटी चढ़ाई पर से हम आए थे, उस पर गूजरों की गायें देखी थीं। गूजर इस चढ़ाई के नीचे माहीनाग के ऊपर के प्रदेश में बसते थे, जहाँ घास पर्याप्त थी। छोटे-छोटे पत्थरों की तीन फ़ुट बाड़ा-सा बना कर उस पर चपटे पत्थर की छत, यही उनका घर था जिसमें झुक कर घुसा जा सकता था और घुस कर लेटा जा सकता था या कष्टपूर्वक बैठा। इन्हीं गूजरों से दूध की व्यवस्था कर ली गई थी। ईंधन हम सब लाए थे और अनन्तर तीसरे दिन जा कर कुंगवतन से दो-तीन घोड़े वाले गुजारे लायक लकड़ी ले आते थे। कुंगवतन से ऊपर तो काठ था नहीं।

भोजन हम लोगों का ऋषियों का-सा था। सूखे खट्टे सेब और आलू की तरकारी, दाल, पूरी या पराँठे, और छह सेर दूध की खीर, यह दोपहर का भोजन था। रात को कुछ फल-मेवे, टोस्ट-मक्खन, मधु और दूध या कोको। खीर को हम प्रायः सवेरे ही तैयार करके बर्फ़ में दबा छोड़ते और खाने के समय निकालते। गुरुजी खाना खाने बैठते तो प्रायः कहते, 'तुम इसे सात्त्विक भोजन कहते हो, यह तो राजाओं का खाना है!' किन्तु खाना उन्हें रुचता और जब वह बाहर की पत्थर की बेंच पर परोसा जाता तब उन्हें खाने का समय हो गए होने की याद भी न दिलानी पड़ती। इसी लिए जब अभियान से लौट कर उन्हें पुनः गुरु-पत्नी के हवाले किया तब उनका वज़न 10 पौंड अधिक ही निकला; यों कुछ और अधिक निकलता, लेकिन बढ़ कर फिर वह 5-7 पौंड घट गया था-कैसे, इसका उल्लेख यथास्थान होगा।

हम लोगों की दिनचर्या भी सीधी थी। दिन-रात दो-दो घंटे बाद हम लोग किरमिज़ की नौका में झील पर जा कर अपने विद्युद्दर्शक की गहराई बदल देते थे। आठ घंटे बाद विद्युद्दर्शक को निकाल कर उसमें से फ़िल्म निकाल कर दूसरी फ़िल्म लगा देते थे। गुरुजी प्रत्येक बार जाते थे; मैं और बड़े जोशी जी बारी-बारी से उनके साथ; छोटे जोशी जी को इससे मुक्ति थी। किन्तु, यहाँ पर कॉस्मिक किरणों के विषय में कुछ परिचयात्मक विवरण देना उचित होगा।

सन् 1815 में रांट्जेन द्वारा क्ष-किरणों की खोज भौतिक विज्ञान के इतिहास में एक महान् घटना हुई, क्योंकि इससे उस नई विचार-परम्परा का आरम्भ हुआ जिस ने पदार्थ की अन्तर्रचना के विषय में वैज्ञानिकों की धारणाओं को आमूल बदल दिया। अगले कुछ वर्षों में ही रेडियम-धर्मिता और रेडियम धातु का पता लगा, और फिर विकीर्ण-शक्ति में आल्फा, बेटा और गामा किरणों का पृथक्करण हुआ।

अंग्रेज़ वैज्ञानिक विल्सन ने जब अपने 'कृत्रिम मेघमंडल' के द्वारा इलेक्ट्रॉन को देखना और उनके चित्र लेना सम्भव कर दिया, तब यह देखा गया कि कुछ ऐसे भी विद्युत्कण हैं जो साधारण इलेक्ट्रॉन से सर्वथा भिन्न आचरण करते हैं और कहीं अधिक शक्ति तथा भेदकता रखते हैं। विल्सन का अनुमान था कि ये कण ऊपर वायुमंडल से आते हैं। ऐसा ही प्रभाव अन्य अन्वेषकों ने भी विद्युद्दर्शकों पर लक्ष्य किया था, और उन्होंने अनुमान किया था कि ये किरणें पृथ्वी की ऊपरी पपड़ी से ही विकीर्ण होती हैं-सम्भवतया उसमें पाए जाने वाले रेडियम-धर्मी यूरेनियम से। किन्तु 1909 में स्विट्जरलैंड में गेकेल ने, और अनन्तर हेस और कोल-हार्स्टर ने सिद्ध किया कि ये किरणें पृथ्वी-तल की अपेक्षा ऊँचाई पर वायुमंडल में अधिक सक्रिय होती हैं और गुब्बारे में ऊपर भेजे गए विद्युद्दर्शक में आविष्ट विद्युत् को अधिक विसर्जित कर देती हैं। इन किरणों को उच्चतलीय किरण अथवा 'कॉस्मिक' (कॉस्मस-विश्वमंडल की) किरणों की अभिधा दी गई। स्विट्ज़रलैंड के प्रोफ़ेसर ऑगुस्त पिकार की गुब्बारे में दस मील (52,000 फ़ुट) ऊँची उड़ान के लिए साहसिक कार्य ने दुनिया को चकित कर दिया था, वह मुख्यतया इन्हीं किरणों के लिए हुई थी।

अमेरिकी वैज्ञानिक आर.ए. मिलिकन (अनन्तर नोबेल पुरस्कार विजेता) ने इन किरणों का अध्ययन आरम्भ किया। उन्होंने इन किरणों की तीव्रता का मापन भी किया। पृथ्वी के वायुमंडल में इतनी भेदक और शक्तिशाली किरणें उत्पन्न करने वाली किसी क्रिया, विधि या घटना की अनुपस्थिति में मिलिकन ने निष्कर्ष निकाला कि ये किरणें पृथ्वी के वायुमंडल की चरम सीमा के भी बाहर से आती

हैं। उससे पहले एक धारणा यह भी थी कि ये किरणें हमारे वायुमंडल के बाहरी स्तरों में कहीं उत्पन्न होती हैं।

जिस समय हमारा अभियान कोंसरनाग गया, उस समय कॉस्मिक किरण-सम्बन्धी ज्ञान की यही अवस्था थी। यों अनुमान अनेक प्रकार के थे, और उन्हीं के आधार पर विभिन्न देशों के वैज्ञानिक विभिन्न दिशाओं में खोज, यंत्रों का आविष्कार और सम्बद्ध क्रियाओं-घटनाओं का मापन कर रहे थे। अमेरिका में मिलिकन और कॉम्प्टन, यूरोप में पिकार बन्धु और अन्य वैज्ञानिक, इंगलैंड में ब्लैकेट, विशेष रूप से इन किरणों की खोज में दत्तचित्त थे। यह जाना जा चुका था कि कॉस्मिक किरणों का विकिरण दिन और रात में समान होता है, जिससे सिद्ध होता है कि सूर्य से उनका सम्बन्ध नहीं है, और यह भी लक्षित हुआ था कि पृथ्वी के चुम्बकत्व का उन पर प्रभाव पड़ता है जिससे भूमध्य में किरणों का आपतन न्यूनतम होता है और बढ़ते हुए उन्नतांश के साथ बढ़ता जाता है (क्ले, 1927) किन्तु, क्या इन किरणों को नियंत्रित किया जा सकता है? क्या इन के द्वारा मशीनें चलाई जा सकती हैं? और इस प्रकार 'चिरन्तन गतिशीलता' की ग्रन्थि खोली जा सकती है? इन किरणों का शरीर-तन्तुओं के निर्माण-वार्धक्य-क्षय पर क्या प्रभाव पड़ता है? क्या उसे वश में किया जा सकता है? क्या इन किरणों का चैकित्सिक उपयोग हो सकता है-यथा कैंसर के इलाज में? क्या इन की वैद्युतिक शक्ति का मारक उपयोग है-आग लगाने, विमान गिराने, जहाज़ उड़ाने में? ये सब प्रश्न वैज्ञानिकों को उत्सुक कर रहे थे। शुद्ध विज्ञान के क्षेत्र में यह प्रश्न भी कौतूहलवर्द्धक था कि इन किरणों से पदार्थ की अन्त:रचना पर, ऊर्जा और पदार्थ के सम्बन्ध पर क्या प्रभाव पड़ता है।

किरणें तरंगों में चलती हैं। किरणों की गति पृथक् हो सकती है, तरंगों की लम्बाई अलग हो सकती है आवृत्ति और अनावृत्ति (फ्रीक्वेंसी) भी। एक ही गति से चलने वाली दो किरणों में एक की तरंगें लम्बी हों और एक की छोटी, तो स्पष्ट है कि लम्बी तरंग की 'फ्रीक्वेंसी' कम होगी और छोटी की अधिक, जैसे एक-सी चाल चलने वाले दो व्यक्तियों में जो छोटे डग रखेगा उसे अधिक डग चलने होंगे। इसे यों कहें कि लम्बाई और 'फ्रीक्वेंसी' में विपरीत आनुपातिकता है। ध्वनि की किरणें (या लहरें) लम्बी होती हैं, उनका स्वभाव भी भिन्न है, उनकी गति भी कम होती है। प्रकाश की गति रखने वाली किरणों में ताप की किरणें (या लहरें) लम्बी होती हैं और उनकी 'फ्रीक्वेंसी' कम होती है। अनुक्रम में इस के बाद दृश्य किरणों से नीचे 'इन्फ्रा रेड', अर्थात् लाल से नीचे, लम्बी या कम 'फ्रीक्वेंसी' की किरणें आती हैं; ये चक्षु से नहीं दीखतीं किन्तु इन के सहारे प्राकृतिक दृश्यों के फ़ोटो लिये जाते हैं, यथा धुन्ध-कुहरे में। फिर क्रमश: दृश्य आलोक के रंग-लाल, नारंगी, पीला, हरा, नीला, बैंगनी। फिर दृश्य किरणों से ऊपर की 'अल्ट्रा वायलेट'

अर्थात् बैंगनी से अधिक 'फ्रीक्वेंसी' वाली किरणें। इस के बाद रांट्जेन या एक्स-किरणें, फिर गामा किरणें और सबसे अन्त में कॉस्मिक किरणें।

एक बात और है। जिस तरंग की लम्बाई जितनी कम और 'फ्रीक्वेंसी' जितनी अधिक होगी, उसकी भेदकता भी उतनी अधिक होगी। अर्थात् 'फ्रीक्वेंसी' और भेदकता में सीधी आनुपातिकता है, लम्बाई और भेदकता में विपरीत आनुपातिकता। इससे परिणाम यह निकला कि यदि हम दो प्रकार की किरणों में से एक की लम्बाई और 'फ्रीक्वेंसी' जानते हों तो दूसरी के साथ उसकी भेदकता की तुलना करके दूसरी की लम्बाई और 'फ्रीक्वेंसी' का अनुमान कर सकते हैं और इसी प्रकार की तुलना द्वारा उसे उत्पन्न करने वाली वैद्युतिक ऊर्जा का भी। कॉस्मिक किरणों के अध्ययन में यह बात महत्त्व रखती है। हम लोग इसी भेदकता का अध्ययन कर रहे थे। विद्युद्दर्शक के तारों को आविष्ट करके पानी के नीचे विभिन्न तलों पर रख कर देखते थे कि उसका आवेश किस गति से नष्ट होता है। क्वाट्र्ज से खींचे हुए दो अत्यन्त सूक्ष्म तार इसमें लगाए गए थे और शून्य (वैकुअम) में बन्द थे। समान वैद्युतिक आवेश से दोनों तार एक-दूसरे को विकर्षित करते थे और उनके बीच में फ़ासला पड़ जाता था। तारों के नीचे एक बैटरी की बत्ती थी, ऊपर एक छोटी-सी दरार जिसमें से दोनों तारों की स्थिति देखी जा सकती थी। इससे ऊपर एक घड़ी में फ़ोटो की फ़िल्म लगा कर रक्खी जाती थी। घड़ी का सम्बन्ध बैटरी से था। प्रत्येक आठ मिनट बाद बल्ब जल जाता था और फ़िल्म पर तारों का फ़ोटो खिंच जाता था। दो घंटे बाद तल में परिवर्तन कर देते थे; आठ घंटे की फ़िल्म निकाल कर, धो कर, फिर अन्वीक्षक से तारों की दूरी और उसमें परिवर्तन की दर नाप लेते थे। फिर इसका ग्राफ़ बना कर देखते थे कि किस गहराई पर किस दर से आवेश नष्ट होता है।

यह सन् 1930 की बात है। उचित होगा कि उसके बाद अब तक की खोज का संक्षिप्त परिचय भी यहाँ दे दिया जाए। गुरुजी ने उसके बाद जावा के पास समुद्र-तल में भी माप लिए थे। मैं तब जेल में था। चाहने पर और उनके ज़मानत पर छुड़ा ले जाने का यत्न करने पर भी न जा सका। अब वह शिकागो में काम कर रहे हैं। अब भारत में इस विषय के प्रमुख अन्वेषक प्रोफ़ेसर भाभा और मेरे ही कॉलेज के डॉ. गिल हैं। डॉ. गिल हिमालय में दो अभियान कर आए और अब विमान द्वारा भूमध्य-मेखला के ऊपर के वायुमंडल के अध्ययन में लगे हैं। प्रोफ़ेसर ऑगुस्त पिकार एक पनडुब्बी बना रहे हैं जिसमें बैठ कर गिनी की खाड़ी में वह समुद्र-तल के तीस-हज़ार फ़ुट नीचे जा कर किरणों का मापन करेंगे। उनके भाई जां पिकार आकाश में और ऊँचा उड़ने की तैयारी कर रहे हैं। रूसी वैज्ञानिक ज़्दानोव भी परमाणु पर कॉस्मिक किरणों के प्रकाश की खोज में लगे हैं और इसी के लिए इन्हें एक लाख रूबल का 'स्तालिन पुरस्कार' मिला है।

सन् 1937 में प्रो. ब्लैकेट ने सिद्ध किया कि कॉस्मिक किरणें मुख्यतया एक नए विद्युदाविष्ट अणु की धारा होती हैं, जो इलेक्ट्रान से दो सौ गुना भारी होती है और जिसे उन्होंने 'मीसन' का नाम दिया। उनके प्रमाण से समुद्र तल पर आपतित किरणों में 75 प्रतिशत मीसन होते हैं और शेषांश में इलेक्ट्रॉन, प्रोटॉन और गामा किरणें।

ब्लैकेट ने अनुमान किया कि मीसन तब उत्पन्न होते हैं जब कॉस्मिक किरणें वायुमंडल के बाहरी स्तरों में परमाणु-केन्द्रकों पर आपतित होती हैं और केन्द्रकों को भेद देती हैं। मीसन प्रभूत वैद्युतिक ऊर्जा ले कर भूमंडल पर गिरते हैं। इस ऊर्जा का 'पोटेंशियल' 100 करोड़ वोल्ट से अधिक होता है और भेदकता इतनी कि जल के नीचे 3 हज़ार फ़ुट गहरे तक उनका प्रभाव पहुँचता है।

अब अनुमान किया जाता है कि मीसन ही परमाणु के केन्द्र को बाँधे रखता है और विस्फोटित होने से बचाता है। इससे केन्द्रक के स्थायित्व का भी कारण समझ में आ जाता है। किन्तु, इस प्रश्न का अभी तक कोई उत्तर नहीं मिला कि कॉस्मिक किरणें आती कहाँ से हैं, उत्पन्न कैसे होती हैं; अर्थात् किरणें अभी तक 'आकस्मिक' ही हैं। आरम्भ में जिसे कॉस्मिक किरण कहा गया था, वह वास्तव में उनसे उत्पन्न होने वाला द्वैतीयिक प्रभाव ही था। एक अनुमान यह है कि कॉस्मिक किरणें आकाशगंगा के पार कहीं शून्य में उत्पन्न होती हैं। कैसे उत्पन्न होती हैं, इसका उत्तर यह दिया जाता है कि कार्बन, नाइट्रोजन, ऑक्सीज़न, अलुमिनियम, सिलिकन आदि के परमाणुओं के विनाश से ये किरणें उत्पन्न होती हैं। ब्लैकेट कहते हैं कि "मेरा अनुमान है कि ये किरणें उस युग का अवशेष हैं जब विश्व अभी नया था। सम्भव है कि वे करोड़ों वर्ष पहले सृष्टि के किसी सुदूर कोने में होने वाले किसी विश्वव्यापी विभ्राट् से उत्पन्न हुई हों। जो भी हो, यह खोज का रोचक क्षेत्र है।"

संक्षेप में, यही कॉस्मिक किरण-सम्बन्धी ज्ञान की वर्तमान अवस्था है। किन्तु, हम यंत्र के अधीन नहीं थे। ढाँचे में चलते हुए भी हमारा जीवनानन्द अनेक रन्ध्रों से फूट निकलता था।

छोटे जोशी का किसी अज्ञातपूर्व जलजात उद्‌भिज को खोज कर उसे अपना नामराशि बनाने का स्वप्न पूरा न हुआ था। बल्कि अभी तक उस झील में कहीं किसी परिचित उद्‌भिज का भी चिह्न न मिला था, काई तक का नहीं। हम लोग जब-तब उन्हें चिढ़ाते थे, और वह आवेश में आ कर घूमने निकल जाते थे और घंटों की खोज के बाद लौटते थे-पर फिर भी रिक्तहस्त।

हम लोग पीने के लिए पानी झील में से लाते थे। किन्तु किनारे से नहीं, कुछ दूर नाव में जा कर। एक दिन गुरुजी नाव खे रहे थे और मैं पानी भर रहा था। कमंडल भरकर निकाला, तो उसमें कुछ तिर रहा था। धागे की गाँठ और उससे

निकले हुए तीन–चार तन्तु–शायद हमारी किरमिच की नाव से अलग हो गए हों। मैं पानी फेंकने ही जा रहा था कि गुरुजी ने कहा, ''ठहरो, यह कोई नया उद्‌भिज है। जोशी को दीखाना होगा।''

मैंने कहा, ''ठीक तो है। लेकिन कहिएगा आप, मुझे हँसी आ जाएगी।''

उसे निकाल कर हमने गिलास में रखा। पानी भर कर ले आए।

गुरुजी ने छोटे जोशी से कहा, ''देखो हम एक नया पौधा लाए हैं, काई की जाति का जान पड़ता है; पर हरा नहीं, सफ़ेद–सा है।'' फिर मेरी ओर संकेत करके, ''यह तो फेंके दे रहा था, मैंने रोक दिया।''

गुरुजी की विशेषता थी कि हँसने की बात पर हँसते नहीं थे, और भी गम्भीर चेहरा बना लेते थे। उनकी इस वैज्ञानिकोचित गम्भीरता से प्रभावित हो कर छोटे जोशी ने कहा, ''कहाँ, देखूँ–सफ़ेद तो होगा ही, इतनी ऊँचाई पर हरा थोड़े ही होगा।''

गुरुजी ने कहा, ''हाँ, और यह सतह पर था भी नहीं, गहरे पानी का उद्‌भिज होगा न।''

छोटे जोशी ने गिलास ले लिया। मुग्ध दृष्टि से उसमें तैरते 'कुछ' को देखते रहे। फिर बोले, ''लाओ, माइक्रोस्कोप निकालो, इस की रचना स्टडी करूँगा।''

अन्वीक्षक मेरे ज़िम्मे था, क्योंकि विद्युद्‌दर्शक की फ़िल्म से माप ले कर आँकड़े लिखना मेरा काम था। रोज दो घंटे मैं यही करता था।

मैंने उचित न–नु–नच के बाद माइक्रोस्कोप उन्हें दे दिया। फिर हम लोग बाहर बैठ कर पढ़ते रहे, फिर चट्टानों से भटक आए, और कुछ समय तक मैं छेनी से एक बड़ी शिला पर अपनी मंडली के नाम खोदता रहा। सोचा गया था कि यह स्मारक आगमिष्यत् दर्शकों के लिए वहीं स्थापित कर जाएँगे।

एक बजे खाना आया, तो जोशी अभी माइक्रोस्कोप पर ही थे। बुलाया तो बोले, ''इस की स्ट्रक्चर अभी तक समझ में नहीं आई–है तो मॉस (काई) ही, पर इस की टिशू–स्ट्रक्चर (शिराओं की रचना) कुछ अजीब है।''

मैंने बाहर से कहा, ''ज़रूर होगी। पर अभी खाना खाने आइए।''

ज़बरदस्ती उठा कर उन्हें खाना खिलाया गया। उसके बाद मेरी माप लेने की बारी थी, मैंने कहा, ''माइक्रोस्कोप मुझे चाहिए।'' ज़िद करने के बाद वह उठे, उठ कर उन्होंने अपने उद्‌भिज को फिर गिलास में डाला और माइक्रोस्कोप के पास रख कर बोले, ''तुम्हारा काम खत्म हो जाए तो मैं फिर देखूँगा।''

मैंने कहा, ''अच्छा।''

माइक्रोस्कोप सफ़री मेज़ पर रहता था। मैंने मेज़ अपनी ओर खींची तो गिलास लुढ़क गया।

छोटे जोशी ने चिल्ला कर कहा, "अरे मेरा पौधा!" किन्तु गिलास उठाया तो उसमें कुछ नहीं था। छोटे जोशी ग़ुस्से से कुछ बोल न सके। मेरी ओर देखते रहे, उनके ओठ नि:शब्द फड़कते रहे।

मैंने कहा, "हुआ क्या फिर!"

उनका ग़ुस्सा उभर आया, शब्द भी उन्हें मिले, "तुम कहते हो, हुआ क्या? तुम्हें क्या मालूम क्या हुआ!"

गुरुजी ने शह दी। मुझ से बोले, "न्यूटन की नौकरानी के बाद विज्ञान के दूसरे अहितकारी तुम हो।"[1]

छोटे जोशी एक तरफ़ उदास हो कर बैठ गए। गुरुजी ने कहा, "नेवर से डाई, जोशी–शायद और पौधा मिल जाए। एक अगर नाव से सटा हो सकता है तो दो भी हो सकते हैं।"

जोशी उछल पड़े, "चलिए, देखें।"

दोनों नाव की ओर चले। पीछे-पीछे मैं भी। नाव पानी से निकाल कर सूखे में रखी हुई थी, चारों ओर से उसे देखा गया। तब गुरुजी ने झुक कर किरमिच की सीवन से एक गुथीला धागा तोड़ कर कहा, "लो, इसे पानी में डाल लो, अभी मुरझाया है, ताज़ा हो जाएगा।"

छोटे जोशी अवाक् उनकी ओर घूरते रहे। थोड़ी देर बाद मुड़े और मुझे घूरने लगे। फिर चुपचाप तम्बू की ओर लौट गए। उसके बाद तीन दिन वह मुझ से बोले नहीं, एक दिन तो खाना भी न खाया।

हम लोगों के साथ दो विद्युद्दर्शक थे। एक छोटा, जिसे हम 'तोते का पिंजरा' कहते थे, और जो पहले अभियान में भी हो आया था; एक बड़ा, जो इसी अभियान के लिए तैयार किया गया था। लगभग 150 फुट की गहराई तक इसको रखा जा चुका था। एक दिन 200 फुट नीचे डाला गया तो देखा, उसके भीतर पानी चला गया है। बाहरी वर्म के टाँके उतने पानी का दबाव न सह सके थे। टाँका लगाने का सामान तो हमारे पास था, पर उस ऊँचाई पर आग की शिखा उतनी गर्म न होती थी, और हवा का दबाव बढ़ाने के साधन हमारे पास न थे। अत: कोंसरनाग से माहीनाग तक उतर कर टाँका लगाया गया और फिर कोंसरनाग परीक्षा के लिए लाया गया; माहीनाग का पानी गहरा न था। आना-जाना एक दिन का काम था और टाँका सफल न होने के कारण तीन-चार बार जाना पड़ा। इस प्रकार हमारा तीन सप्ताह का अभियान लम्बा होने लगा। इस बीच एक दुर्घटना घटी।

बड़े विद्युद्दर्शक को 250 फुट गहरा डाला गया। विद्युद्दर्शक को एक लम्बी रस्सी के कुंडे में अटका कर डाल देते थे, ऊपर का सिरा एक तैरने वाले ड्रम के

---

1. न्यूटन की नौकरानी ने उनके कमरे की सफ़ाई करते हुए उनके शोध ग्रन्थ के जहाँ-तहाँ बिखरे पड़े पन्नों को समेट कर आग के हवाले कर दिया था।

साथ लगा रहता था। समय होने पर यंत्र को ऊपर खींच कर रस्सी से अलग कर लेते थे, और आवश्यक परिवर्तन के बाद फिर लटका देते थे। झील की गहराई कितनी थी इस की थाह न पा सके। 350 फ़ुट तक गहराई हमने नापी थी और हमारी रस्सी चुक गई थी। साधु हम लोग थे नहीं कि गहराई मापने के चरम उपाय बरतते![1]

दो घंटे बाद गहराई बदलने जाना चाहिए था, किन्तु उस दिन तेज़ हवा थी और झील में फेन-लहरें उठ रही थीं। हमरी किरमिच की खटिया-सी नौका उसमें नहीं जा सकती थी। तीन घंटे बाद जब हम पहुँचे तो रस्सी ढीली करने पर वह कुछ हलकी-सी मालूम हुई। उसे खींच कर निकाला गया। वह क्रमशः हलकी होती हुई ऊपर उठी और काँपते हाथों से गुरुजी ने जब उसका अन्तिम अंश निकाला तो देखा, उसके नीचे कुंडा छूंछा लटक रहा था; विद्युद्दर्शक नहीं था!

जो लोग कम बोलते हैं, वे यों ही मुझे अच्छे लगते हैं। किन्तु जो लोग काम के वक़्त एक शब्द भी नष्ट नहीं करते, उनके सामने मैं श्रद्धा-विनत हूँ।

गुरुजी ने रस्सी पानी में डाल दी, तैरने वाले ड्रम को देखा, और एक बार चारों ओर नज़र दौड़ा कर उसकी स्थिति मानो निश्चित कर ली। फिर बोले, ''वापस ले चलो, वी मस्ट ड्रैग द लेक।''

मैंने चुपचाप डाँड खेना शुरू किया। मन ही मन गणित के एक प्रश्न से उलझा रहा। अढ़ाई मील लम्बी, पौन मील चौड़ी झील में कितने वर्ग गफ़ होते हैं, और हमारी, दो वर्ग गज़ की नौका, घंटे में दो मील की चाल से, कितने घंटे या दिन-सप्ताहों में उसे नाप सकेगी? कुएँ में काँटा डाल कर निकाल लेना एक बात है; यहाँ पर, इतना बड़ा प्रसार जिसमें ठीक स्थान का पता नहीं; ड्रम तैर रहा है अवश्य, पर हवा उसे कितनी दूर ले गई होगी क्या पता, फिर विद्युद्दर्शक के ऊपर इतना छोटा कुंडा है कि उसे अटकाना लगभग असम्भव है। फिर हमारे पास कांटे कहाँ हैं? एक ड्रम में लगा है, एक दूसरे विद्युद्दर्शक का निकाल लेंगे, एक फालतू है, तीन सीधे काँटों से क्या होता है? झील की गहराई न जाने कितनी है; अगर हम विद्युद्दर्शक को देख भी लें तो भी उसे खींचना सम्भव नहीं...

किन्तु बोलना व्यर्थ था। कर्म बहुत से आघात सहने का एक-मात्र उपाय होता है-फिर कर्म वह कितना ही असंगत क्यों न हो...

---

1. पहाड़ों में एकाधिक झील के बारे में ऐसी प्रसिद्धि है कि उसकी गहराई अतल है। उसे एक साधु ने नापना चाहा था और इस के लिए वह दस वर्ष तक रस्सी बटता रहा। फिर पत्थर बाँध कर उसने रस्सी डालना शुरू किया, किन्तु रस्सी चुक गई, थाह न मिली। तब उसने हार कर अपनी जटा भी रस्सी के छोर के साथ बाँधी और स्वयं पानी में कूद पड़ा। ''जिन खोज तिन पाइयाँ, गहरे पानी पैठ'' का यह अच्छा उदाहरण है और रूपक के तौर पर इस कथा का अपना सौन्दर्य है, किन्तु झीलों की भौतिक गहराई की माप यों ही नहीं हो सकती, ऐसी हमारी धारणा थी।

उस दिन, दूसरे दिन, तीसरे दिन हम लोग पागलों की तरह झील के मध्य-भाग के चक्कर काटते रहे। नाव में दो ही बैठ सकते थे; मैं डाँड खेता, गुरुजी रस्सी डालते-जब मैं थक जाता तो किनारे जा कर जोशी जी से बदल लेता, वह डाँड खेते। हम तीनों बारी ले लेते, किन्तु गुरुजी जो रस्सी ले कर बैठे तो बैठे ही रहे। खाने-पीने की उन्हें सुध नहीं थी, हम लोगों के बहुत आग्रह करने पर यह सोच कर कि उनके न खाने से हम भी न खाएँगे वह दो कौर मुँह में डाल लेते। तीन दिन में उनके चेहरे का रंग ही और हो गया था, और इतने दिनों में बढ़ा हुआ वज़न फिर बराबर हो गया था। बड़े जोशी जी का तो कहना था कि उनके बाल भी अधिक पक गए हैं देखते-देखते...

दूसरे दिन गुरुजी ने कहा, "नया यंत्र बनाने में कम-से-कम चार महीने लगेंगे; पिछली बार तो साल लगा था। यह साल तो गया।"

तीसरे दिन उन्होंने कहा, "अब तोते के पिंजरे से ही जितना काम लिया जा सके। कुछ तो नतीजा ले कर जाना चाहिए।"

हमने कहा, "हाँ।" और सब लोग काम में लग गए। पिछले तीन-चार दिन में किसी ने हजामत नहीं बनाई थी। अब मानो समझौता-सा हो गया कि काम पूरा हुए बिना दाढ़ी न बनाई जाएगी।

काम और भी उत्साह से चलने लगा। किन्तु उत्साह जितना हो, काम तो अब कम था, और समय बहुत मिलता था। हमारा प्रवास लम्बा होता जा रहा था, और रसद की भी व्यवस्था करनी थी, अतः आठ दिन की रसद रखा कर एक घोड़े वाले को चिट्ठी और ऑर्डर दे कर श्रीनगर भेजा गया। लौटते हुए शुपियाँ एक दिन में पहुँच सकते हैं, इस प्रकार पाँच दिन में आना-जाना हो सकता था; श्रीनगर में दुकान से पहले ही व्यवस्था कर ली गई थी कि ऑर्डर मिलने पर सामान भेज देंगे। तीन दिन की गुंजाइश रखी गई है, यह सोचकर हमारा खाने का क्रम पूर्ववत् चलता रहा।

एक दिन गुरुजी ने कहा, "तुम्हारा वह समाधि-लेख तैयार हुआ कि नहीं?"

मैंने कहा, "कैसा समाधि-लेख?"

"हमारे खोए विद्युद्दर्शक का समाधि लेख, बल्कि सारे अभियान का।"

मैंने मन ही मन सोचा, गुरुजी अब विद्युद्दर्शक को ले कर ठट्ठा करने लायक हो गए, अब ठीक है। कहा, "नहीं तो, पूरा कर दूँ?"

"ज़रूर।"

तीन दिन और नाम उकेरने में लगा कर मैंने शिलालेख तैयार कर दिया, 'कॉस्मिक रे एक्सपेडिशन, अगस्त, 1939', इस के बाद चारों के नाम और कॉलेज का नाम। इस शिला के आस-पास बैठ कर फ़ोटो भी लिया गया। मैंने फ़ोटो लिया, अतः मेरे स्थान पर एक टोपी रख दी गई।

अब उस अभियान का स्मारक फ़ोटो ही हमारे पास बचा है।

पाँच दिन हो गए।

रसद नहीं आई।

'कल आएगी', आ जाएगी सोच कर छठा दिन भी बीता, सातवाँ भी, आठवें दिन का राशन दो हिस्सों में बाँट लिया गया; रसद आ जाएगी तब खत्म करेंगे।

नवाँ दिन आ गया।

उतनी ऊँचाई और ठंड में शरीर की शक्ति और गर्मी बनाए रखने के लिए यथेष्ट और पौष्टिक भोजन अनिवार्य था। गूजरों से हमें जो दूध मिल जाता था, उसका बड़ा सहारा था। यों उसका स्वाद तो बहुत से स्वादों और गन्धों का मिश्रण होता था जिनमें पहाड़ी अजवायन की गन्ध मुख्य थी, पर उस वैचित्र्य के हम आदी हो गए थे।

अब रसद चुक जाने पर दूध ही रह गया। इधर दूध भी कम सुलभ हो गया था। गूजरों का नीचे को निर्यात आरम्भ हो गया था। फिर दूध से जी न भरता था। पहाड़ी दूध में घी का अंश भी बहुत कम होता है–घास–बूटी खा कर क्या मक्खन हो; फिर निरे पेय से काम नहीं चलता, कुछ चर्व्य अवश्य होना चाहिए। गुरुजी ने बताया कि वहाँ घास में होने वाले एक जंगली पौधे का शाक बन सकता है; वह उसे खा कर दिन काट चुके थे। इस बहुत छोटे पौधे की पालक–सी चौड़ी पत्ती होती, है बीच में एक लम्बे डंठल पर पीला फूल लगता है जो झरने पर रुई का गेंद–सा बन जाता है। तोड़ें तो डंठल से दूध निकलता है, हमने बहुत–सी पत्ती इकट्ठी करके साग बनाया, नमक कुछ बचा हुआ था; साग कड़ुवा था, किन्तु पेट तो भरता था और 'खवास' को भी शमित करता था। उसके बाद दूध पी लेते। अब भी जैसे–तैसे पाँच–छः सेर दूध हमें मिल ही जाता था; उसके लिए ज़्यादा खोज अवश्य करनी पड़ती थी।

पाँच दिन के अति–सात्त्विक भोजन के बाद घोड़े वाला आया। मालूम हुआ कि रास्ते में जब उसे ध्यान आया कि वह अपनी ससुराल से केवल तीन मील के फ़ासले से जा रहा है, तब उससे न रहा गया और वह स्त्री को देखने चला गया। जाती बार दो दिन वहाँ रह गया था; आती बार सीधा ज़रूर चला आता, किन्तु जिस दिन उसे लौटना था उस दिन ससुराल वालों ने सेदाऊ में आदमी बिठा रखा था; उसे फिर वहाँ जाना पड़ा नहीं तो बीवी से लड़ाई हो जाती। और बीवी को ख़ुश करने के लिए वह हमारे राशन में से दो टीन मुरब्बे के और थोड़ी चीनी उसे दे कर तब कहीं आ पाया है।

उसकी इस करुण कहानी ने वातावरण हलका कर दिया। गुरुजी ने कहा, "आज शेव कर डालना चाहिए।"

मैंने कहा, "ख़ानसामाँ को स्पेशल ऑर्डर देना चाहिए आज।"

शिलालेख के आस-पास धूप में हम लोग नंगे बदन अपना-अपना उस्तरा-साबुन ब्रुश-कटोरा ले कर बैठ गए। क्षौर-यज्ञ आरम्भ हुआ।

तभी देखा कुंगवतन की ओर की ढाल से दो-तीन अजनबी चले आ रहे हैं। तम्बू देख कर पहले तो वे ठिठके-हम लोग भी उस समय प्रागैतिहासिक वनौकस यूथ-से उन्हें दीखे होंगे शिला के आस-पास किसी अभिचार में निरत!-किन्तु फिर चले आए। हमारे इतने लम्बे प्रवास में यही एक टोली कोंसरनाग आई; ये लोग भी छू-कबड्डी के खिलाड़ी से ही आए थे और थोड़ी देर में चाय पी कर जाने वाले थे। हमने उन्हें रोक कर अपने 'स्पेशल ऑर्डर' के खाने में न्यौत लिया।

खाना खाते समय उन्होंने पूछा, "इस दूर स्थान में भी आप लोग इतना बढ़िया खाना रोज खाते हैं?"

हमने कहा, "जी नहीं, यह तो आप लोगों के सम्मान में है।" यह बिलकुल सच तो नहीं था, पर उससे पहले दिन तक तो हम लोग बूटियाँ उबाल कर ही दिन काट रहे थे, इसलिए झूठ भी नहीं था।

उनमें से एक ने कहा, "तब तो आप ने हजामत भी हम लोगों के सम्मान में बनाई है, हम बहुत आभारी हैं आप के।"

गुरुजी ने कहा, "असल में हम आप लोगों को अपने एक साथी का श्राद्ध खिला रहे हैं; वह इसी झील में डूब गए बिचारे!"

"कब?" वे लोग सहसा शंकित-चिंतित हो आए।

मैंने कहा, "आज तेरही तो है। वह देखिए न उनका समाधि लेख!"

और इतनी अवधि में 'देसवालिये' कोई वहाँ नहीं आए। आते थे गूजर लोग, जिनके लिए हम लोग अद्‌भुत जन्तु थे। वहाँ साधारण लोग तो रहते नहीं, फिर हम लोग झील में नहाते थे, और तैरते थे, जब कि गूजर लोग कभी मुँह धोने के लिए भी उस पानी को नहीं छूते थे; बड़ी झील में जिन्न जो बसता है! हम लोग जब नहाने जाते तब वे पीछे-पीछे जाते और किनारे बैठे देखते रहते, और जब नाव झील पर जाती तब का तो कहना ही क्या! पहली बार हम लोग नाव ले गए तब जिन्होंने देखा उन्होंने पुकार कर सबको बुला लिया, और लगभग तीन सौ व्यक्तियों की भीड़ ने हमारा सन्तरण देखा।

इस के बाद एक दिन लम्बी दाढ़ी और तीखी आँखों वाला एक पगड़धारी व्यक्ति हम से मिलने आया। वह स्पष्ट ही उत्तर-पश्चिम सीमाप्रान्त का व्यक्ति था, और लबादे और झोले से कुछ-कुछ फ़कीरनुमा मालूम होता था; मगर उसकी आँखों की नाप-तौल कर आँकने वाली नज़र, उसके कुछ फूले शिथिल विलासी गाल, और ओठों की कोर से नीचे जाती हुई गहरी क्रूर रेखाएँ आग्रहपूर्वक कहती थीं कि उसकी वासना और चाहे जिधर रत हो, अध्यात्म की तरफ़ नहीं थी...

वह आ कर हमारे तम्बू के सामने बैठता हुआ बोला, 'अस्सलामालेक्।'

हमने कहा, 'वलेकुम्।'

"सब ख़ैर?"

"अल्लाताला की मेहर है।"

वह हम लोगों को आँखों से तौल कर मोल आँकता रहा। हम भी कौतूहली दृष्टि से देखते रहे।

अब वह गुरुजी को सम्बोधन करके बोला, "हुज़ूर के वास्ते तोहफ़ा लाया हूँ।" एक मिट्टी की हँडिया उसने आगे बढ़ाई।

"शुक्रिया। क्या चीज़ है इसमें?"

"हुज़ूर दूध है।"

गुरुजी ने मेरी ओर देखा। इशारों में हम लोगों ने बात कर ली। गुरुजी ने कहा, "आपका बहुत शुक्रिया। लेकिन हम लोगों को ज़रूरत के माफ़िक दूध तो गूजर लोग देते हैं। बग़ैर ज़रूरत के चीज़ नहीं लेनी चाहिए।"

मैंने कहा, "साहब मुफ्त कोई चीज़ नहीं लेते हैं।"

"तो हुज़ूर जो चाहे दाम दे दीजिए।"

"कैसा दूध है, गाय का कि भैंस का?"

वह तनिक रुक कर बोला, "हुज़ूर भैंस का।"

मैं समझा कि वह कुछ झिझका कि झूठ बोल दे, पर अन्त में सच बोल रहा है। मैंने कहा, "भैंस का दूध तो हम लोग नहीं पीते। गाय का होता तो ले लेते।"

उसने फुर्ती से कहा, "हुज़ूर, यह तो गाय का दूध है। भैंस तो इस मुल्क में है ही नहीं।"

यह बात तो ठीक थी। गूजर भैंस पालते हैं, अवश्य, लेकिन यायावरों में गाय ही प्राय: होती है, भैंस को जहाँ-तहाँ ले जाया नहीं जा सकता। और उधर भैंस हमने कहीं देखी भी न थी। किन्तु वह पहले क्यों झूठ बोला?

हमने कहा, "तुम पहले झूठ क्यों बोले, अब कुछ यक़ीन नहीं कैसा दूध है।"

"हुज़ूर सो तो आपको ख़ुश करने को कहा; हम समझा आप गाय का दूध नहीं पीते हैं।"

"न भी पीते तो भी क्या, झूठ तो झूठ है।"

दूध न लिया गया। पर वह टला नहीं। बड़े जोशी जी ने कहा, "यह तो डाकू मालूम होता है, टोह लेने आया है।"

किन्तु अवांछित अतिथि को भी कैसे खदेड़ा जाए। हम लोग अपने-अपने काम में लगे। वह बैठा देखता रहा।

जब हम नाव ले कर पानी पर चले, तब भी वह किनारे पर बैठा देखता रहा। हम जब लौटे तब भी वहीं था। किन्तु तब बोला, "हुज़ूर, नाव पर जाना ठीक नहीं है।"

"क्यों?"

"उस में जिन्न रहता है। बहुत ख़तरनाक जिन्न है। इबलीस[1] है।"

हम हँस दिए।

उसने फिर पूछा, "यह पिंजरे में क्या है?"

गुरुजी ने हँस कर कहा, "यह हमारा जिन्न है। बहुत ताकतवर जिन्न है।"

उसने गम्भीर हो कर सुना। जान पड़ा उसे विश्वास हो गया है। और वह मन-ही-मन जो हिसाब लगाता रहा, वह भी हम समझ सके। इन लोगों का जिन्न ताक़तवर है, इन्होंने अपना जिन्न झील में छोड़ कर झील के जिन्न को पिंजरे में बन्द कर लिया है, इसी लिए ये बेखटके घूमते हैं...

उस दिन वह चला गया। फिर वह रोज़ आने लगा, और क्रमशः उसके गुण हम पर प्रकट होने लगे।

वह जादूगर था। गूजरों का मंत्री, पुजारी, वैद्य, जर्राह, साहूकार, पुरोहित, मास्टर-सब-कुछ वह था। जिस गूजर की गायें सूखी होतीं उसे वह ज़रूरत के अनुसार रुपया देता, और सौदा पटा लेता कि अगर बछड़ा होगा तो उस का-बछड़े गूजरों के कम काम आते हैं-और इस के अलावा दूध वह जितना लेगा बत्तीस सेर के भाव, या घी बनवा कर लेगा तो रुपये का चार सेर...यह दूध-घी वह गूजरों को ही नाममात्र मज़दूरी दे कर शुपियाँ के निकट अपने आदमी के पास पहुँचाता, वहाँ उसे अढ़ाई-गुने दाम मिलते। गूजरों की भेड़ों की कुल ऊन वह ख़रीदता, और खाने के लिए जब-तब एक भेड़ रूंगे में मिल जाती। और अपने इस साहूकारे की धाक बनाए रखने के लिए बाक़ी सब पेशे भी करता। गूजरों के तीस-एक बच्चों को वह पढ़ाता-उसके मदरसे की पढ़ाई थी दस तक गिनती और एक रुपये के आने और आनों के पैसे बनाने तक का गणित; 'लाइलाहाइल्लिाह, मुहम्मद रसूल इल्लाह' तक धर्म और बस। 'ऊँची कक्षाओं' को पढ़ाने के लिए एक पुस्तक भी उसके पास थी-इसे सामने रख कर वह क्लास को व्यावहारिक ज्ञान सिखाता था। कौतूहलवश यह 'टेक्स्ट बुक' मैंने देखी थी-मैल की पपड़ी जमे बेठन के भीतर उर्दू की 'स्त्रियों के गुप्त रोग और उनकी चिकित्सा' की चालीस पृष्ठ की फटी-सटी पुस्तक जो किसी कम्पनी ने अपनी दवाओं के सूचीपत्र को आड़ देने को छापी थी!

वही गूजरों का डॉक्टर भी था। जब-तब जड़ी-बूटी देता था; कभी तली हुई गिरगिट, दूध में उबाल कर मक्खन में छौंके हुए केंचुएँ या राब में पकाए हुए मेंढक, या सींग घिस कर बनाई हुई बटी, या अन्य ऐसी चमत्कारी दवाएँ भी दिया करता था, जिनका नाम सुन कर रोग भाग जाए और जिन्हें खाने पर न होता हुआ रोग भी आ लगे! सबसे कम ख़तरनाक औषध शायद राख और कपूर का चूर्ण था जो वह सब चक्षु-रोगों में सुरमे के रूप में देता था। मोटे 'प्लास' से डाढ़ भी वह

1. शैतान

उखाड़ सकता था। एक बुढ़िया गूजरी हमने देखी जिसका सामने का एक दाँत बिलकुल सीधा सामने को निकला हुआ था; मालूम हुआ कि हकीम साहब ने उसके प्लास से दाँत न खिंचवाने पर दूसरी तरक़ीब यह बताई थी कि दाँत के चारों ओर ताँत का डोरा बाँध कर उससे पत्थर लटका छोड़े–दाँत धीरे-धीरे निकल जाएगा। दाँत निकला तो नहीं, किन्तु भार से थक कर बुढ़िया के किसी चट्टान पर माथा टेक कर बैठ रहने के कारण वह मुड़ कर सामने को उग आया। तब से दर्द भी कम हो गया (जिसका श्रेय हकीम साहब को मिला–या उन्होंने लिया)।

एक दिन उसने नाव में सैर करनी चाही। मैं तो राज़ी हो जाता–मैं सोचता था कि गूजरों में से कोई भी झील के आतंक से मुक्त हो सके तो वह उन्नति की ओर एक क़दम होगा–पर गुरुजी ने मना कर दिया। उन्होंने सोचा कि अगर यह पानी पर डर गया तो नाव डुबा देगा, और अगर सकुशल लौट आया तो गूजरों पर और भी धाक जमाएगा कि साहब ने अपना जिन्न मेरे हवाले कर दिया था, कि झील के जिन्न को क़ाबू करने का मंत्र मुझे दे दिया, या ऐसा ही कुछ। इस प्रकार गूजरों के जीवन पर उसकी जकड़ और कड़ी होगी और वे और गहरे दलदल में जा फँसेंगे...

'सृष्टि का सिरताज मानव' शक्ति के घोड़े पर चढ़ कर पतन के कितने गहरे गर्त में जा सकता है, इस की कोई सीमा नहीं है...

दूसरी सितम्बर को तड़के उठ कर बाहर निकला तो पंखों की फड़फड़ाहट सुन कर चौंका–कोई परेवे वहाँ नहीं देखे थे। फड़फड़ाहट झील की तरफ़ से आ रही थी।

फीके प्रकाश में देखा, झील की नीलिमा पर कुछ सफ़ेद तैर रहा है। बर्फ़ के टीले तब तक गल चुके थे। सहसा पहचाना कि यह जल-पक्षियों का झुंड है...मुरगाबियों की कोई जाति।

उस समय तीन-चार अलग-अलग झुंड थे। कुछ पक्षी सफ़ेद, कुछ भूरे-से। दोपहर तक बीसियों झुंड हो गए।

घोड़े वाले ने कहा, "हुज़ूर, अब यहाँ से चलना चाहिए। परसों बर्फ़ पड़ेगी।"

"कैसे मालूम है?"

पता लगा कि दूसरी या तीसरी सितम्बर को ये पक्षी झील पर उतरते हैं, और उनके पीछे-पीछे बर्फ़ आती है–तीसरे दिन अवश्य ही झील पर बर्फ़ पड़ती है–तब तक पक्षी अन्यत्र चले जाते हैं।

हमारा काम–जितना वह हो सकता था–लगभग पूरा हो गया था। तीन सितम्बर को प्रातः काल हम लोगों ने कूच किया, शाम को शुपियाँ पहुँच गए। तब बदली घिर रही थी, और पीछे कोंसरनाग की ओर स्पष्ट ही तूफ़ान के आसार हो

रहे थे। मन-ही-मन हमने देखा-हमारा शिलालेख देखते-देखते बर्फ़ से ढक गया है। फिर झील पर पपड़ी जमने लगी है। मानो झील के जिन्न ने सहसा क्रुद्ध हो कर हमारे अनधिकार पद-प्रक्षेप का चिह्न-मात्र मिटा देने का निश्चय किया हो। कहाँ कोंसरनाग का चिरन्तन जिन्न, और कहाँ चार अज्ञ, अकिंचन मानव-द्विपद! क्या हुआ अगर वे कॉस्मिक किरणों की खोज में आए हैं-वे खोजी ही तो हैं जब कि जिन्न अपने चौड़े स्फटिक वक्ष में आकाश के अकथ रहस्यों को मुकुरित करता रहा है-न जाने कब से!

यों तो कोंसरनाग यात्रा का-और कॉस्मिक रश्मियों की खोज के उस अभियान का-यहाँ अन्त हो जाता है। किन्तु उसका अन्त स्वयं एक कहानी है, जिसका आरम्भ हम लोगों के श्रीनगर पहुँचते-पहुँचते हो गया।

हमारे पीछे श्रीनगर में बाढ़ आ गई थी। किसी चित्रकार की निष्कंप तूली से लिखी हुई-सी आँकी-बाँकी वितस्ता, सब सीमाएँ लाँघती हुई श्रीनगर की चौड़ी उपत्यका को भरती जा रही थी। पामपुर वाली सड़क के पास जल हिलोरें लेता हुआ देखा था, श्रीनगर पहुँचे तो पता लगा कि बन्ध के टूट जाने का डर है। इसलिए सेना को बुला कर उस पर तैनात कर दिया गया है। बंध नदी के किनारे पर मिट्टी थोप-थोप कर बनाया हुआ ऊँचा कगार है, जिसके साथ-साथ श्रीनगर की बड़ी-बड़ी दुकानें भी चलती हैं किन्तु श्रीनगर के संकट से भी अधिक चिन्तनीय बात हमारे लिए यह हुई कि हमने होटल में जो स्थान माँग रखा था वह हमें नहीं मिला-बाढ़ के कारण बहुत से जाने वाले रुक गए थे और बहुत से सैलानी श्रीनगर में जमा हो गए थे और सब होटल भर गए थे-बरामदों में लोग पड़े थे।

उधर ताँगे हमारा सामान उतारने को उतावले थे। हमने बन्ध पर ही सब सामान उतार कर ख़ानसामाँ को वहाँ बिठाया और बजरों (हाउस बोटों) में स्थान ढूँढ़ने चले; पर कोई रात रहने देने को राज़ी न हुआ। पानी अब भी घरघराता हुआ चढ़ रहा था, बजरे वाले सब सजग बैठे थे और वज़न बढ़ाने को तैयार न थे।

बहुत कह-सुन कर एक विराट् हाउस-बोटों में बने हुए होटल के मैनेजर को राज़ी किया कि हम चारों को रात-भर के लिए स्थान दे दें, और ख़ानसामाँ को होटल के नौकरों वाले डोंगे में-जिसके पचास रुपए देना ठहरा। किन्तु हम लोग जब बन्ध से अपना सामान उठवा कर पहुँचे, तब सामान को देखते ही उसने कहा, ''यह बोट पर नहीं आ सकता-आप लोग रह सकते हैं पर सामान बाहर ही रहेगा।''

इस के लिए हम तैयार न थे। हमें सामान की ही अधिक चिन्ता थी। अन्त में हम लोगों ने सामान के साथ ख़ानसामाँ को एक तिरपाल और बरसाती दे कर छोड़ा और विद्युद्दर्शक वाला बक्स और बिस्तरे ले कर आगे शरण खोजने चले। रात ग्यारह बजते-बजते आर्य-समाज के बरामदे में इतनी जगह मिल गई कि सामान

रख कर अध-लेटे हो कर सो रहें। उसमें भी हम लोगों ने सन्तोष की उसाँस ली जो शीघ्र ही प्रगाढ़ निद्रा की नियमित साँस बन गई।

सवेरे बन्ध पर ही एक अमृतसरी की दुकान पर उर्द की गर्म कचौरियाँ खाईं और दूध पिया। अमृतसर के चटोरे पारखी होते हैं और चाट वाले कारीगर; वहाँ की कचौरी और कुलफ़ी-फालूदा अद्वितीय माने जाते हैं। अमृतसर में तो कचौरी खाने की ज़रूरत ही कभी नहीं पड़ी, पर श्रीनगर के उस कचौरी वाले की प्रशंसा अवश्य करूँगा। उसकी कचौरियों पर हम लोग ऐसे मुग्ध हुए कि उससे पाँच-पाँच पैसे में चार-चार पैसे वाले लिफ़ाफ़े ख़रीद कर हम सब ने चिट्ठियाँ लिखीं। तब यह न मालूम था कि डाक से हमीं पहले पहुँचेंगे, यद्यपि हमें भी निकलते-निकलते सात दिन और लग गए।

कचौरी खा कर हमने सामान की ख़बर ली। रात में वृष्टि हुई थी। सामान बुरी तरह भीग गया था। पीछे खोलने पर मालूम हुआ कि हमारे लिए हुए चित्रों के मूल नेगेटिव-गुरुजी के, जोशी जी के, और मेरे-सब भीग कर नष्ट हो गए थे। धोए जाने से पहले ही। एक पैकेट कुछ सूखा निकला, उसे तत्काल धोया, तो उसमें निकले मेरे खोदे हुए, हमारे 'समाधि-लेख' के दो चित्र!

कुछ कहने के लिए मैंने गुरुजी से कहा, "अब इस चित्र का ऐतिहासिक महत्त्व और भी बढ़ गया। पूरे अभियान का यही चित्र बचा है।"

उन्होंने अपनी परिचित वक्र मुसकान के साथ कहा, "हाँ, और उसे चरम गौरव देने के लिए हम सबको बाढ़ में डूब जाना चाहिए था। पर मुझे तो इतिहास की अपेक्षा अपने प्राण प्यारे हैं।"

इस बात में तो सन्देह नहीं था, क्योंकि उन्हें इतिहास में रुचि कम थी। पर कभी सोचता हूँ, क्या विज्ञान के बारे में भी वह ऐसा कहते, तो सोचता ही रह जाता हूँ।

जो हो, वह परम ऐतिहासिकता भी हम लोग पाते-पाते रह गए, क्योंकि अगले पाँच-छ: दिनों से दुर्घटनाओं की ऐसी झड़ी लगी कि हमें चिंतित होने का भी समय न मिला। परन्तु, उसका वर्णन यहाँ प्रसगान्तर हो जाएगा। वह अलग एक कहानी है। यहाँ इतना ही कहूँ कि राइडर हैगर्ड के उपन्यास की भविष्यवाणी **'डेथ विल कम टु हिम स्विफ़्टली ओवर द वाटर्स'** सच न हुई, मृत्यु न आई, केवल उसकी सम्भावना की वह उत्तेजना आई जो निरे अस्तित्व में स्फूर्ति उत्पन्न करके उसे जीवन बनाती है-जीवन के भोज्य के षट्‌रसों में जो रामरस है!

परशुराम कुंड
(भूकम्प के कारण पहाड़ धँसने से अब यह लुप्त हो चुका है।)

तीस्ता नदी की दून का विमान-चित्र

ताजमहल

नज़ीर अकबराबादी
का मज़ार,
ताजगंज, आगरा

लाहौर
जो था

लाहौर
जो हो गया

फोटो :
सेठ'स,
लखनऊ

मलकंड

भल्लड़ स्तूप
तक्षशिला

दर्रा खैबर :
काफ़िला
(फोटो : अज्ञात)

मार नहर, श्रीनगर (कश्मीर)

कॉस्मिक किरण अभियान, कोंसरनाग
(बड़े जोशी, छोटे जोशी, लेखक का प्रतिभू टोप, गुरुजी)

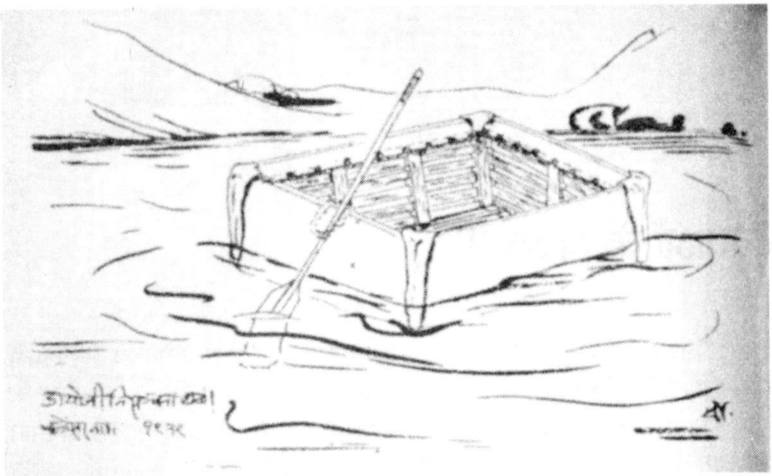

'डायोजिनिस का टब' (किरमिच की नाव)

(विद्युद्दर्शक) 'तोते का पिंजरा'

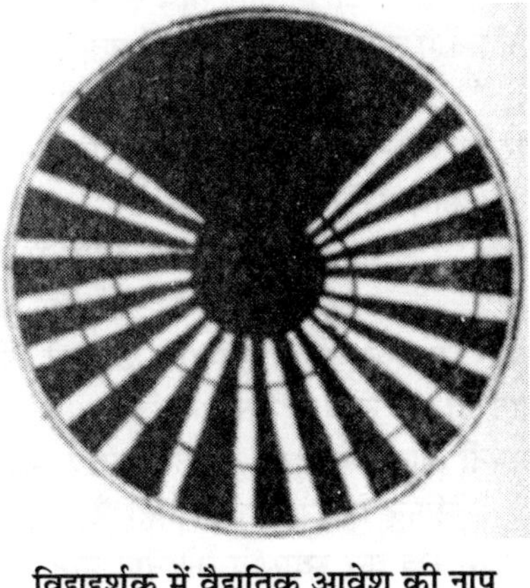

विद्युद्दर्शक में वैद्युतिक आवेश की नाप

देवताओं के अंचल में

जुलाई 1935; सिविल सेक्रेटेरियट के बड़े फाटक से बाहर निकलते ही मैंने लम्बी साँस ली। पुलिस का विभाग समाज की रक्षा के लिए और शान्ति की स्थापना के लिए बना है; लेकिन मेरा जब-जब उससे वास्ता पड़ा है, तब-तब मैं जैसे अपमान की आग में जल उठा हूँ। पुलिस की कृपा से मैंने चार वर्ष जेल में बिताए और उसके बाद भी डेढ़ साल से नज़रबन्द हूँ, इसका मुझे क्षोभ नहीं है। लेकिन उस नज़रबन्दी में जो थोड़ी-सी गुंजाइश रखी गई है कि मैं अनुमति ले कर बाहर जा सकूँ इसका मुझे जब-जब मजबूरन फ़ायदा उठाना पड़ा है, तब-तब मुझे लगा है कि मैं पुलिस के सामने छोटा हो रहा हूँ...मुझे याद आता है, जब रवीन्द्रनाथ ठाकुर लाहौर में आ कर नवाकोट में ठहरे, तब मैं उनके दर्शन करने इसी लिए नहीं गया कि जाने के लिए पुलिस से पूछना पड़ेगा। अनुमति फ़ौरन मिल जाएगी, लेकिन पूछना तो पड़ेगा, पुलिस से पूछना पड़ेगा...आज भी गिरते हुए स्वास्थ्य को सँभालने के लिए जब पहाड़ जाना आवश्यक हो गया है, तब मैंने आ कर सुपरिंटेंडेंट पुलिस (सी.बी.डी.) से अनुमति ले ली है; उन से यह आश्वासन भी पाया है कि वह मेरे किसी उचित काम में विघ्न नहीं डालेंगे और शीघ्र स्वास्थ्य लाभ करने में मेरी भरसक सहायता ही करेंगे, लेकिन मैं उन्हें क्षमा नहीं कर सकता हूँ। मेरी जेब में जो चिट्ठी पड़ी है, उसमें लिखा है, "...को अनुमति दी जाती है कि दो महीने के लिए...।" मुझे पहाड़ पर या समुद्र पर या जहन्नुम में जाने की अनुमति देने या न देने वाला कोई क्यों है?

कवि गा गए हैं–

आइ एम मास्टर ऑफ़ माइ फेट
आइ एम द कैप्टन ऑफ़ माइ सोल

और हर-एक युग में हर-एक आदमी की आत्मा ने अपने-अपने ढंग से इस की दाद दी है; लेकिन फिर भी वह अपनी तक़दीर दूसरे के हाथ सौंपता आया है, अपनी आत्मा पर दूसरे का आधिपत्य स्थापित कराने में ख़ुद साधन बनता आया है।

लेकिन मेरे पास चारा नहीं है...अपने अभिमान को पी ही जाना है...मैं उसे क़ायम रख कर स्वास्थ्य को नष्ट होने दे सकता हूँ, मुझे परवाह नहीं है; पर अभी

इतना कुछ करना है...इतने बिखरे हुए सूत्रों को समेटना है। मेरी उस लम्बी साँस की यही कहानी है।

रात ग्यारह बजे लाहौर से रेल में बैठा, तड़के चार बजे पठानकोट में गाड़ी बदल कर पालमपुर, कांगड़ा, बैजनाथ इत्यादि को लाँघता हुआ तीसरे पहर जोगेन्द्रनगर पहुँच गया।[1] वहाँ पर मंडी हाइड्रो-इलेक्ट्रिक स्कीम का केन्द्र है-उहल नदी का पानी बाँध कर दो मील लम्बी सुरंग द्वारा बिजलीघर तक लाया जाता है, और वहाँ उससे इतनी बिजली पैदा की जाती है, जो पंजाब के कई ज़िलों के लिए पर्याप्त है। कारख़ाना और नदी के हेड-वर्क्स दर्शनीय हैं, और वहाँ तक पहुँचने के लिए जिस रस्से से खिंचने वाली ट्रॉली में बैठ कर जाते हैं, उसकी सवारी भी एक चीज़ है; लेकिन यह सब मैं कई वर्ष पहले अपने छात्र-जीवन में देख चुका था, इसलिए फ़ौरन ही मंडी जाने वाली मोटर में बैठ कर मैं 'देवताओं के अंचल' कुल्लू की ओर बढ़ चला। पालमपुर के आगे खेतों की हरियाली और आकाश की नीलिमा देख कर लाहौर का अवसाद धीरे-धीरे मिटने लगा था; जोगेन्द्रनगर से कुछ पहले चीड़ के वृक्ष देख कर तबीयत एकाएक फड़क उठी थी...पृथ्वी माता के आकाश की ओर उठे हुए इन अभयद हाथों के तले रहने का सौभाग्य जिस ने पाया है, वही जानता है कि चीड़ वृक्षों को देख कर हृदय में कैसे अनिर्वचनीय रस का संचार हो आता है...लारी में बैठा, तब चित्त प्रसन्न था-यहाँ तक कि लारी जब सड़क के उतार-चढ़ाव के कारण डोलने लगी और कभी-कभी सड़क पर से बह कर जाने वाले पहाड़ी झरनों के पानी में छप-छप करके स्वयं उछलने और कीचड़ उछालने लगी, तब मैं उस यात्रा का वर्णन करने के लिए तुक़बन्दी की कड़ी पर कड़ी जोड़ने लगा। लारी के प्रत्येक दचके के साथ एक कड़ी और जुड़ जाती, तब मैं पूरी तुक़बन्दी दुहरा लेता कि याद हो जाए और पड़ाव पर पहुँच कर लिख सकूँ।

लारी का इंजन गर्म हो गया, अगली सीट पर बैठे मेरे पैर जलने लगे। मैंने लौट कर पीछे देखा; लेकिन पीछे और बुरी हालत थी। कई एक सवारियाँ वमन कर रही थीं-तीन-चार कै होने के बाद अब उन्हें इतनी सुध नहीं रही कि मुँह बाहर ही निकाल लिया करें। मैं फिर आगे देखने लगा, 'कविता' आगे नहीं चली लेकिन जिस उद्देश्य से उतनी बनी थी, उसके लिए उतनी ही काफ़ी थी। मैं अपनी छोटी बहन को साथ नहीं ला सका था, तब उसने वचन लिया था कि रोज की सैर का वर्णन उसे लिखता रहूँगा।

चार घंटे की यात्रा के बाद हम लोग दिन छिपते मंडी पहुँच गए।

---

1. अब यहाँ रेल सिर्फ़ बैजनाथ तक जाती है, बैजनाथ से जोगेन्द्रनगर का अंश आर्थिक दृष्टि से अनुपयोगी पाया गया था।

डाक बँगला दूर था; ड्राइवर ने बताया कि डाकघर के पास ही एक होटल है, और मेरा सामान कुली को उठवा दिया कि वहाँ ले जाए।

लकड़ी के दुमंज़िले मकान की दूसरी मंज़िल में छज्जे का एक कोना लकड़ी के परदे द्वारा अलग कर दिया गया था। नसैनी से चढ़ कर वहाँ जाते थे। एक तरफ़ चारपाई किसी तरह अंटा दी गई थी, बाक़ी जगह एक दरी का टुकड़ा बिछा था, जो मैल और चिकनाई की जमी हुई पपड़ी के कारण 'लिनोलियम' बन गया था। किवाड़ कोई नहीं था।

मैं कमरे में एक तरफ़ खड़ा हो गया था। नीचे बाज़ार का चौक था। सामने मंडी के महाराजों का पुराना महल, जहाँ अब कचहरी है। होटल का नौकर बिस्तर खोलने लगा। मैंने कहा, "क्या ज़रूरत है यही दरी खुली है–यही बिछा दो। ठंड तो है नहीं, चादर ओढ़ कर सो रहूँगा।"

"बाबूजी, मोटा-सा बिस्तर बिछाइए। चारपाई में इतने खटमल हैं कि आप याद करेंगे।"

मैंने मुसकरा कर कहा, "अच्छा भाई।"

बिस्तर पर लेट कर (बैठने से ऐसा मालूम होता था कि बीच बाज़ार में बैठा हूँ–आड़ तो कोई थी नहीं) मैं बहन को पत्र लिखने लगा। पत्र क्या, वह तुक़बन्दी नक़ल करने लगा, जो राह में बनी थी :

अप ए खड एंड डाउन ए खड
एक्रॉस ए खड एस्प्लैश इन मड
दिस इज द वे टू कुलू!
टॉवेल, सोप, एंड मिरर, टू?
बट यू'व बुक्ड योर लगेज थ्रू!
नाउ यू'व इन ए प्रेटी स्टू–
व्हाट्'स द यूस ऑफ़ ग्राउजिंग
'आइ'म ए फूल, ऊ!'
सच इज़ द वे टु कुलू!
ओ हाउ हॅपी आइ वुड बी
विद ए स्टीमिंग कम ऑफ़ टी
डाउन एट होम .फ़ॉर यू एंड मी
एंड कुलू माइट बी प्लोन टु
हेल ऑर होनोलूलू!
ओ द वे टु कुलू!

(इसमें अगला पद मैं नहीं दे रहा हूँ; इतना कहना काफ़ी है कि उसमें कुलू से उल्लू की तुक मिलाई गई थी।)

कुछ खटका-सा हुआ, तो मैंने आँख उठा कर देखा। कमरे के प्रवेश-मार्ग के सामने दो छोटी-छोटी लड़कियाँ खड़ी थीं। दोनों की बाँहों पर फूलों से भरी हुई छोटी-छोटी डालियाँ थीं।

मैंने कुछ विस्मित हो कर पूछा, ''क्या है?'' बिना बोले वे मेरी ओर बढ़ आईं। मोतिये का एक-एक महकता हुआ गजरा दोनों ने मेरे गले में डाल दिया, फिर अपने पहले स्थान पर जा कर खड़ी हो गईं।

मुझे अच्छा-सा लगा। पिछले पाँच सालों में जितने अलंकार मैंने जाने थे, सब लोहे के ही बने थे। मेरा जी नहीं हुआ कि पैसे दे कर उस मधुर घटना को नष्ट करूँ।

लेकिन ऐसी घटनाएँ बनी रहें, तो सही नहीं जातीं। किसी तरह तोड़ना ही होता है उन्हें।

मैंने पूछा, ''तुम लोग कौन हो?''

उन्होंने एक साथ ही उत्तर दिया, ''बाबूजी, हमने फूल दिए हैं।''

मुझे लगा कि यह उत्तर असंगत है; लेकिन तत्काल ही मैं समझ गया कि फूलों का मोल चुकाना होगा। मैंने हाथ बढ़ा कर सिरहाने पड़े हुए बटुए में से दो इकन्नियाँ निकालीं। एक लड़की को इकन्नी दी, तो वह कुछ घबड़ा कर कहने को हुई, 'भांज नहीं है'; लेकिन जब उसने देखा कि दूसरी लड़की अलग इकन्नी पा रही है, तब एक़दम खिल उठी; और दोनों भाग गईं।

मैंने फिर चिट्ठी उठाई, लेकिन लिखने को मन नहीं हुआ। मैं लेटा हुआ पिछले पाँच नष्ट हुए वर्षों की बात सोचने लगा-नष्ट ही तो हुए वे। मेरे मस्तिष्क ने निःसन्देह उन से बहुत लाभ उठाया, लेकिन अनुभूति-मुझे लगता है कि अनुभूति का मैं दिवालिया हो गया हूँ...सवेरे उठते ही सुना, रियासत का बैंड सूर्योदय का स्वागत कर रहा है। मंडी के राजा सूर्यवंशी हैं, अतः जब वह मंडी में होते हैं तब सायं-प्रातः सूर्य की विदाई और स्वागत के लिए बैंड बजता है।[1] जल्दी-जल्दी बिस्तर बाँध कर कुली के सुपुर्द किया, होटल के पैसे चुकाए-भोजन के पाँच आने, कमरे के आठ-शहर का एक चक्कर लगा कर उठती हुई निगाह से व्यास नदी के तट पर बने बीसियों सुन्दर देव स्थान देखे और ऊपर पहाड़ पर बना हुआ क़िला, जिसमें मंडली के राजा अपनी 'अविश्वसनीया' रानियों को क़ैद कर दिया करते थे; और फिर मोटर में आ बैठा।

'यहाँ से देवताओं का अंचल आरम्भ होता है', इसका बड़ा बढ़िया प्रमाण यह मिला कि मानवों की सृष्टि मोटर को देवताओं की सृष्टि मानव के पीछे-पीछे चलना पड़ा। मंडी से कुलू प्रदेश में जाते हुए व्यास नदी का एक रस्सी का झूलना पुल पार करना पड़ता है, जिस पर सैलानी का जाना ख़तरनाक है। लारी चार मील

1. कहना न होगा कि यह रियासती युग की बात है!

की रफ़्तार से तेज़ न चले, इसका प्रबन्ध यह किया गया है कि पुल का चौकीदार अपनी पीठ पर एक तख़्ती टाँगे (जिस पर बड़े-बड़े अक्षरों में लिखा है-'चार मील रफ़्तार। इस आदमी के पीछे-पीछे इसी की चाल से चलो!)' आगे-आगे चलता है और मोटर उसके पीछे चलती है। पुल के दोनों ओर पहरा पड़ा रहता है कि चौकीदार की अनुमति के बिना कोई आर-पार न जा सके।

दस बजे के क़रीब हम लोग औट पहुँचे। यहाँ से एक सड़क शिमला जाती है। पहले यह मार्ग पैदल चलने वाले साहसिक लोगों के लिए बड़ा भारी आकर्षण था; लेकिन अब पक्की सड़क बन जाने से शिमला के फैशनेबल सैलानी 'वीक एंड' बिताने के लिए मोटर में बैठ कर सीधे मनाली आ सकते हैं। आस-पास का सौन्दर्य अब भी वही है, लेकिन चमत्कार नष्ट हो गया है।

और कुछ आगे से एक मार्ग मणिकर्ण भी जाता है। मणिकर्ण तीर्थ-स्थान है। यहाँ गर्म पानी के कई स्रोत हैं, जिन की उष्णता अलग-अलग है। कोई नहाने के लिए ठीक है, तो किसी में चावल उबाले जा सकते हैं।

व्यास नदी के किनारे-किनारे सुन्दर किन्तु कहीं-कहीं ख़तरनाक सड़क पर बढ़ते हुए लोग बारह बजे कुलू पहुँच गए।

·

कुलू प्राचीन हिन्दू सभ्यता का गहवारा है। यहाँ प्रत्येक कस्बे और ग्राम के अपने-अपने देवता हैं, जो अपने-अपने मन्दिरों में बैठे हुए ही लोगों की पूजा पाते हैं और साल में एक बार अपने-अपने रथों में बैठ कर कुलू के रघुनाथ मन्दिर में प्रतिष्ठित राम की उपासना के लिए जाते हैं। सैकड़ों देवी-देवताओं और उनके मन्दिरों के कारण, और इस विराट् देव-सम्मेलन के कारण ही, कुलू प्रदेश का नाम 'देवताओं का अंचल' (वैली ऑफ़ द गॉड्स) पड़ा है। ये सब असंख्य देवी-देवता और ऋषि-मुनि यहाँ के आदिम निवासियों द्वारा पूजे जाते थे। वे आर्य थे या नहीं इस बात का झगड़ा यहाँ नहीं है, लेकिन आर्य-धर्म के जिस रूप को हिन्दू धर्म के नाम से हमने जाना वह यहाँ विजेता के रूप में आया। तब बाहर से आए हुए विजेता यहाँ शासक बन कर बस गए, तब जिस तरह वे यहाँ के मांडलिक राजाओं या सरदारों से अपना आधिपत्य मनवाने लगे, उसी तरह यहाँ के देवी-देवताओं से भी अपने अधिदेवता राम की अधीनता स्वीकार कराने लगे। यहाँ पर दशहरे के दिन विजयी राम का जो उत्सव होता है, जिसमें आस-पास के सब देवी-देवता रथों में बैठा कर लाए जाते हैं, उसमें मुझे इसी प्राचीन विजय का सांकेतिक रूप दीखता है। जिस तरह मुहावरे में कहते हैं 'देवता कूच कर गए', उसी तरह देवताओं का अधीनत्व शायद उन देवताओं को पूजने वाली जाति के अधीनत्व का संकेत माना गया। रामायण में लंका-विजय के बाद देवताओं का

अपने-अपने विमानों में बैठ कर 'सलामी देने' आना भी यही भाव व्यक्त करता है। ख़ैर कुछ भी हो, इस विराट् उत्सव में, ऐसा सुनने में आता है, हज़ार-हज़ार तक देवता शामिल होते हैं।

उस प्रथम विजयी जाति के आक्रमण के बाद शायद और आक्रमण इधर नहीं हुए, क्योंकि यहाँ पर हिन्दू धर्म का जो रूप मिलता है, वह अन्यत्र नहीं। विजेताओं की राम-पूजा और विजितों की देव-पूजा में एक समन्वय हो गया, वही अब तक क़ायम है। कुलू प्रान्त में व्यास कुंड, व्यास मुनि, वसिष्ठ आदि ऋषि-मुनियों के स्थान हैं, पांडवों में मन्दिर हैं, भीम-पत्नी हिडम्बा 'देवी' भी पूजा पाती है; और सबसे बढ़ कर महत्त्वपूर्ण बात यह है कि वहाँ पर 'मुनि-रिखि' या मनु भगवान् का भी एक मन्दिर है। शायद भारत में यह एकमात्र स्थान है, जहाँ मानवता का यह स्वयंभू आदिम प्रवर्तक मन्दिर में प्रतिष्ठित हो और पूजा पाता हो।

दशहरे के अवसर पर यहाँ बड़ा भारी मेला भी लगता है। साल भर का व्यापार प्राय: इस दिन में ही हो जाता है-बाहर से आए हुए यात्रियों के लिए बनी हुई देशी-अंग्रेज़ी दुकानों और कुछ होटलों या पंसारी-हाट की बात अलग है-इसलिए यहाँ पर ग्राहक और विक्रेता दोनों ही बड़ी उमंगें ले कर आते हैं। रंग-बिरंगे कम्बल, पट्टू-पट्टियाँ, पश्मीना, 'चरू'[1] और अन्य प्रकार की खालें-रीछ की, मृग की, तेंदुए की, कभी-कभी बर्फ़ के बाघ (स्नो-लेपर्ड) की-तरह-तरह के जूते, मोजे, सिली-सिलाई पोशाकें, टोपियाँ, बाँसुरी, बर्तन, पीतल और चाँदी के आभूषण, लकड़ी, हड्डी और सींग की कंघियाँ, देशी और विदेशी काँच, बिल्लौर और पत्थर के मनकों के हार-न जाने क्या-क्या चीज़ें वहाँ आती हैं और देखते-देखते बिक जाती हैं-दिन-भर में हज़ारों की सम्पत्ति हाथ बदल लेती है...तमाशे होते हैं, नाच होते हैं, गाना-बजाना होता है, जगमग रोशनी होती है।

और न जाने कितनी 'लुगड़ी' (देशी शराब) पी डाली जाती है!

उस दिन कुलू में दो घंटे ठहरे। भोजन किया और फिर लारी में बैठ कर आगे बढ़े। मनाली देवताओं के अंचल का ऊपरी छोर-कुलू से 23 मील है। अध-बीच में कट्राईं की बस्ती है जहाँ एक मिडल स्कूल है, जिसके हेडमास्टर साहब एक पंजाबी आर्य-समाजी थे। मोटर स्कूल के सामने ही खड़ी हुई थी, उतरने पर अकस्मात् उन से सामना हो गया और बात-बात में परिचय भी हुआ। उन्होंने स्कूल दीखा दिया। जिस तरह विपरीत परिस्थितियों और कठिनाइयों का सामना करते हुए उन्होंने स्कूल स्थापित किया और चलाया था, उसकी बात सुन कर मन में श्रद्धा हुई; लेकिन जो पढ़ाई हो रही थी, उसकी ज़रूरत का कायल मैं नहीं हो सका। बानगी देखिए :

---

1. गर्भवती भेड़ का पेट चीर कर निकाले गए बच्चे की खाल। बहुत मुलायम और गर्म होने के कारण शौक़ीन लोगों में इस की बहुत माँग रहती है।

मास्टर साहब : "लड़को, पाँच उँगलियों को पंजा कहते हैं।"

लड़के : *(एक साथ चिल्ला कर)* "पंजा!"

मास्टर : "क्या कहते हैं?"

लड़के : *(उसी प्रकार)* "पंजा!"

मास्टर : *(वही प्रश्न)।*

लड़के : *(वही उत्तर)।*

ऐसे बीस बार। फिर एक लड़के से अलग प्रश्नोत्तर :

मास्टर : "तुम्हारे हाथ में कितनी उँगलियाँ हैं?"

लड़का : "पाँच।"

मास्टर : "क्या कहते हैं?"

लड़का : "पंजा!"

फिर सारी क्लास से,

मास्टर : "क्या कहते हैं?"

सब लड़के : "पंजा!"

फिर दूसरे लड़के से यही क्रम। इस प्रकार पूरी कक्षा से, बस, पीरियड समाप्त, छुट्टी।

व्यास नदी के बहाव के कारण जो भूमि कट कर समतल हो गई है, उसमें कट्राईं सबसे सुन्दर स्थान है। यहाँ घाटी ख़ूब चौड़ी हो गई है और किसी तरफ़ भी कुछ ऊपर चढ़ कर देखने से फैले हुए धान के खेतों और बीच-बीच में सेब, नाशपाती, ख़ूबानी, आड़ू, आलूचे और गिलास के पेड़ों का बहुत ही मनोरम दृश्य दीख पड़ता है। ट्राउट से मछली के शिकार के लिए भी यह स्थान बहुत अच्छा है, इसलिए यहाँ से कुछ मील ऊपर तक व्यास के किनारे-किनारे तम्बू डाले कई एक अंग्रेज़ लोग नदी-कूल पर बैठ कर ऊँघा करते हैं, सब्र का सबक पढ़ा करते हैं, या कभी सोचा करते हैं कि वापस लौट कर जब वे लोगों को शिकार की बात सुनाएँगे, तब कितनी बड़ी मछली पकड़ लेने में अपनी सफलता पर उनको विश्वास दिला सकेंगे। जानी हुई बात है कि ट्राउट के शिकारियों में सौ में से निन्यानवे नौ इंच से बड़ी मछली नहीं पकड़ते–और सौवाँ झूठ कहता है।

कट्राईं से दो मील चढ़ाई चढ़ कर नगर जा सकते हैं। नगर में कुलू राज्य की पुरानी राजधानी है। पुराने राजाओं के महल इत्यादि अनेक दर्शनीय इमारतें और कुछ प्राचीन मन्दिर भी हैं। महादेव का एक प्राचीन मन्दिर अपने सौन्दर्य के

लिए ख़ासतौर से दर्शनीय है। रूसी कलाकार रोयरिच द्वारा स्थापित **हिमालयन रिसर्च इंस्टिट्यूट** भी यहीं है। यह संस्था रोयरिच के भाई डॉक्टर जॉर्ज रोयरिच की देख-रेख में हिमालय की भाषाओं, जातियों, लोक-साहित्य और वनस्पतियों के सम्बन्ध में अनुसन्धान करती है। स्वयं रोयरिच[1] भी अकसर यहीं रहते हैं यद्यपि जब-तब वह दूर देशों की सैर को भी चल देते हैं।

कट्राईं से मनाली तक का पुराना रास्ता नगर और जगतसुख हो कर जाता था-कट्राईं में व्यास पदी पार की जाती थी और मनाली के नीचे फिर वापस पार हो जाते थे। लेकिन अब मोटर की सड़क दूसरे किनारे के साथ-साथ ही सीधी मनाली जाती है और नगर उससे अलग पड़ गया है। सुभीते के लिहाज़ से चाहे जैसा हो, सौन्दर्य-रक्षा के लिए यह बहुत अच्छा हुआ है। मनाली से नगर वाली कच्ची सड़क उस तरफ़ की सबसे लम्बी सैर है। ऊँच-नीच भी बहुत अधिक नहीं है, और दृश्य तो हर-एक मोड़ पर ऐसा सुन्दर दीखता है कि कहा नहीं जा सकता। एक ओर उठते हुए चीड़ के जंगल की गलियाँ, दूसरी ओर खुली हुई तराई में लहराते हुए धन-खेतों के मखमली आँगन-न जाने किस रहस्यमय की नीरव पद-चाप हर समय उसमें एक हिलोर-सी उठाती रहती है! इसी सड़क पर जगतसुख गाँव में भी कई एक दर्शनीय प्राचीन मन्दिर हैं, जिनमें हिन्दू युग के कलाकारों की कारीगरी अभी तक ज्यों की त्यों बनी है।

कट्राईं से चल कर मोटर कलाथ होती मनाली जा पहुँची। कलाथ में गर्म पानी का एक कुंड है, जिसमें गन्धक और अन्य रसायन काफ़ी मात्रा में होते हैं। यूरोप में कहीं ऐसा कुंड होता, तो वहाँ स्नान के लिए स्थान और सफ़ाई का प्रबन्ध होता; लेकिन यहाँ पर आम तौर पर पहाड़ी औरतें अपने कपड़े धोती दीखती हैं-ऊनी कपड़ों के लिए ऐसी बढ़िया 'लांड्री' और कहाँ मिलती?

मनाली या मुनाली ने यह नाम मुनाल नामक पक्षी से पाया, जो यहाँ बहुतायत से होता है। हिमालय का फ़ेज़ेंट जाति का यह पक्षी अत्यन्त सुन्दर होता है। इस के सम्बन्ध में यहाँ के लोगों में कई किंवदंतियाँ भी सुनने में आती हैं।

लेकिन समतल भूमि पर रहने वाले लोग मनाली को वहाँ के सेबों के कारण ही जानते हैं। सेब और नाशपाती के लिए मनाली शायद संसार में सबसे बढ़िया स्थान है। यहाँ के फलों के सम्बन्ध में कोई वैज्ञानिक अनुसन्धान नहीं होता, न उस ढंग का संगठित काम होता है, जैसा कि अमेरिका के केलिफोर्निया आदि फलप्रद इलाक़ों में; फिर भी यहाँ के सेब, यहाँ के बग्गूगोशे (एक विशेष प्रकार की रसीली नाशपाती) और यहाँ के गिलास ('चेरी') अपना सानी नहीं रखते। सिर्फ़ मीठे को ही स्वाद गिनने वाले लोग कश्मीर के अमरी सेबों को पसन्द करते हैं; लेकिन कुलू के खट-मिट्ठे खस्ता सेब, जो मनाली में होते हैं, अपने विशेष स्वाद और ख़ुशबू

1. निकोलस रोयरिच दिवंगत हो गए हैं।

से जो अपूर्व रस पैदा करते हैं, उसकी तुलना किसी चीज़ से की जा सकती है, तो अनिर्वचनीय काव्य-रस से ही। अभी हाल में कुछ ध्यान अन्वेषण और प्रयोग की ओर भी जाने लगा है, और इसका एक परिणाम यह हुआ है कि जापानी परसिमन यहाँ पर पैदा होने लगा है। कहते हैं कि शीघ्र ही मनाली का 'जापानी फल' जापान को मात कर देगा।

मनाली की दो बस्तियाँ हैं। एक तो बाहर से आ कर बसे हुए लोगों द्वारा बनाए हुए बँगलों और बाज़ार वाली बस्ती, जो दाना कहलाती है; और दूसरी उससे क़रीब मील-भर ऊपर चल कर ख़ास मनाली गाँव की। मोटर दाना तक जाती है। दाना से सड़क फिर व्यास नदी पार करके रोहतंग की जोत से हो कर लाहुल को चली जाती है। इसी मार्ग पर मनाली से दो मील की दूरी पर वसिष्ठ नाम का गाँव है, जहाँ गर्म पानी के कुंड हैं और वसिष्ठ मन्दिर भी है। कहते हैं कि वसिष्ठ ऋषि यहीं तपस्या करते-करते पाषाण हो गए थे; पाषाण मूर्ति वहाँ पूजी भी जाती है। यहाँ के पानी में गन्धक की मात्रा काफ़ी है, और वह स्वास्थ्य के लिए बहुत अच्छा है।

रोहतंग की जोत पर ही व्यास-कुंड है। यहाँ से कुछ मील हट कर व्यास मुनि का स्थान है, जहाँ से व्यास नदी का उद्गम है। रोहतंग का मार्ग बहुत रमणीक है। व्यास नदी के वेग से किस तरह पहाड़-के-पहाड़ कट गए हैं, वह भी देखने की चीज़ है। कहीं-कहीं तो नदी एक आठ-दस फ़ुट चौड़ी दरार में चार-पाँच सौ फ़ुट नीचे जा कर अदृश्य हो गई है, केवल स्वर सुनाई पड़ता है। इसका कारण यह है कि व्यास नदी बहुत तीव्र गति से नीचे उतरती है-अपने मार्ग के पहले पाँच मील में वह जितना नीचे उतर आती है, उतना अगले पचास मील में नहीं, और उसके बाद के पाँच सौ मील में नहीं। समुद्रतल से व्यास मुनि की ऊँचाई पन्द्रह हज़ार फ़ुट है, दाना की साढ़े छः हज़ार-यानी आठ मील में व्यास नदी आठ हज़ार फ़ुट उतर आती है। (सड़क से 'रोहतंग पास' दाना से तेरह मील है, नदी का मार्ग छोटा है) रोहतंग की जोत के दूसरी पार कोकसर पड़ाव है। यहाँ जाते हुए बर्फ़ के सौन्दर्य का जो दृश्य दीखता है, वैसा मैंने दूसरा नहीं देखा। उसका न वर्णन हो सकता है, न चित्र खिंच सकता है। कुछ मीलों के दायरे का एक प्याला-सा बना हुआ है, जिसके सब ओर ऊँची-ऊँची हिमावृत चोटियाँ, उससे कुछ नीचे पहाड़ों के नंगे काले अंग, और प्याले के बीच में फिर बर्फ़ से छाया हुआ मैदान-मानो अभिमानी पर्वत सरदारों ने अपना शीश और कटिप्रदेश तो ढक लिये हैं; लेकिन छाती दर्प से खोल रखी है...इस स्थान से तीन नदियों का उद्गम है, ऊपर से व्यास, मध्य से चन्द्रा और भागा, जो आगे चल कर मिल जाती हैं, लेकिन रोहतंग की यात्रा का और कुलू प्रदेश के अपने दूसरे विचित्र अनुभवों का वर्णन अलग लेख माँगता है।

दाना के दूसरी ओर पहाड़ के ढलान पर चीड़ के जंगल में हिडिम्बा देवी का मन्दिर है। एक चीड़ वृक्ष के तने के आस-पास बना हुआ यह लकड़ी का पंच-

मंज़िला मन्दिर दर्शनीय है। इस के द्वारों पर नक्काशी का जो काम है, वह कई सो बरस पुराना है। एक पट्टे पर लेख भी ख़ुदा हुआ है, मन्दिर से मनाली की ओर जाते हुए मार्ग दो चट्टानों के बीच हो कर गुज़रता है, जो अपने आकार के कारण 'देवी का चूल्हा' के नाम से प्रसिद्ध है। कहते हैं कि यहाँ हिडिम्बा देवी मनुष्य भून-भूनकर अपना भोजन तैयार करती थीं। मनाली की बस्ती के ऊपरी छोर पर मनुरिखि का मन्दिर है। यह छोटा है विशेष सुन्दर भी नहीं है; लेकिन मनु का एकमात्र मन्दिर होने के कारण विशेष महत्त्व रखता है।

हमारी मोटर दाना पहुँची, तो परिचित बैनन बन्धु मुझे लेने आए थे, उन भाइयों के पिता कर्नल बैनन उस प्रदेश में आ कर बसने वाले सबसे पहले विदेशी सज्जन थे। उन्होंने यहाँ शादी की थी, और रहने लगे थे। मनाली में सेबों का पहला बाग़ भी उन्होंने लगाया था। अब उनके पुत्र भी पिता का आदर्श निबाह रहे हैं। दो भाई फ़ौज में भी जा चुके हैं, और मेज़र तथा कैप्टेन के पद पर हैं।

मैं अकेला था, इसलिए बैनन बन्धुओं ने मेरे लिए मनाली गाँव के सिरे पर ही एक छोटा मकान ठीक कर दिया था। यह छोटा-सा मकान मचान की तरह बना हुआ था, नीचे का अंश रहने के क़ाबिल नहीं था, और बेकार पड़ा रहता था, ऊपर का हिस्सा एक चौकोर कमरा था, जिसके चारों तरफ़ चौड़ा छज्जा बना हुआ था। कोने में पड़ी नसैनी से एक छिद्र द्वारा ढालू छत की आड़ में बनी हुई मियानी में जा सकते थे, जहाँ रसोई थी। एक पहाड़ी पत्थर कूटने वाला मुझे रसोइए के रूप में मिला-ख़ानसामाँ रखने पर लकड़ी लाने, पानी भरने इत्यादि के लिए अलग-अलग आदमी रखने पड़ते थे-और शीघ्र मैं वहाँ जम गया। मैं वहाँ आया तो था स्वास्थ्य-लाभ करने, लेकिन सबसे बड़ी आकांक्षा यह भी कि एकान्त में रह कर एक बड़ा-सा उपन्यास लिख डालूँगा। जेल में रहते हुए उसका ढाँचा तैयार हुआ था, और वह मैंने अंग्रेज़ी में पूरा लिख भी डाला था; लेकिन जेल के चार वर्षों ने मुझे यह भी दीखा दिया था कि उसमें अभी लड़कपन बहुत है। एक बड़े कैनवास पर मैंने एक विद्रोही के पूरे जीवन का चित्र खींचने की कोशिश की थी, और जहाँ तक चित्र का सम्बन्ध था, वह काफ़ी सच्चा उतरा था; पर जिस भूमि पर वह खींचा गया था-भारतीय समाज और संस्कृति-उसका ज्ञान मेरा अधूरा ही था, और इसलिए चित्र ठीक नहीं था। अब नए अनुभव के आधार पर परिवर्तन और परिष्कार करके मैं उसे फिर हिन्दी में लिखना चाहता था। उपन्यास को मैं जीवन-दर्शन मानता हूँ, और इस दृष्टि से गम्भीर चीज़ लिखने के लिए एकान्त ज़रूरी था। तभी मैं परिचित 'सभ्य' लोगों की बस्ती से अलग मनाली में आ जमा था।

मनाली स्थिति के कारण ही नहीं, सौन्दर्य के कारण भी देवताओं के अंचल का सुनहला ऊपरी छोर है। दृष्टि-क्षेत्र में सीखचे-ही-सीखचे देखने की आदी मेरी आँखें इस विराट् सौन्दर्य को पीती जाती थीं और मानो अपने पर विश्वास नहीं कर

पाती थीं...सीखचों का संस्कार इतना गहरा पड़ गया था कि मैं बाहर बिखरी हुई सौन्दर्य-राशि को देख कर भी भीतर से बन्दी-जीवन की पुरानी-पुरानी स्मृतियाँ निकालता जाता था-जैसे शाही पोशाक में लिपट कर भी भिखमंगा अपनी फटी हुई और थिगरों से भूषित गुदड़ी को नहीं भूलता। लेकिन मनाली ने मानो उन स्मृतियों पर अपनी छाप डाल दी-वे अपने-आप में कटु स्मृतियाँ मानो सुन्दरता के एक ढाँचे में ढल कर निकलने लगीं। पहले ही दिन मैंने पाया कि 'प्रिज़न डेज़ एंड अदर पोएम्स' नाम के एक आगमिष्यत् कविता-संग्रह का सूत्रपात हो गया है। और जब मैं महीने-भर बाद लौटा, तब वह पूर्ण-सा हो चुका था।

लेकिन मुझे उपन्यास लिखना था। मैंने मकान के छज्जे पर मेज़-कुर्सी डाल ली, पुराने लिखे और टाइप किए हुए काग़ज़, हाथ से घसीटे हुए नोट और ढेर-से फुलस्केप काग़ज़ सामने रखे लिए।

पर आँखें भटकने लगीं, कभी बाहर दूर भागते हुए बादलों पर और शान्त भाव से उन्हें देखते हुए गम्भीर चीड़ वृक्षों पर, कभी निकट की बावड़ी पर पानी भरती हुई स्वस्थ, बेधड़क राजपूतनियों पर, कभी अपने ही मकान की बाहरी दीवार पर, जिस पर पिछले वर्ष का एक 'शिला-लेख' अभी तक बना ही हुआ था :

"-,-एंड-स्पेंट सिक्स मेमोरेबल डेज़ एंड नाइट्स हियर, 11 टु 17 जुलाई, 1934।"

-अमुक-अमुक व्यक्तियों ने छः स्मरणीय दिन और रातें यहाँ पर बिताईं, 11 से 17 जुलाई, 1934।

'स्मरणीय'? यहाँ का एक-एक क्षण आत्मा पर अपनी एक अमिट छाप डालता हुआ चला जाता है...

अगले दिन प्रातःकाल ही देवताओं के अंचल में बैठे हुए एक क्षुद्र मानव ने पाया कि वह भी देवों का समकक्षी हो गया है, स्रष्टा हो गया है। वह लिखने लगा...।

मौत की घाटी में

क्षुद्र मानव को कभी-कभी देवताओं का समकक्षी हो सकने का सौभाग्य प्राप्त है, लेकिन वह सौभाग्य अधिक देर तक बना नहीं रह सकता। सृजन के क्षण चिरस्थायी नहीं होते, वे आ कर उड़ जाते हैं। सम्भव है ईश्वर भी अपने रचना-क्षेत्र में ऐसे उत्कर्ष के अवसर पाता हो, उन्हीं में 'सृष्टि' करता हो और बाक़ी में केवल मात्र 'निर्माण'। तभी तो संसार में इतनी ऊँच-नीच और असमानता है-जो वस्तु 'सृजन' की गई है, 'इनस्पिरेशन' के क्षण में रची गई है, प्रतिभा-प्रसूत है, वही सुन्दर और शुभ है, बाक़ी तो केवल 'बनाई' हुई चीज़ें हैं, जगह भरने के लिए!

'देवताओं के अंचल' में बैठ कर भी एक दिन देवत्य के बाद मैंने पाया कि लिखना आगे चलता नहीं है। मैंने क़लम रख दी और शून्य दृष्टि से मकान की दीवार की ओर देखने लगा।

'सिक्स मेमोरेबल डेज़ एंड नाइट्स-छः स्मरणीय दिन और रातें...'

दीवार पर पिछले वर्ष के किसी यात्री दल का लिखा हुआ यह लेख बिना कोई गहरी छाप डाले मेरे मन के पट पर नाचने लगा। मेरा दिन-भर बहुत अच्छा बीता था, लेकिन क्या दिन ही स्मरणीय था? मैं लिखता, तो लिखता कि इस चिरस्मरणीय सौन्दर्य के बीच मैंने छः दिन बिताए। क्योंकि दिन क्या हैं? उनका अस्तित्व तो उनमें भोगी हुई चीज़ों या अनुभूतियों के कारण ही है...

दिन-भर लिखते-लिखते मन इतना थक गया था कि इस बेसिर-पैर के विचार को भी आगे नहीं बढ़ा सका। मैंने ओवरकोट पहना और ढलते सूर्य की ओर पीठ करके पहाड़ की चोटी की ओर सैर के लिए बढ़ने लगा।

दिन-भर बादल घिरे रहे थे, यद्यपि वर्षा नहीं हुई थी और बीच-बीच में धूप झलक जाती थी। उस समय हलके सफ़ेद बादलों से घिरी हुई मनाली ऐसी सोहती थी मानो किसी आकाशवासी जौहरी ने धुनी हुई रूई में लपेट कर बढ़िया पन्ना रख दिया हो। लेकिन अब एक और भी विस्मयकारी दृश्य सामने आ रहा

था–जिस ओर बादल ज़रा खुलते थे उसी ओर उन के अवगुंठन के बीच में से अछूती, 'अक्षत-यौवना' हिमचोटियाँ दीख जाती थीं! तब यह मालूम हुआ कि आकाशवासी जौहरी ने रूई से लपेट देना ही पर्याप्त नहीं समझा, पन्ने की रक्षा के लिए उसके सब ओर विराट् हिमश्रृंग ला खड़े किए हैं–और जिस ओर वे नहीं हैं उस ओर व्यास नदी का प्रवाह है।

ख़ैर, मैं मनाली गाँव लाँघ कर मनु-रिखि के मन्दिर के पास से होता हुआ ऊपर चढ़ता गया। चढ़ते-चढ़ते एकाएक मुझे लगा कि चारों तरफ़ सन्नाटा छाया हुआ है, कहीं कोई आदमी नहीं है, पक्षियों का स्वर नहीं है, प्रायः सर्वत्र सुन पड़ने वाला झरने का कल-स्वर भी नहीं है। मैंने देखा कि साँझ बहुत घिर आई है, और मैं गाँव से तीन-एक मील ऊपर निकल आया हूँ। मैं जल्दी-जल्दी लौट पड़ा।

कुलू के गाँवों में दीया प्रायः नहीं जलता। सन्ध्या होते-होते लोग डांगरों की देख-रेख से निपट कर, भोजन-बासन उठा कर घर के भीतर आग के आस-पास बैठ जाते हैं, और जब तक मन होता है, गप-शप करते हैं, फिर सो जाते हैं। प्रातःकाल का सूर्य स्त्रियों को गाँव की बावड़ी पर कपड़े धोते, या चीड़ के वनों में लकड़ी बीनते-चुराते, और पुरुषों को खेती पर काम करते या ढोर चराते पाता है।

इसी लिए मैं जब गाँव के पास लौट कर आया था तब गाँव अँधेरे में पड़ा था। किसी घर के भीतर से कभी हँसी की उड़ती-सी ध्वनि आ कर सन्नाटे को गहरा कर दे तो कर दे, और किसी तरह की हलचल नहीं थी; न ऐसा कोई प्रकाश ही था कि हलचल देखी जा सके। हाँ, पत्थर पर भारी चांप से पड़ते हुए मेरे ही बूटों का स्वर अवश्य उस शान्ति को एक भद्दे ढंग से भंग कर रहा था।

मेरे गाँव में प्रवेश करते ही एक-एक करके घरों के दरवाजे खुलने लगे और दो-दो-तीन-तीन आदमी प्रत्येक में से बाहर निकल कर खड़े हो गए। थोड़ी देर में मैंने पाया कि गाँव के प्रायः तमाम पुरुष निवासी इस प्रकार अपने-अपने झोंपड़े या घर की देहरी में खड़े हैं और स्थिर दृष्टि से मेरी ओर देख रहे हैं। इस ढंग का कुतूहल वैसे भी किसी को नहीं सुहाता, फिर उस समय मुझे लगा कि उसमें कुतूहल से अधिक तीखा भी कुछ है–रोष या द्वेष या घृणा...मैं सिर झुकाए तीव्र गति से बढ़ता चला, मुझे समझ नहीं आया कि बात क्या है...

एकाएक सारा गाँव ही समवेत स्वर से एक सीत्कार ध्वनि कर उठा। वैसी ध्वनि पाश्चात्य देशों में तीव्र घृणा को व्यक्त करने के लिए की जाती है, यह मैं जानता था; पर यहाँ भी क्या उसका वही उद्देश्य हो सकता है? आशंका से मेरा हृदय भर उठा–यदि यह घृणा है तो क्यों? छः सौ आदमियों की उस भेदक स्वर से भरी हुई घृणा की कल्पना से ही सिहर कर मैं धड़कते हुए हृदय से किसी-न-किसी तरह घर पहुँचा और भीतर घुस कर किवाड़ बन्द करके बैठ गया।

मैंने सुना कि गाँव-भर के किवाड़ बन्द हो गए हैं। बत्ती नीची करके चारपाई पर लेट कर मैं सोचने लगा कि इस घटना का कारण क्या हो सकता है?

घृणा? लेकिन मैंने उन्हें घृणा के लिए कोई कारण तो नहीं दिया।

डर? मैं विशेष ख़तरनाक भी नहीं दीखता, और दिन-भर जिस निरुपद्रव ढंग से बैठ कर लिखता रहा हूँ, उससे तो उन्हें बिलकुल आश्वस्त हो जाना चाहिए कि इस लेखक-जन्तु में हिंसा बिलकुल नहीं है...

तब सन्देह?

मुझे कुछ ही समय पहले की लाहौर की एक बात याद आई। लाहौर में जब शहीदगंज आन्दोलन के सिलसिले में 'कर्फ़्यू ऑर्डर' जारी हुआ और सायंकाल सात बजे के बाद लोगों का घर से निकलना मना हो गया, तब मुसलमानों ने एक नई प्रथा चलाई। नित्य सात बजे वे 'इस्लाम पर आई हुई विपत्ति का निवारण करने के लिए' अपने-अपने घरों की छत पर चढ़ कर आकाश की ओर एक लम्बी पुकार भेजते थे...मुहल्ले के मुहल्ले का एक साथ आहत की तरह कराह उठना एक अजीब चीज़ थी-अन्धकार में वह दर्द-भरा स्वर ख़ाहमख़ाह मन में किसी अनिष्ट की भावना पैदा कर देता था-सचमुच ऐसा जान पड़ने लगता था कि किसी घनी छाया से वातावरण गहरा हो गया है, रोमांच हो आता था...

मुझे यह भी याद आया कि असभ्य आदिम जातियों में भी अनिष्ट निवारण के लिए-या भूत-प्रेतों का प्रकोप हटाने के लिए-सीत्कार ध्वनि या कराहने का स्वर पैदा किया जाता था (अब भी होता है)। कुछ ही दिन पहले फ्रेजर की 'गोल्डन बाउ' में मैंने आदिम जातियों की प्रथाओं का वर्णन पढ़ा था, वह अभी मेरे दिमाग़ में भरा हुआ था और मैं हर-एक बात का कारण किसी आदिम विश्वास या प्रथा में खोजा करता था।

तो, सन्देह। शायद मेरे दिन-भर चुपचाप रहने से और शाम को काला ओवरकोट पहन कर घूमने से उन्हें लगा हो कि मैं जादूगर हूँ, या ऐसा ही कुछ...लेकिन मनाली के लोग तो सभ्य हैं, वीर राजपूत हैं...

ऐसी-ऐसी बातें सोचते-सोचते, विमर्श करते मैं सो गया।

रात में मेरे घर पर पत्थर बरसाए गए। पहले मैंने समझा कि ओले पड़ रहे हैं; लेकिन बाहर आ कर देखा कि आकाश स्वच्छ है, और तभी एक और बौछार हुई।

मैं फिर लेट गया। एक हलकी-सी जिज्ञासा मन में उठी, क्या यह घर भुतहा है? भूत मैंने कभी देखे नहीं, देखने की उत्कंठा ही लिए रह गया हूँ।

और कोई घटना नहीं हुई। मैं सो गया। दूसरे दिन मैंने श्रीयुत बैनन से सारी बातें कहीं। वे मुसकरा दिए। फिर उन्होंने बताया कि पिछले साल जो लोग उस घर में आ कर ठहरे थे उन्होंने गाँव की स्त्रियों से कुछ छेड़-छाड़ की थी। मनाली के लोग बड़े अभिमानी हैं, ऐसी बात नहीं सह सकते। उन्होंने पत्थर बरसा कर उन

लोगों को भगा दिया था; पीछे थाने में रिपोर्ट भी हुई थी और थानेदार ने गाँव वालों को धमकाया भी था जिससे वे अधिक नाराज़ हो गए। अब वे शायद उस घर में आने वाले प्रत्येक व्यक्ति पर सन्देह करने लगे हैं...

उन्होंने गाँव के मुखिया को बुला कर मेरा परिचय करा दिया, और मेरी ओर से आश्वासन भी दिया। उसके बाद मैं मुखिया के साथ जा कर गाँव के कुछ प्रमुख व्यक्तियों से मिला। जब वे मेरे उस गाँव के घर में रहने का, अकेले आने का और दूसरे यात्रियों की तरह दोपहर में ही न घूमने का कारण पूछ कर सन्तुष्ट हो गए, तब मैं सबको नमस्कार करके लौट आया। थोड़ी देर बाद जब गाँव का एक लड़का छोटी-सी टोकरी में एक लौकी, कुछ करेले और थोड़ा-सा शहद देने आया, तब मैंने जान लिया कि गाँव वाले प्रसन्न हो गए हैं। यह मैत्री-भाव फिर बराबर बना रहा। लेकिन शाम का घूमना मैंने छोड़ दिया। कभी लिखने से बहुत ऊब कर जाता भी, तो गाँव की ओर कदापि न जाता।

तीन-एक दिन बाद की बात है। मैं घर के बरामदे में-बनावट के ढंग से तो उसे 'मचान' कहना ही अधिक उचित होगा-बैठा पत्र लिख रहा था। एक अजनबी पहाड़ी आदमी आ कर मेरे पास खड़ा हो गया। मैंने शक्ल से पहचाना कि मनाली का नहीं है-वहाँ के प्राय: सभी आदमियों को मैं पहचान गया था।

मैंने उसे बैठने को कुर्सी देते हुए बातचीत आरम्भ की। उसने कहा कि मुझे यहाँ सब्जी-तरकारी न मिली तो वह अपने गाँव से ला सकता है। उसके यहाँ कद्दू, करेले, बैंगन आदि होते हैं। 'अच्छी बात है, दे जाया करो', कह कर मैं अपने काम की ओर मुड़ा। तभी उसने मुझ से एक प्रश्न पूछा, जिसे मैं दुहरा नहीं सकूँगा, लेकिन जिसका अभिप्राय यह था कि अगर मैं कोई वैसी वासनाएँ ले कर आया हूँ तो उनकी पूर्ति का सामान वह पेश कर सकता है।

मैं स्तब्ध हो कर ताकता रहा। फिर एकाएक ग्लानि का तीव्र झोंका आया, फिर क्रोध-मन हुआ कि इस नीच आदमी को मचान से नीचे धकेल दूँ। लेकिन एक बात ने मुझे रोक दिया और मुझे गम्भीर हो कर सोचने को बाध्य किया। जो बात उस आदमी ने पूछी थी, वह उतने बेझिझक खुलेपन से कही गई मैंने कभी नहीं सुनी थी। न सभ्यों में, न असभ्यों में, न शीलवान लोगों में और न बदमाशों में। उस चर्चा के साथ हम लोगों के मन में इतना गहरा जुगुप्सा का भाव है कि हम लोग अधिक से अधिक बेशर्म हो कर भी उसे भावना-हीन हो कर नहीं कह सकते-यदि शर्मिन्दा हो कर नहीं तो ललकार से ही कहते हैं। उस आदमी में इतना साधारण भाव क्यों हुआ? क्या इस के लिए यह बात इतनी साधारण है?

मैंने उसके प्रस्ताव को अस्वीकार करते हुए बात बदल दी। धीरे-धीरे उसने मनाली के लोगों की चर्चा आरम्भ की–कहा कि वे लोग अभिमानी, बदमाश, यात्रियों को कष्ट देने वाले हैं, और अगर मैं चाहूँगा तो वह आदमी उन्हें ख़बर लगने दिए बिना प्रबन्ध कर देगा। मैंने फिर टाल दिया, तब उसने बताया कि पिछले वर्ष तीन आदमी वहाँ आ कर टिके थे, उन्होंने किसी को बुलाया था। इस पर गाँव वाले बहुत नाराज़ हुए थे और उन्होंने घर पर पत्थर बरसाए थे। ''बाबूजी, ये मनाली के राजपूत बड़े बदमाश हैं...''

मैंने किसी तरह उसे निकाला, और लौट कर अपने स्थान पर बैठ गया। लिखना सम्भव नहीं हुआ, मैंने एक लम्बी साँस ले कर कलम रख दी।

मेरी दृष्टि उठ कर फिर उस 'शिलालेख' की ओर गई–छः स्मरणीय दिन और रातें...

एकाएक इस 'स्मरणीय' का अर्थ एक कड़वी हँसी के रूप में मेरे भीतर से फूट निकला! उस घर में काम करना असम्भव हो गया। अपने लिखने में मैं जो तटस्थ भाव चाहता था, वह वहाँ प्राप्य नहीं रहा था–मानो पिछले वर्ष के कुछ दिनों में वहाँ जमा हुआ वातावरण एक तीव्र गन्ध बन कर मुझ में भर रहा था–वहाँ बैठ कर एक अजीब अकुलाहट-सी मन में होती थी और भाग जाने को जी होता था...लारेंस ने कहीं कहा है कि 'मानव की बू मानव को असह्य हो गई है'–इस कथन की सच्चाई का अनुभव वहाँ हर समय होता रहा था...

मैं वह मकान छोड़ कर मनाली से उतर नई बस्ती दाना में आ गया–बैनन साहब ने अपने बँगले का आधा हिस्सा मुझे दे दिया। यहाँ पर उनके सेबों के बाग़ में उनकी शिशु कन्या शकुन्तला की गम्भीर नीली आँखें और तीव्र हँसी देख कर मैं उस दर्द को भुलाने लगा जो मनाली वाले घर में मेरे भीतर जाग उठा था।

लेकिन एक घटना अभी और घटनी थी।

उन दिनों मेरी डाक काफ़ी थी–चिट्ठियाँ लिखने और पाने का मुझे व्यसन था। पढ़ कर चिट्ठियाँ फाड़ डालता था, लेकिन कचरा फेंकने के लिए कोई स्थान न होने के कारण मैं उसे ओवरकोट की जेब में भर लेता था और जब सैर के लिए जाता था तब नदी में डाल देता था। पहाड़ों के अनेक स्मरणीय स्थानों पर दर्शक द्वारा बिखराया हुआ कचरा–फटे काग़ज़, फलों के छिलके आदि–देख कर मेरे मन में जो भीषण अभिशाप जाग उठता है–उसी की याद के कारण मुझे कभी साहस नहीं हुआ कि काग़ज़ फाड़ कर जहाँ-तहाँ फेंक दूँ कि टुकड़े हवा से उड़-उड़ कर दृश्य को बिगाड़ा करें।

तो एक दिन साँझ को इसी प्रकार अपनी सफ़ाई यात्रा पर चल कर मैं दाना और मनाली के बीच वाले नदी के पुल पर खड़ा था। झुटपुटे में एक अलौकिक भीतरी चमक से जगमग नदी के तीव्र बहते हुए फेनिल जल को देखता हुआ मैं

जेब से एक-एक मुट्ठी काग़ज़ निकाल कर छोड़ता जाता था। हवा के हलके झोंके से जब वे टुकड़े काँपते हुए धीरे-धीरे नीचे उतर जाते थे, और फिर पानी को छूते ही एकाएक तीव्र गति से प्रवाह के साथ आगे उछल पड़ते थे, तब मेरा हृदय भी उल्लास से उछल पड़ता था...इसी तरह कहीं इस विश्व के पीछे छिपी हुई भी कोई रहस्यमय अदृश्य नदी होगी; मानव जीवन जब फटे हुए काग़ज़ के पुर्ज़े की तरह निराधार हो कर अपने को उसमें उत्सर्ग करता होगा, तब उसके स्पर्श से एकाएक नई चेतना पा कर आगे चल पड़ता होगा, अस्तित्व के धुंधलके में किसी सुदूर अगाध विस्तार में लीन होने के लिए...कुछ ऐसा ही अस्पष्ट भाव नित्य-मेरे मन में उस समय उभर आता था...पुल पर बिताए हुए उस अल्प समय के बाद मैं वैसा ही लौटता था जैसा कोई धर्मवान व्यक्ति प्रार्थना करके लौटता होगा...

उस दिन देर कुछ अधिक हो गई थी, काग़ज़ के टुकड़े नदी को छूते हुए नहीं दीखते थे, पर नदी का प्रवाह साफ़ दीखता था। पहाड़ी जीवन के प्रति एक कोमल भाव मेरे मन में भर रहा था।

पुल पर बूटों की चाँप से मैं चौका। मैंने देखा, एक एंग्लो-इंडियन सैलानी, जिसे मैं दाना में दो-तीन बार देख चुका था, बढ़ा जा रहा था। मुझे देख कर वह ठिठका, फिर एकाएक अंग्रेज़ी में बोला, ''यहाँ किसी की ताक में खड़े हो क्या?''

बात जितनी साफ़ थी, उसका व्यंग्य इशारा उससे भी साफ़ था। मैंने फटकार कर उत्तर दिया, ''शट अप!''

वह मुसकराता हुआ ही आगे चला गया। मैं उस पक्षी की तरह जिस पर ऊँची उड़ान में एकाएक बिजली गिर पड़ी हो, आहत मन ले कर लौट आया।

'देवताओं के अंचल' में रहते हुए भी मैंने देखा कि कहीं किसी तरफ़ घूमने को स्थान नहीं रह गया है। तब मैंने लिखना एक़दम छोड़ कर इस समस्या का सामना किया जो शिशिर ऋतु के कोहरे की तरह न जाने कहाँ से आ कर सब ओर छा गई थी। यह देवताओं का अंचल क्यों आज अपना विस्तार भूल कर अपने एक कोने में पड़ी हुई 'मौत की घाटी'[1] का नाम अपना रहा है?

मैंने गाँव-गाँव घूम कर लोगों को देखना, उनके बारे में जानकारी प्राप्त करना आरम्भ किया। और मैंने देखा कि 'देवताओं का अंचल' सचमुच आज मौत की घाटी हुआ जा रहा है। मौत वहाँ के कोने-कोने में घुसी जा रही है।

मैंने यह भी देखा कि इसका उत्तरदायित्व देवताओं पर नहीं, मानवों पर है, और उन मानवों पर जो अपनी सभ्यता के मद में चूर रहते हैं। हम समतल भूमि के रहने वाले ही अपने पतन की सड़ायँध वहाँ पहाड़ों में ले गए हैं। अपनी भद्दी छाप से ही हमने पहाड़ों का सौन्दर्य विकृत कर दिया है, यहाँ तक कि आज भारत के

---

1. 'रोहतंग' का अर्थ है मौत की घाटी, मनाली से उत्तर-पूर्व लाहुल के मार्ग में रोहतंग की जोत अथवा घाटी आती है।

पहाड़ी इलाक़ों में शायद ही कोई ऐसा स्थल बचा है जो दूषित नहीं हो गया है, जिसे दर्पोद्धत, बेवक़ूफ़ सभ्य मानव ने यह कह कर कि 'तुम सुन्दर हो? तो लो, मैं अपने कलंक से तुम्हें भी काला कर सकता हूँ!' भ्रष्ट नहीं कर दिया है। यदि पहाड़ों में कोई स्थल ऐसे बचे हैं जिनमें सभ्य मानव की यह काली करतूत डायन-सी मुँह बाए सामने नहीं आती, तो वे वही स्थल हैं जहाँ पुराने सौन्दर्य का कोई चिह्न ही नहीं बचा, जिसे हमने अपने जैसा ही बना लिया है–सभ्य और सड़ा हुआ। हमारी करतूत हमें स्पष्ट वहाँ दीखती है जहाँ अभी स्वाभाविकता मरी नहीं है, जहाँ हम अपनी 'देन' का और प्राकृतिक अवस्था का विपर्यय एक स्थान पर देख सकते हैं–जिसका सर्वोत्तम उदाहरण कुलू का अंचल है। वह भी अब सभ्यता की सैरगाह बन गई है, अतः कुछ एक वर्षों में वहाँ भी देखने को कुछ नहीं रहेगा–सिवाय अपने बेवक़ूफ़ चेहरे के बेहूदा प्रतिबिम्ब के। अंग्रेज़ी के एक कवि ने कहा है, 'जब मैं झील के स्वच्छ पानी में झाँक कर वहाँ के छोटे-छोटे भागते हुए जानवर और रंग-बिरंगी घास-फूस नहीं देखता, तब मैं एक मूर्ख के चेहरे का प्रतिबिम्ब देखता हूँ...'

यह कहना कठिन है कि इस अवस्था की आलोचना करने का कुछ अच्छा परिणाम होगा। हो सकता है कि कुलू के सौन्दर्य की चर्चा सुन कर, और यह जान कर कि उसे बिगाड़ सकना सम्भव है, बहुत से 'सभ्य' लोग उस सम्भावना को मिटाने की बजाय उससे लाभ उठाने दौड़े। तोल्स्तोय ने एक कहानी में बताया है कि एक साधु जब किसी शहर से लौट कर वहाँ होने वाले पतन का रोमांचकारी चित्र खींच कर अपने साथियों को साधना का महत्त्व बताने लगा, तब सारी साधुमंडली अपना-अपना डोरिया-डंडा सँभाल कर शहर की ओर ही दौड़ पड़ी?

पहाड़ों पर हम सभ्य लोगों की कृपा से जो कुछ हो रहा है, उस की माँग है कि हम परिस्थिति की जाँच करें–केवल पर्वतीय प्रदेशों की नहीं, अपनी परिस्थिति की जाँच करें। सैर के लिए पर्वतों में गया हुआ सभ्य सामाजिक मानव अपना अधःपतन और गन्दगी वहाँ भी बिखेर आया है। एक विशेष प्रकार के कीड़े की तरह, जो पेड़ के पत्ते पर उसकी हरियावल खाता हुआ बढ़ता चलता है और इस प्रकार अपने पीछे पत्ते पर एक सूनी लकीर छोड़ जाता है, हम लोगों ने भी पहाड़ों की पुण्य-भूमि पर पतन और रोग और मृत्यु की एक गहरी रेखा खींच दी है।

समतल भूमि के लोग श्रेष्ठता के घमंड से भर कर कहते हैं कि पहाड़ों में क्षयी और मैथुनज रोगों के होने का कारण पहाड़ी लोगों का गन्दा जीवन और नीति-भ्रष्ट आचार है। यह अपने पाप को छिपाने का प्रपंच है। वास्तव में, ये रोग-समतल भूमि से वहाँ गए हैं। पहाड़ों में इन रोगों का नाम-निशान न होने के कारण ही वहाँ के लोग इन के प्रति निरापद (इम्यून) नहीं थे। कोई भी संक्रामक रोग जब बहुत देर तक किसी प्रदेश पर छाया रहता है, तब उसका विष ही अपना विरोधी तत्त्व

पैदा कर देता है और वहाँ के वासी उस विष के प्रति निरापद हो जाते हैं। यह एक वैज्ञानिक सत्य है। अफ्रीका के हब्शियों में भी क्षयरोग नहीं था; जब गोरे लोग उस प्रदेश को क्षय-रोगियों के लिए लाभप्रद समझ कर वहाँ गए तब हब्शियों में क्षय का जीवाणु इतनी तीव्र गति से फैला कि आतंक छा गया। एच.जी. वेल्स ने अपनी एक कहानी में बताया है कि भविष्यत् रोग मुक्त समाज में आज का एक प्राणी जा घुसता है जो देखने में बिलकुल स्वस्थ है, लेकिन उसके पहुँचते ही सारे देश में ज़ुकाम फैल जाता है–क्योंकि ज़ुकाम का जीवाणु उस देश में न होने से उसके प्रति निरापद होने की क्षमता भी नहीं थी!

रही वहाँ के आचार की बात। नि:सन्देह आचार की दृष्टि से वे उस अवस्था में हैं जिसमें हम आज से सदियों पहले रहे होंगे। लेकिन वह आचार आत्यन्तिक रूप से ग़लत ही है, ऐसी बात नहीं है। आचार कोई शाश्वत नियम नहीं है, वह स्वभावतया विकासशील है। और विकास का पहला सिद्धान्त है जाति की अस्तित्व-रक्षा–अर्थात् प्रकृति बिना मानव के जाने ही उसे उस दिशा में प्रेरित करती है जो उसका अस्तित्व क़ायम रखने के लिए सर्वोत्तम मार्ग है। हम आस्तिक हों या नास्तिक, यह बात हमें माननी ही पड़ेगी। और जब यह माना जाएगा तब किसी भी अवस्था का पहला हेतु–उसका औचित्य प्रमाणित करने वाला हेतु–हमें उस अवस्था के भीतर ही खोजना पड़ेगा।

इस दृष्टि से पहाड़ियों का आचार उनके जीवन के सर्वथा अनुकूल है–यानी अनीतिमय नहीं है। कुलू के अंचल से और आगे हिमाचल के हृदय के निकट बसने वाले लाहुली लोगों का आचरण इसका उदाहरण है। उन लोगों में शादी की रस्म बहुत सरल है और तलाक़ की रस्म उससे भी सरल, नर-नारियों को मिलने-जुलने की खुली आज़ादी है, लेकिन उनका जीवन हमारे जीवन की अपेक्षा कहीं अधिक स्वच्छ और नियमित है। उनके पाँच-छ: तलाक़ों में 'मजिस्ट्रेट' का काम करने के बाद मुझे यह कहने में ज़रा भी संकोच नहीं है कि अपने आचार-शास्त्र के भीतर लाहुली लोग जितने नीतिवान् हैं, हम लोग उसका दशमांश भी अपने नियमों के सम्बन्ध में नहीं हैं। यह मैं मानता हूँ कि हमारे नियमों की अस्वाभाविकता ही उसका कारण है, लेकिन अस्वाभाविकता की बात मान लेने पर पहाड़ी लोगों की आलोचना करने का हमारा मुँह नहीं रहता।

हम लोग ऐसी हरकतें करते हुए पहाड़ियों को शिक्षित बनाने का अहंकार जितनी जल्दी छोड़ दें उतना ही अच्छा। वास्तव में, हम कर क्या रहे हैं, इसका एक उदाहरण मुझे दाना की बस्ती में भटकती हुई एक रोगिणी युवती में मिला। मैं उसका फ़ोटो खींचना चाहता था, उसके लिए वह राज़ी नहीं हुई; लेकिन उससे

अधिक कुछ के लिए वह अप्रस्तुत नहीं होगी, यह बात मुझ पर प्रकट करने में उसने संकोच नहीं किया–उसी ढंग से जो उसे किसी पूर्ववर्ती, अतिशय सभ्य-शिक्षित व्यक्ति ने पैसों की खनक के द्वारा सिखाया होगा!

मुझे विशेष खेद नहीं है कि मैं यात्रा-वर्णन से इतनी दूर भटक गया। पहले मुख्यतया रोहतंग की जोत का वर्णन करने का विचार था, लेकिन जब शीर्षक सूझा तब यही उचित जान पड़ा कि उसे सार्थक करने में रोहतंग की जोत भी कुछ करती है, उसके साथ उसका वर्णन भी होना चाहिए जो मनुष्य ने उसे सार्थक करने के लिए किया है!

ख़ैर, मनाली और उसके आस-पास का प्रदेश देख कर, हिडिम्बा देवी के मन्दिर की चोटी तक चढ़ कर, वसिष्ठ-कुंड में स्नान करके, जब ऐसा कोई स्थान नहीं बचा कि एक दौड़ में देख कर लौटा जा सके, तब तय हुआ कि रोहतंग की जोत देखी जाए। उस समय तक मेरे दो अतिथि आ गए थे, दो और मित्र भी पार्टी में शामिल हो गए। प्रबन्ध मेरे ज़िम्मे रहा।

हम लोगों ने दो टट्टू ठीक करके सामान आगे चलता किया। राह में दो रात ठहरना पड़ सकता है–यद्यपि कोशिश की जाएगी कि दूसरी रात मनाली पहुँच जाएँ–यह सोच कर मैंने पाँच आदमियों के लिए पर्याप्त भोजन-सामग्री, कोको, डबलरोटी, कुछ सूखे फल आदि ले लिए। एक बोतल ब्रांडी की भी रख ली–बहुत ऊँचाई पर जाने से हृदय पर इतना दबाव पड़ता है कि कभी-कभी उसकी ज़रूरत पड़ जाती है। दो-बार पहले ऊँची चढ़ाई के अनुभव से मैं यह जान गया था।

मनाली से रोहतंग तेरह-चौदह मील है। पहला पड़ाव कोठी पर (जहाँ डाक-बँगला है और खाद्य-सामग्री भी मिलती है) या राहला पर होता है। राहला से ही रोहतंग की चढ़ाई आरम्भ होती है, अत: हमने वहीं पड़ाव करने का निश्चय किया। राहला मनाली से आठ मील है। हम लोग मज़े-मज़े से चलते हुए शाम तक वहाँ पहुँच गए। दोपहर का भोजन करके चले थे, शाम को दिन छिपते-छिपते राहला पहुँच गए। चलते समय तीन साथी हमारे साथ और मिल गए थे, जिनमें से एक की खादन-शक्ति का अनुमान हमें नहीं था! जब राह के सुन्दर जल-प्रपात, व्यास नदी की टक्कर से कटे हुए पहाड़, चीड़ और बांज के जंगल, कहीं-कहीं छोटे बौद्ध-शैली के मन्दिर या '**ॐ मणि द्मे हुँ...**' मंत्र के शिलालेख देखते हुए, और साँझ की बारिश में भीग कर जाड़ा हटाने के लिए ज़ोर-ज़ोर से गाते हुए हुए हम लोग राहला पहुँचे, और वहाँ के दो कमरे के पी.डब्ल्यू.डी. के बँगले में भूमि पर बैठने की जगह बना कर साथ लाए हुए आलू के पराँठे पर टूट पड़े तभी मुझे

उन नवागन्तुक की प्रतिभा का अनुमान हुआ–और अगले दिन के लिए फ़िक्र भी! पहाड़ों में ठंड के कारण भूख बहुत लगती है, और जो सामग्री हम लाए थे वह समाप्तप्राय हो गई थी।

हमारी पार्टी में दो जनों के पास कैमरे थे। हमने तय किया कि सवेरे चार बजे उठ कर चल देंगे, ताकि सूर्योदय के समय रोहतंग पर पहुँच जाएँ–हमारा अनुमान था कि उस समय का दृश्य फ़ोटो के लिए बहुत अच्छा होगा।

लेकिन सवेरे साढ़े तीन बजे बाहर निकले तो दाँत बजने लगे–इतनी कड़ाके की सर्दी थी! हम लोगों को और कोई उपाय तो सूझा नहीं, दो-दो आउंस ब्रांडी दोनों ने पी ली और चल दिए।

ब्रांडी ने पहले तो मदद की। कुछ गर्मी आई, पहली चढ़ाई तो हम आसानी से चढ़ गए। लेकिन 11 हज़ार फ़ुट की ऊँचाई पर जा कर उसका विपरीत असर हमें मालूम होने लगा। ब्रांडी की यह सिफ़त है कि थकान या गिरती हालत में लो तो उत्तेजना देती है, लेकिन पहले पीने के बाद परिश्रम करने से बहुत सख़्त 'डिप्रेशन' होता है। यही 'डिप्रेशन' उस समय प्रकट हुआ, साथ ही ऊँचाई का असर भी हुआ, मतली होने लगी। दो रातों का उनींदा और दो समय का उपोषण–'अनर्था बहुली भवन्ति' वाली बात हुई।

12 हज़ार फ़ुट की ऊँचाई पर बर्फ़ मिली। पहाड़ की एक गली या दरार में बर्फ़ का पुल बना हुआ था, उसके नीचे पानी बह रहा था। ऊपर से रास्ता था। यह पार करने के बाद तो चलना कठिन हो गया, कैमरे का बोझ भी असह्य जान पड़ने लगा। किसी तरह हम लोग रुक-रुक कर चढ़ते गए।

भूख तो शायद नहीं लगी थी, लेकिन यह सोच कर कि इस कष्ट का कारण भोजन की कमी भी हो सकता है, मेरे साथी ने एक राह चलते लाहुली से खाने को कुछ माँगा। उसके पास केवल एक अधपकी मोटी रोटी, एक-दो प्याज़ थे; उसने मुसकरा कर वे साथी को दे दिए। उससे और भी बुरी हालत हुई।

किसी तरह चोटी के निकट पहुँच ही गए। एक ओर चट्टान की आड़ में बर्फ़ बिछी हुई थी, हम वहीं रुक गए, और कैमरे के स्टैंड से बर्फ़ पर नाम खोदने लगे। मैं जब बड़े-बड़े अक्षरों में अपना नाम खोद चुका, तब स्टैंड अपने साथी को दे कर आगे बढ़ा। रोहतंग जोत की चोटी पर, राह से कुछ ही दूर पर हट कर व्यास कुंड है, जहाँ एक छोटे सोते को दीवार से घेर कर मन्दिर-सा बना लिया गया है। मैंने वहाँ पानी पिया, फिर धूप सेंकने के लिए लेट गया–तब रोहतंग की प्रसिद्ध हवा चलने लगी थी। नित्य ठीक दोपहर को यह चलती है, और इतनी घातक है कि 'मौत की घाटी' नाम का मुख्य श्रेय उसी को है।

लेट कर मैं उठ नहीं सका। मेरा शरीर ऐंठ गया, चक्कर आने लगे, सब-कुछ नीला-नीला दीखने लगा...न जाने कब तक मैं प्रतीक्षा में पड़ा रहा कि साथी आ

जाएँ, लेकिन (यह पीछे मालूम हुआ) वे जोत पर मुझे न पा कर यह समझ बैठे कि मैं दूसरी पार उतर गया हूँ, और मील-भर नीचे गए-जहाँ से फिर वापस चढ़ाई चढ़ना उनके लिए सम्भव न हुआ!

क़रीब दो घंटे बीत गए। सूर्य की किरणें तिरछी पड़ने लगीं, और उनमें गर्मी का लोप होने लगा...मैं किसी तरह उठ कर बैठा, फिर खड़ा हुआ, लेकिन जब कैमरा लेने के लिए झुका तो फिर बैठ गया।

और तब मुझे एकाएक निश्चय हो गया कि मैं अब वहाँ से नहीं उठूँगा-वहीं रह जाऊँगा। मेरी पार्टी के बाक़ी लोग अब तक अवश्य जोत देख कर लौट गए होंगे-तीन बजे के बाद कौन वहाँ ठहरता है? और अब उधर कुंड की ओर कोई नहीं आएगा...कल-लेकिन एक रात यहाँ काट कर क्या मैं कल के लिए रह जाऊँगा?

आँखें और भी निकम्मी हो गई थीं-बस कुछ नीला, काँपता हुआ-सा दीखता था। मैं आँखें बन्द करके सोचने लगा-अगर मेरे साथी न आए, तब कुछ मुझे देख कर पहचानेगा भी कौन? मेरे साथी तलाश करेंगे-लेकिन कहाँ पर?

मुझे याद आया कि बर्फ़ पर मैं अपना नाम लिख आया था-उन्होंने अवश्य देखा होगा...लेकिन उससे अनुमान तो नहीं होगा कि मैं कहाँ हूँ-उससे केवल यही जाना जा सकेगा कि 'मैं था'...और दो-तीन दिन बाद सूर्य की धूप उस चिह्न को भी मिटा देगी-बर्फ़ का वक्षस्थल फिर किसी और की लिखत के लिए उतना ही साफ़-स्वच्छ हो जाएगा! न जाने क्यों, मुझे यही बात एक भावी दुर्घटना-सी जान पड़ने लगी कि मेरा नाम वहाँ से मिट जाएगा।

मुझे याद आया कि जब लाहौर में अपनी ग़ैर-क़ानूनी कार्यवाहियों के कारण मुझे एक दिन सहसा घर से ग़ायब होना पड़ा था, तब पुलिस से बचकर निकल जाने, मित्रों को सूचना देने, आगे का प्रबन्ध करने के बाद जब मैं स्टेशन पहुँच कर रेलगाड़ी में बैठ गया और फ़ुरसत में सोचने लगा तब पहला विचार जो मेरे मन में आया वह यह था कि मेरे नए-नए छपाए हुए विजिटिंग कार्ड अब बेकार हो जाएँगे-क्यों अब अपने असली नाम का तो उपयोग ही नहीं कर सकूँगा!

चार बजे एकाएक सारा दृश्य बदल गया। मैंने अर्ध-चेतना की अवस्था में पास कहीं गाने की आवाज़ सुनी-किसी तरह उठा, पुकारने की व्यर्थ कोशिश करता हुआ लड़खड़ाया, लेकिन फिर बैठते-बैठते मैंने देखा कि नवागंतुक ने मुझे देख लिया है। मेरे सौभाग्य से वह लाहुल के सिविल सर्जन निकले जो नीचे लौट रहे थे, और उनके उपचार से मैं उठ सका। उन्होंने आग्रह किया कि मैं उनके साथ चलूँ, लेकिन मुझे अपने साथी की चिन्ता थी, अतः उन्हें उनकी सहायता के लिए, और उन से पाई हुई पेपरमिंट की टिकियों के पैकेट के लिए धन्यवाद दे कर मैं अपनी राह चला।

और कहने को कम है–क्योंकि मैं बच आया।

मृत्यु का सामना करने का मेरे लिए यह पहला अवसर नहीं था, न अन्तिम। छः बार अपने को मृत्यु को समर्पित करके और फिर जी कर मैंने यही जाना कि, जब आदमी अपना नहीं रहता, अपने को दे डालता है, तब एक मोह जो वह नहीं छोड़ पाता वह स्थायित्व का, जारी रहने का–दूसरे शब्दों में एक अपने नाम का–मोह। मनोवैज्ञानिक जो मूल प्रेरणाओं में से एक इस स्थायित्व–चेष्टा को गिनते हैं, वह उचित ही है। बल्कि वही सबसे मूल प्रेरणा है, उसी पर मानव का अस्तित्व–प्रकृति का अस्तित्व–क़ायम है। डर, प्रेम और भूख भी जब छूट जाते हैं, तब भी मानव की अपने–आपका क़ायम रखने की लालसा बनी रहती है। अपनी जाति को बनाए रखना, अपने को बनाए रखने का दूसरा नाम है, इस प्रकार यह स्थायित्व चेष्टा वास्तव में सृजन की चेष्टा है।

एक जीवन में पकड़ पाने के लिए यह एक सत्य बहुत काफ़ी है कि जब सब लालसाएँ झड़ जाती हैं–जब मानव पशुता की भी और फिर मानवता की भी केंचुल उतार फेंकता है, तब उसके भीतर जो बना रहता है, वह वह है जो नित्यता चाहता है, जो नष्ट होते हुए भी नया सृजन करना चाहता है–जो नश्वर हो कर भी ईश्वर है। इससे बढ़ कर भी कोई सत्य मौत की इस घाटी में जाना जा सकता है, यह नहीं दीखता।

ऊपर : नगर (कुलू) का एक मन्दिर
नीचे : जगतसुख–मनाली मार्ग में धनखेत

ऊपर : व्यास, कुंड, जहाँ से व्यास का उद्भव माना जाता है
नीचे, बायें : व्यास के पार एक स्थायी पुल
नीचे, दायें : राहला में व्यास का प्रपात

ऊपर : रोहतंग मार्ग से व्यास की घाटी का दृश्य
नीचे : लाहल की ओर

मंडी : व्यास–सुकेती के संगम पर शिव–मन्दिर

मंडी : पंचमुख शिव

लाहुली बच्चे

रोहतंग जोत : घाटी के रक्षक-शिखर

रोहतंग की जोत पर : गुम्पा में रूमाल बाँधते हुए लेखक

एलुरा : रावण द्वारा कैलास धारण

एलुरा : नदी देवता (गंगा)

एलुरा : चैत्य गुफा में बुद्ध मूर्ति

एलुरा

औरंगाबाद से उत्तर-पूर्व, चौदह-पन्द्रह मील दूर, दौलताबाद के दुर्ग के नीचे से हो कर जाती हुई सड़क से, खुल्दाबाद की छोटी-सी बस्ती पड़ती है। एक सफ़ेद मेहराब के नीचे से हो कर सड़क गुज़रती है; दोनों ओर सफ़ेद चूना-पुती इमारतें हैं, जिन की चक-चक सफ़ेदी में से एक बीहड़ सुनसान चीत्कार कर उठता है। वह नई-नई सफ़ेदी और इस आवरण के भीतर समाधियाँ-समाधियाँ नहीं क्योंकि इस नाम से तो शान्ति से भरे हुए व्यक्ति के अन्तिम विश्राम की ध्वनि होती है-केवल क़ब्रें; लड़ते-झगड़ते, धर्म-मद, सत्ता-मद, राज्य-लोलुपता से डसे हुए, ईर्ष्या और प्रतिहिंसा से सुलगते, धोखे, षड्यंत्र और दुष्चक्रों से खोखले हो गए मनुष्यों की क़ब्रें! मेहराब के आगे सड़क एक मोड़ लेती है, फिर सहसा एक फाटक पर जा कर समाप्त हो जाती है। फाटक के आगे एक ओर राज्य का डाक-बँगला है, दूसरी ओर राज्य की अतिथिशाला, जो रियासती ज़माने में किसी वाइसराय के आने के समय बनाई गई थी। और तब से इतर व्यक्तियों को ठहराने के काम में भी आती है।

औरंगाबाद-जैसा कि नाम से ही प्रकट है-औरंगज़ेब ने बसाया था। खुल्दाबाद भी उसी की कृति है। खुल्दाबाद के अर्थ हैं 'स्वर्ग की बस्ती'। न जाने क्या सोच कर औरंगज़ेब ने इस स्थल को यह नाम दिया होगा, पर इतिहास ने उसे एक नई व्यंग्य सार्थकता दे दी है : औरंगज़ेब और उसके सारे परिवार को वहीं मदफ़न मिला-औरंगज़ेब के जराजीर्ण और दूसरों के हिंसा-प्रतिहिंसा-जर्जर शरीरों को वहीं मिट्टी मिली-अपने ही रचे हुए स्वर्ग में सब मिट्टी हो गए।

और खुल्दाबाद उस उच्च समतल भूमि की छत पर बसा है, जिस की पश्चिमी ढाल पर एलुरा की गुफाएँ हैं : दक्षिण से उत्तर खड़ी एक भव्य प्राकृतिक दीवार में, कोई सवा मील के प्रासाद में छोटी-बड़ी पैंतीस कन्दराएँ हैं-बौद्ध, ब्राह्मण और जैन; बीचोबीच में कैलास है जो न केवल इस समूह की वरन् भारतवर्ष की भास्कर्य-कला की किरीट-मणि है, और कदाचित् संसार में उस प्रकार के शिल्प में अद्वितीय है। वास्तव में, गुफा कहने से कैलास के सौन्दर्य की या उसके रचना-कौशल की कोई भी कल्पना नहीं हो सकती; वह एक विशाल शिलाखंड को काट कर बनाया गया गुफाओं से घिरा

हुआ मन्दिर है। वह यों घिरा न होता, दूर से खुले परिपार्श्व में हम उसे देख सकते, तो उसकी सुघर भव्यता का दूसरे प्रकार का चित्र हमारे मन में उभरता। हिन्दू मन्दिर कभी भी खुले परिपार्श्व में नहीं रखे जाते और कदाचित् जन-संकुल में से ही अन्तरिक्ष की ओर उठी हुई मानव को श्रद्धापूर्ण जिज्ञासा को मूर्त्त करना ही हिन्दू भास्कर्य कला का परम्परानुगत आदर्श रहा है। जीवात्मा की परमात्मा में लीन हो जाने की उत्कंठा ही मुमुक्षा है, मन्दिर और देवालय उसके मूर्त प्रतीक हैं, और उनकी प्रतीकमयता तब तक पूरी कैसे हो सकती है जब तक कि वे असंख्यों की एकोन्मुखता को भी सूचित न करें; कैलास भी ऐसा ही प्रतीक है, वह गुफाओं से घिरा है जो उसी पत्थर से कोर कर निकाली गई हैं जिससे कि कैलास, और उतनी ही ऊँची हैं; पर गुफाओं की एक-एक मंज़िल, चढ़ कर उनके चिकने अँधेरे में से कैलास का आलोक-मंडित उभार देखते जाइए, उसका ऊर्ध्व इंगित वैसा ही प्रेरणा भरा है, एक-से-एक सुन्दर असंख्य अलंकृतियों के बीच से भी पुराने कलाकारों की श्रद्धा-विनत साधना कहती है, "यह नहीं, इससे जो सूचित होता है, वह-हम नहीं हम में जो प्राण फूँकता है, वह!"

जिस पहाड़ी के पार्श्व में गुफाएँ बनी हैं, उसके बाद घाट समाप्त हो जाता है; आगे खुली समतल भूमि है जिसमें कहीं-कहीं कोई टीला अवश्य दीख जाता है। गुफाओं के सामने कुछ दूर पर अहल्याबाई का मन्दिर है, और उसके पास एक ताल जो साँझ के प्रकाश से चमक उठता है।

एलुरा की गुफाएँ तीन श्रेणियों में सहज ही बँट जाती हैं। पहली श्रेणी में बौद्ध गुफाएँ हैं-दक्षिण से आरम्भ करके पहली बारह गुफाएँ बौद्ध हैं। इनमें संख्या 2, 3, 10, 11, 12 विशेष उल्लेखनीय हैं। अधिकतर गुफाएँ विहार हैं, पर 10, जो 'विश्वकर्मा' के नाम से प्रसिद्ध है, चैत्य है। कार्ले की चैत्य-गुफा-सी विशाल न होने पर भी यह गुफा भव्य है, और उसके भीतर प्रकांड बुद्धमूर्ति इसे एक अद्वितीय गौरव प्रदान करती है। मूर्ति-शिल्प में शिल्पी केवल मूर्ति के अवयवों को नहीं देखता, यह भी ध्यान रखता है कि मूर्ति पर पड़ने वाला प्रकाश किस अंग को प्रकाशित करेगा, किसे छाया से धुंधला कर देगा; मूर्ति-रचना में पत्थर के साथ-साथ आलोक-छाया का यह उपयोग मूर्तिकला का एक सूक्ष्म अंग है। चैत्य-द्वार पर खड़े हो कर बुद्ध मूर्ति पर स्तूप, और स्तम्भों पर पड़ते ही प्रकाश को देख कर क्रमशः स्पष्ट होता जाता है, कि चैत्य बनाने वालों ने उसका कितना कुशल उपयोग किया है; अन्धकार में से उभर कर सामने आती हुई विशाल बुद्ध-मूर्ति और भी विशाल हो उठती है; जड़ पत्थर एक श्रद्धा-भावना को जगाता है कि जिसका प्रस्पन्द-विस्पन्द एक प्रहर्ष बन कर दर्शक के रोम-कूपों में समा जाता है।

दूसरी श्रेणी में सत्रह ब्राह्मण गुफाएँ-संख्या 13 से ले कर संख्या 29 तक। इनमें विशेष उल्लेखनीय हैं सं. 14 (रावण-क्षय), 15 (दशावतार), 16 ('कैलास' अथवा 'रंगमहल'), 21 (रामेश्वर) और 29 (सीता की नहानी)। कैलास का

उल्लेख हमने ऊपर किया है। वस्तुतः, कोई भी वर्णन उसके विशिष्ट सौन्दर्य का आभास नहीं दे सकता। उससे प्राचीनतर हम जानते हैं उससे बड़े की कल्पना हो सकती है, उससे अधिक कौशलपूर्ण, अधिक भव्य, अधिक सुन्दर, सभी कुछ कल्पना में आ सकता है, पर गुणों का ठीक वही अनुपात, ठीक वैसा ही सम्पुजन, और ठीक उसी परिपार्श्व में स्थापित कला-वस्तु का वैशिष्ट्य-वह और चीज़ है, उसे देख कर ही जाना जा सकता है।

मन्दिर का, उसके शिल्प का, उसकी मूर्तियों का ब्यौरा यहाँ देना अनावश्यक भी है, असम्भव भी। वर्णन के लिए जेम्स की 'गाइड टु एलुरा केव टेंपल्स' देखी जा सकती है[1]; और तत्कालीन कलाकार की मूल प्रेरणाओं और आदर्शों को समझने के लिए हैवेल के एकाधिक ग्रन्थों की सहानुभूति और उत्साह से पूर्ण चर्चा उपयोगी हो सकती है। कैलास के आस-पास की गुफाओं में कोरे गए भित्ति-चित्रों और मूर्तियों में भारतीय मूर्तिकला के अनेक सुन्दर उदाहरण मिलते हैं। पूर्वी बरामदे में शिव-पार्वती के विवाह का चित्र विशेष उल्लेखनीय है, उत्तरी बरामदे में शिव-पार्वती के चौसर खेलने का दृश्य भी सुन्दर है। यों इन गुफाओं में, उपर्युक्त दोनों, और रावण का कैलास-धारण, भैरव, तांडव-नृत्य प्रभृति प्रसंग बार-बार चित्रित हुए हैं; मूर्तिकार को सर्वदा एक-सी सफलता नहीं मिली-किसी गुफा में एक दृश्य सुन्दर हुआ है तो अन्यत्र दूसरा। 'कैलास' में पार्वती-विवाह और रावण के कैलास-धारण के दृश्य विशेष उल्लेखनीय हैं, 'दशावतार गुफा' (सं. 15) में नृसिंह अवतार, 'रामेश्वर गुफा' (सं. 21) में तांडव-नृत्य, और 'सीता की नहानी' (सं. 29) में भैरव। सीता की नहानी कैलास-सी विराट् नहीं है, पर उसका अपना एक मृदुतर सौन्दर्य है। इसमें उपर्युक्त सभी दृश्य अंकित हैं-भैरव का उल्लेख हुआ ही, इस के सामने रावण का कैलास-धारण है; पूर्व की ओर चौसर वाला दृश्य भी है, पार्वती-विवाह है; उत्तर में योगीश्वर शिव और तांडव शिव। गुफा के दक्षिण में सीढ़ियाँ एक ताल की ओर उतरती हैं जो एक जल-प्रताप

---

1. यद्यपि कोरे वर्णन के लिए ही, क्योंकि एक कला-समीक्षक के रूप में बर्जेस की दृष्टि अनेक पूर्वग्रहों से दूषित थी, जिनमें ईसाइयत और अंग्रेज़ियत के पूर्वग्रह उल्लेखनीय हैं। पहले प्रकार के पूर्वग्रह का एक नमूना देखिए-कैलास का वर्णन करते हुए वह लिखता है : "इस की मूर्तियाँ स्मार्त्त मत के प्रचलन को, और उस नैतिक पतन को सूचित करती हैं जिस ने दक्षिण में लिंगायत सम्प्रदाय को जन्म दिया और जिसके कारण यह आवश्यक हो गया कि कोई बाहरी प्रभाव आ कर मूर्ति-पूजा के नशे में डूबी हुई, और उससे उत्पन्न होने वाले पापाचार से क्षीण हो गई जाति को उबारे। अपनी सम्पन्न कल्पना के बावजूद हिन्दू कलाकार के स्वभाव की मूल विकृति प्रकट होने से न रही। ईसाई धर्म के आलोक से वंचित अन्य जातियों में भी यही होता रहा। इस्लाम की तलवार ने यदि मूर्ति-पूजा बन्द नहीं की तो भी प्रजा को और उसी के शासकों को उत्सवों और मन्दिरों-नृत्यों का भ्रष्टाचार और अर्थहीन मंत्रों का जाप छोड़ दूसरे कामों की ओर प्रवृत्त होने को बाध्य किया। उन निष्करुण सैनिकों ने यह दीखा दिया कि सच्चे वीर, यद्यपि क्रूर, सैनिकों के सामने देवता भी उतने ही असहाय हैं जितने उनके क्लीव उपासक।"

के नीचे का थाला है; उत्तर की ओर एक खुला आँगन और है, जिसके पूर्व की दीवार पर एक भव्य देवी मूर्ति है–कछुए पर खड़ी और एक परिचारिका तथा गन्धर्वों से घिरी हुई कदाचित् कोई नदी–देवी है। यह आँगन–ऐसा उसकी निर्मिति से जान पड़ता है–एक उथला कुंड रहा होगा, और पूर्वी भित्ति पर उसे अवलोकती हुई नदी देवी की मूर्ति का होना स्वाभाविक ही है। गुफा से सीढ़ियाँ नीचे उतरती हैं; नीचे दोनों ओर सिंह बैठे हैं। न मालूम इस गुफा का नाम 'सीता की नहानी' क्यों पड़ा, लेकिन एक ओर यह छोटा कुंड और दूसरी ओर जल–प्रपात–सेवित ताल को जाती हुई सीढ़ियाँ उसे सार्थकता तो देती हैं।

शेष गुफाएँ–संख्या 31, 32, 33 का गुफा–समूह–जैन है। अन्तिम समूह की मुख्य गुफा 'इन्द्र–सभा' कहलाती है; यही उल्लेख्य है। इसमें इन्द्र और इन्द्राणी की विशाल मूर्तियाँ हैं; इधर–उधर तीर्थंकरों की मूर्तियाँ हैं।

गुफाएँ सब पश्चिम–मुखी दीवार पर बनी होने के कारण तीसरे पहर से सन्ध्या तक ही उनका आभ्यन्तर ठीक देखा जा सकता है, यद्यपि भीतर के कोष्ठ अलग–अलग दिशाओं में खुलते हैं और कहीं–कहीं जगह तंग होने के करण दोपहर की सीधी बरसने वाली किरणों का नीचे से प्रतिवर्तित प्रकाश ही अधिक उपयोगी होता है। सब गुफाएँ देख कर, घाट के पश्चिम मुख को घेर कर लौटती हुई सड़क पर साँझ को चलता हुआ पथिक, धुँधलके में चट्टान की हर आकस्मिक दरार में भी छेनी की सोद्‌देश्य कोर देखने लगता है, घाट का समूचा पार्श्व अधूरी कोरी हुई, या कोरने के बाद फिर धुंधली पड़ गई असंख्य आकृतियों से सजीव हो उठता है; ये कल्पना–प्रसूत मूर्तियाँ यात्री को घेर कर उसके मानस पर छा जाती हैं, उसके साथ–साथ चलने लगती हैं, उससे बातें करने लगती हैं...मानो एक अपर लोक की भावनाओं, आशा–आकांक्षाओं से भरा, पुराकाल के कलाकारों की आदर्श–साधना से आविष्ट बटोही, सहसा देश–काल के बन्धनों से मुक्त हो जाता है। घिरते अँधेरे में जब वह लम्बा चक्कर काट कर फिर खुल्दाबाद की ओर मुड़ता है, तो सड़क पर फाटक की वही मेहराब सामने पा कर मानो चौंक उठता; वह मेहराब वास्तविक नहीं जान पड़ती, बल्कि किसी पुरानी मेहराब की प्रेत–छाया; और उसके भीतर से गुज़रती हुई सड़क भी, आज की ठोस और सपाट पक्की सड़क न हो कर किसी प्रेत–लोक का मार्ग बन जाती है। एलुरा के कलाकार की भावना से अब भी आविष्ट राही को लगता है, वही सत्य है, और यह पक्की सड़क एक भ्रान्ति, और औरंगज़ेब का खुल्दाबाद एक मिथ्या आभास, एक प्रेत बस्ती, वह मेहराब जिसका फाटक है...

क्या सोच कर तुम ने अपने मरण–स्वर्ग के लिए वह स्थल चुना था, औरंगज़ेब! प्राकृतिक सौन्दर्य के कारण? सौन्दर्य वहाँ है, निःसन्देह; लेकिन तुम्हारे बुजुर्ग कश्मीर गए थे; कश्मीर जा कर भी उन्होंने अपनी विलासिता के ही साधन

रचे, पर प्राकृतिक सौन्दर्य तो वहाँ था! क्या ज़ेबुन्निसा की अचूक कवि-दृष्टि जो सौन्दर्य देख सकी थी उसके प्रति तुम बिलकुल ही अन्धे थे? या कि विलासिता का विरोध करने के लिए ही तुम बुजुर्गों की लीक को छोड़ कर दक्षिण गए?

बटोही को लगता है मानो इस अभाषित प्रश्न से आहूत, औरंगज़ेब की छाया, प्रेत-स्वर्ग से आगे आ कर मेहराब के सहारे खड़ी हो जाती है, और उत्तर देती है। पूर्वजों की महत्त्वाकांक्षा औरंगज़ेब में भी थी; आसेतु साम्राज्य की कल्पना के कोड़े उसे भी दौड़ाते रहे थे...औरंगाबाद उसके साम्राज्य-प्रसार की दक्षिणी सीमा थी; साम्राज्य-दुर्ग की दीवारें उसे काँपती हुई दीखीं तो एक नया धुस्स खड़ा करने के लिए ही उसने खुल्दाबाद का निर्माण किया होगा। पर जो भीतरी दुर्बलता से गिरता है, उसे बाहरी सहारे और ठूमने नहीं खड़ा रख सकते; और औरंगज़ेब के आकांक्षा-दुर्ग का धुस्स आज उसी की मिट्टी पर खड़ा है।

बटोही फिर पूछता है, क्या सोच कर तुम ने यहाँ अपनी समाधि बनवाने की सोची, सम्राट औरंगज़ेब? अपनी समाधि पहले से बनवा रखने की बात औरों को भी सूझती रही, ठीक है,-मृत्युपूजक और भी रहे-पर तुम ने यह स्थल क्यों चुना? ठीक यही स्थल, एलुरा की गुफाओं की छत का यह समतल, तुम्हारे शासितों का जो उच्चतम आदर्श हो सकता है-कैलास-उससे भी कुछ बालिश्त ऊँचा अपना स्वर्ग बनाने की भावना क्यों तुम्हारे मन में रही? एलुरा की गुफाओं और मूर्तियों पर भी पलस्तर और रंग का लेप होता था; आज वह नहीं होता और भीतर के पत्थर निकल आए हैं। तुम्हारी और तुम्हारे भ्रातृघाती, पितृघाती अपत्यघाती कुलद्रोही कुनबे की क़ब्रें आज भी चक-चक लिपी-पुती हैं। लेकिन एलुरा आज भी एक अचरज है बल्कि रंग न होने से उसका मूल सौन्दर्य और उभर आया है; और तुम-तुम्हारी समाधियाँ? क्यों तुम सोच सके कि एक व्यक्ति का दर्प-भले ही शासानुशास का दर्प-एक समूची जाति की श्रद्धा-विनत साधना से अधिक समर्थ हो सकता है?

आस्था तुम में भी थी-धर्मात्मा तुम भी थे-शारीरिक परिश्रम से अपना भरण करने की साधना भी तुम ने की थी। पर क्या तुम नहीं जानते थे कि साधना का एक अहंकार भी होता है जो साधना को ले डूबता है क्योंकि जहाँ अहंकार का विसर्जन नहीं है वहाँ विनय नहीं है, और जहाँ विनय नहीं है वहाँ साधना कैसे हो सकती है? ईश्वर के आगे झुकने से ही तुम अपने समकक्ष मानव-प्राणी से अपने को ऊँचा समझने के अधिकारी बनते थे, जो आध्यात्मिक दर्प है-जो अहंकार का सबसे विघातक रूप है। ईश्वर की क्षुद्रतम रचना के आगे विनयी होना ही ईश्वर के आगे विनयी होना है। और इसी से, तुम्हारे मृत स्वर्ग के स्तम्भ-रूप इन एलुरा के गुफा-चैत्यों और मन्दिरों के निर्माता, नाम विहीन कलाकार अमर हैं, और उनकी छत पर टिके हुए अपने इन मरण-मंडपों में बैठे-बैठे पचित, जीर्ण होते हुए तुम-एक प्रेत, केवल प्रेत...

माझुली

नागकेसर के फूल तब पूर्ण विकसित हो चुके थे, पँखुड़ियाँ झरने लगी थीं और केसर की मादक गन्ध छोटी-छोटी पहाड़ियों और उपत्यकाओं को लाँघती हुई शून्य में फैल रही थी। तीसरे पहर बड़े-बड़े शुभ्र बादल उठते थे और बच्चों की तरह नाना प्रकार के जन्तुओं का रूप धरने की क्रीड़ा करते हुए आकाश के प्रांगण के पार निकल जाते थे। मन्दिर-श्रेणी के नीचे बिछे हुए सरोवर का नील विक्षुब्ध हो उठता था और मानो उसे परचाने के लिए किनारे के अशोक-वृक्ष के दो-बार खिले फूल झर कर उस पर आ गिरते थे...

मैंने मधुमक्खियों से बचते हुए अशोक के उन दीप्तवर्ण फूलों का एक गुच्छा तोड़ लिया। तब नहीं जानता था कि क्यों, लेकिन थोड़ी देर बाद अपने पैरों की गति देख कर जाना कि मैं शुभ्रा के घर की ओर जा रहा हूँ।

मैंने फूल शुभ्रा को दे दिए। कहा, "शुभ्रा, मैं विदा माँगने आया हूँ।"

शुभ्रा फूल अपने जूड़े में खोंसते हुए मेरी ओर देख कर हँस दी। एक खुली सफ़ेद बादल-सी हँसी!

मैंने फिर कहा, "भोर होते ही मैं यहाँ से चला जाऊँगा।"

उसने पूछा, "फिर कहाँ देखना होगा?"

अब की बार मैंने हँसना आवश्यक पाया-वैसी ही खुली हँसी, क्योंकि खुलापन ही एक अभेद्य आड़ है।

फिर मैंने कहा, "फिर कभी होगा तो, शायद? कब का क्या पता? पर अशोक तो हर साल फूलेगा, कोई ला दिया करेगा। काले के साथ दीप्त रंग सजता है?"

उसने मुँह फेर लिया। अशोक के फूलों से सजा हुआ कवरी-बन्ध मुझे पूरा दीख गया। पर यह मुझे नहीं लगा कि वह इसी लिए उधर मुड़ी थी।

मैं जल्दी से लौट चला।

पश्चिम के देहातों के सूखे भू-भागों में बैलगाड़ी की चूँ-चूँ अच्छी नहीं लगती। पर असम के बाँसों से घिरे पथ में वही ध्वनि पवन की सरसराहट के साथ

मिल कर एक अद्भुत संगीत का रूप लेती। मानो विस्तीर्ण हरियाला अन्धकार अपने पूरक रक्ताभ आलोक की स्तुति में कोई मन्द्र–गम्भीर छन्द गुनगुना उठे।

तड़के तीन बजे चला था; सात बजे ब्रह्मपुत्र के तट पर पहुँच गया। अपना बोरिया–बिस्तर और दस दिन का राशन नाव में लादा। 'नावरिया' ने बड़े उल्लास के साथ कछार को लात मारी और नाव प्रवाह में डाल दी। यों तो ब्रह्मपुत्र के जिस अपूर्व द्वीप पर मुझे जाना था, उसका उत्तरी छोर तीन मील नीचे ही मिल जाता, पर वहाँ घाट सुविधा न होती इसलिए और आठ मील नीचे धारा के साथ बह कर घाट पर जा लगने का विचार था।

नाव नदी के बीच में जा कर खड़ी हो गई। मैंने ध्यान से किनारे की शिस्त ले कर देखा, हम बिलकुल स्थिर खड़े हैं। हवा ज़ोर की थी, मैंने कहा, "नावरिया, पाल खड़ी करो।"

नावरिया केवल ज़ोर से हँस दिया।

असमिया लोग ख़ूब हँसते हैं। बाधाओं पर और भी अधिक हँसते हैं। इसलिए कि वे बाधा को बाधा मानते ही नहीं, वह तो केवल काम न करने की एक युक्ति है, और काम न करना पड़े तो क्यों न हँसा जाए! बात यह थी कि नदी का प्रवाह तो दक्खिन को था, जिधर हमें जाना था; पर हवा का रुख उलटा था। पाल लगाने से तो हम तीव्रता से उलटी दिशा में चलने लगते, बिना पाल के केवल जहाँ के तहाँ थे।

जिस तरह कश्मीरियों की प्रिय उक्ति है, 'कुछ फिकिर नई', उसी तरह असमियों की जीवनालोचना का निचोड़ जिस एक वाक्य में आ जाता है वह है 'बड़ दिकदारी'। मैंने हवा की ओर मुँह उठा कर कहा, 'बड़ डिकडारी'। असमिया लोग 'द' को प्राय: 'ड' ही उच्चारण करते हैं।

नावरिया ने मान लिया कि मैं उससे पूर्ण सहमत हूँ, और बैठ कर वह तम्बाकू चबाने लगा।

लगभग तीन घंटे बाद, हम लोग जहाँ से चले थे उस स्थान से कुछ और ऊपर ही किनारे आ लगे। मैंने गाँव से फिर बैलगाड़ी मँगवा कर सामान लादा और दूसरी दिशा से उस द्वीप पर आक्रमण करने चल पड़ा।

नानी कहा करती थी, 'यह लड़का न जाने कैसी घड़ी में जन्मा है। उलटी गंगा बहाएगा।' गंगा तो पुण्यसलिला है, पर ब्रह्मपुत्र ज़रूर उलटा बहाया जा सकता है, आप मान लें।

मेरे साथ मेरा अनुचर मनदोज भी था। इस लघुकाय गोरखे में सबसे बड़ा गुण यह था कि वह जब जहाँ हो सो सकता था। फिर बैलगाड़ी में तो हमें नौ घंटे हो चुके थे–रात हो गई थी...मैंने अपने लिए स्थान सामने की ओर बनाया था,

उसके बाद मेरे कपड़ों का और राशन का बक्स था, फिर मनदोज के बैठने का स्थान, फिर पीछे हमारे दोनों बिस्तरे–इस प्रकार गाड़ी का बैलेंस भी ठीक हो गया था और हमें स्थान भी अपनी रुचि के अनुकूल मिल गया था–मुझे सामने का दृश्य देखने का चाव था, और मनदोज को ट्रंकों की दरार में सिर फँसा कर और बिस्तरों पर टाँगें फैला कर सोने का। हम लोग कुछ खा कर एक बजे 'प्रत्यावर्त्तन के पथ पर' चले थे; तब से एक बार आधे घंटे के लिए मेरे जगाने पर मनदोज उठा था–हमने चाय बना कर पी थी। अब रात के ग्यारह बजे थे, मनदोज तो सो ही रहा था–और अब तो सुबह तक जागने का प्रश्न ही क्या? गाड़ीवान भी कुछ-एक गीत गुनगुना कर ऊब गया था और कुछ-कुछ ऊँघता हुआ बैठा था, बैल यंत्रवत् चले जा रहे थे।

तारे थे। ऊपर छत के अधगोल और सामने गाड़ीवान के कन्धे के बीच की जगह में से दो-चार तारे दीखते थे, कभी-कभी मोड़-माड़ आने पर एक-आध अधिक दीप्त तारा झलक दे जाता था। मैं भी ऊँघने लगा–ऊँच का जादुई मरहम मेरे थके अंगों और टूटती हड्डियों को सहलाने लगा।

हठात् चौंक कर जगा। गाड़ी खड़ी थी। गाड़ीवान ने कहा, "हम लोग पहुँच गए।"

मैंने देखा, एक सरोवर के किनारे गाड़ी खड़ी है। अशोक का पेड़ शायद इस के पास भी होगा। पर वह फिर जाएगा। मैंने ज़ोर से आवाज़ दी, "मनदोज! ओ मनदोज!"

नींद से भर्राई आवाज़ बोली, "जी साहब।"

"उठो अब। सामान उतारो। यहाँ बाहर ही बिस्तरे कर लेंगे, सवेरे देखा जाएगा।"

सहसा चुप, यद्यपि मैं अनुभव कर सका कि वह सुप्ति की नहीं है, अत्यन्त सजग है।

"क्यों, मनदोज, क्या है?"

मनदोज ने अविचलित भाव से उत्तर दिया, "साहब, बिस्तरा तो गीर गया।"

मनदोज के सोते-सोते दोनों बिस्तरे गाड़ी के दचके से कहीं गिर गए थे, दचकों के कारण सामने हमें पता न लगा और पीछे मनदोज की नींद न टूटी।

मैंने बड़े यत्नपूर्वक जल्दी-जल्दी मन-ही-मन दुहराना शुरू किया, "असम बड़ा सुन्दर देश है। यहाँ के लोग बड़े हँसमुख और मिलनसार हैं। असम बड़ा सुन्दर–" क्योंकि नहीं तो मुँह से जो कुछ निकलता वह पक्के साहबों के साथ रहे हुए मनदोज को अप्रत्याशित भले ही न लगता, मेरे लिए अवश्य पश्चात्ताप का कारण बनता।

फिर मनदोज को कुछ कहने के लिए मैंने कहा, "चाय बनाओ।" गाड़ीवान से कहा, "सामान उतार कर गाड़ी मोड़ो, हम बिस्तर खोजने चलेंगे।"

मनदोज ने तत्परता से कहा, "जी साहब!" और ट्रंक उतार लिए।

गाड़ीवान ने कुछ कम तत्परता से कहा, "बड़ डिकडारी।"

सौभाग्यवश अधिक दूर नहीं जाना पड़ा। कोई तीन मील दूर पर एक, और आधा मील और आगे दूसरा बिस्तर मिल गया। और जो एक गढ़े के पास के कीचड़ में गिरा था वह बिस्तरा मेरा नहीं, मनदोज का था। जी कुछ ठंडा हुआ। तीन घंटे बाद लौट कर देखा, आग जल कर ठंडी हो चली है, केतली उस पर चढ़ी है, और मनदोज–ट्रंक पर सिर टेके सो रहा है।

सवेरे ही मोटर पकड़ी और अढ़ाई घंटे बाद कोक़िलामुख जा पहुँचे। नाम से अनुमान था कि यहाँ कोक़िला नदी ब्रह्मपुत्र में पड़ती होगी; पर थे वहाँ केवल तीन–चार झोंपड़े और नाव की प्रतीक्षा में बैठने वालों के लिए ठेकेदारों द्वारा बनाया हुआ एक फूस का छप्पर। कोक़िला कुछ मील दूर पड़ती थी; सम्भव है पहले कभी उसका मुख यहीं रहा हो।

हमने बड़ी नाव की प्रतीक्षा न कर एक आठ मन की डोंगी भाड़े ठहराई और बैठ गए। यहाँ से ठीक सामने द्वीप का मध्य भाग पड़ता था, सीधे लगभग तीन मील का फ़ासला था; पर बीच में एक और छोटे द्वीप का चक्कर काट कर जाना पड़ता था इसलिए चार मील से कुछ अधिक जाना पड़ेगा। फिर द्वीप के मध्यवर्ती घाट कमलाबाड़ी में पहुँच जाएँगे।

यहाँ पर इस रहस्यमय द्वीप का कुछ परिचय दे देना उचित होगा।

ब्रह्मपुत्र स्रोत से समुद्र तक अपने मार्ग में पूर्व, पश्चिम, उत्तर, दक्षिण चारों दिशाओं में बह लेता है। उत्तर–पूर्वी असम में प्रवेश करते समय उसका पूर्व–मुखी प्रवाह ब्रह्मकुंड में आवर्तित हो कर दक्षिण–पश्चिम को बहने लगता है, फिर गंगा (पद्मा) से मिलने पर वह दक्षिण–मुखी हो जाता है। ब्रह्मकुंड के आस–पास उसका रूप कुछ वैसा ही है जैसा लछमन–झूला–ऋषिकेश की गंगा का, यद्यपि ब्रह्मपुत्र के गहन–वनाच्छादित महिष–गजेन्द्र–सेवित कछार का सौन्दर्य अपूर्व और अतुलनीय ही है।

तो ब्रह्मपुत्र के समतल मार्ग के बीच में माझुली नाम का एक द्वीप है। नदियों में छोटे–छोटे टापू होना मामूली बात है। लेकिन माझुली अपने ढंग का अनूठा टापू है–संसार की किसी और नदी में 70 मील लम्बा और 10 मील चौड़ा, लगभग 25 हज़ार की जनसंख्या वाला द्वीप मैंने तो नहीं सुना! यों वर्षाकाल में जब नदी का पानी चढ़ता है तो द्वीप की लम्बाई बीस–एक मील कम हो जाती है और जगह–जगह पानी भर जाता है, लेकिन तो भी क्या?

माझुली का यही एक महत्त्व हो सो नहीं! असमिया सांस्कृतिक जीवन में उसका एक गौरवपूर्ण स्थान है। वैष्णव सन्त शंकर देव और उनके शिष्य माधव देव

के सम्प्रदाय ने यहीं पर सत्र स्थापित किए, और उसकी परम्परा को चलाने वाले वैष्णवों के कई सत्र यहाँ अब भी चल रहे हैं। एकेश्वरवादी निराकारोपासक असमिया वैष्णव असम भर में फैले हुए हैं और उनके धार्मिक जीवन को माझुली के ही सत्राधिकारों से प्रेरणा मिलती है। यों विभिन्न सत्रों की प्रतिष्ठा में न्यूनाधिक का अन्तर होना स्वाभाविक है, पर उत्तर-भारत के अनेक मठों और मठाधीशों की तरह ये स्थान व्यसन और विलासिता के शिकार हो कर जन-साधारण की दृष्टि में पतित नहीं हो गए हैं, और सभी सत्र असमिया हिन्दुओं द्वारा आदर की दृष्टि से देखे जाते हैं। अभी इतना परिचय यथेष्ट होगा, कुछ और तो प्रकारान्तर से क्रमशः मिलेगा ही।

दोपहर होते-न-होते कमलाबाड़ी जा पहुँचे। घाट से बढ़ कर मीरी जाति के एक गाँव के पास से हो कर डाक-बँगले पर जा पहुँचा, सामान रख कर मुँह-हाथ धोया। मनदोज से प्रार्थना की कि अब कम-से-कम घंटा भर जागते रह कर कुछ डिब्बे का और कुछ ताज़ा मिला कर भोजन दे दे, और उसके 'जी साऽब' की अन्तर्ध्वनि से कुछ आश्वस्त हो कर आराम-कुरसी पर बैठ कर प्रतीक्षा करने लगा।

प्यास थी। यों मनदोज को पीने के लिए पानी उबाल कर रखने की आदत डाल दी थी, पर अभी फ़ौरन तो वह नहीं चलेगा; चौकीदार से पूछा तो उसने बताया कि वहाँ विलायती फ़िल्टर है, साहब लोग उसी का पानी पीते हैं। मैंने कहा, उस में हाथ-पम्प से ताज़ा पानी डाल दे और छनने पर गिलास-भर दे दे। दो मिनट के अन्दर ही वह गिलास-भर पानी ले आया तो मैंने विस्मय से पूछा, "इतनी जल्दी छन भी गया? बासी पड़ा हुआ तो नहीं है?"

चौकीदार ने आहत स्वर में कहा, "नहीं साहब, अभी ताज़ा डाल कर लाया हूँ।"

मानवता में मेरी अपार श्रद्धा है। पर असम के पलटनिया जीवन में सीख लिया था कि पानी के बारे में सहज विश्वासी न हो। मैंने जा कर फ़िल्टर देखा तो उसके ऊपरी अंश में बिलकुल पानी नहीं था, चलनी के नीचे जल अब भी भरा था। मैंने अविश्वास के साथ कहा, "सारा पानी इतनी देर में छन भी गया?"

चौकीदार की मुद्रा ने कहा, 'साहबों के साथ अपार धैर्य की ज़रूरत पड़ती है-पर मुझ में है।' वाणी ने कहा, "नहीं, मैंने चलनी उठा कर भर दिया था।"

कारण? यही कि फ़िल्टर करके निकालने में बहुत देर लगती है जो कि 'बड़ डिकडारी' की बात है।

मैंने मन मार कर कहा, "भाल।" वह चला गया, तो मैंने छिपा कर पानी नाली में डाला, और दो-एक किताबें निकाल कर बैठ गया कि चाय आने तक प्यास को बहलाए रक्खूँ। पीछे मनदोज से फ़िल्टर का पानी फिंकवा कर नया भरवाया-कि रात-भर में बिना 'बड़ डिकडारी' के छन जाए!

कुछ एक बकरियाँ डाक-बँगले के हाते में चली आईं। बिना झिझक के वे बरामदे की ओर बढ़ीं, सीढ़ी चढ़ कर बरामदे में और फिर कमरे में चली आईं। एक बार मेरी ओर देखा, शालीनता से सिर मोड़ कर मेरी उपस्थिति को क्षमा कर दिया और थूथनी से मेरी पुस्तकें उलटने लगीं...

मुझे मानवेतर प्राणियों में ठीक वैसी ही दिलचस्पी है जैसी मानव शिशुओं में-इतर जन्तुओं में शिशु के सभी गुण-अवगुण होते हैं और दोनों का समान पर्यवेक्षण विकासवाद के सिद्धान्तों को सहज-ग्राह्य बनाने के लिए सबसे अच्छी पाठशाला है! कभी-कभी बहुत समय तक निश्चल बैठ कर मैं एक-आधा ढीठ गौरैया को इतना आश्वस्त कर सका हूँ कि वह क्षण-भर मेरे कन्धे पर बैठ कर फुर्र उड़ जाए; कुत्ते, तोते, मोर, चकोर, कबूतर, तीतर आदि के अलावा गिलहरी, बन्बिलार, लँगड़े कौए और चील के बच्चे तक मैंने पाले हैं; और उनका विश्वास-भाजन बनने में आनन्द पाया है, पर माझुली में जन्तु और मानव में जैसा साधारण सहज साहचर्य देखा वैसा और कहीं नहीं देखा। पहली यात्रा में तो यह बात छोटे-छोटे पशु-पक्षियों को ले कर ही लक्षित हुई-दो-एक बार हाथी अपने-आप डाक-बँगले में आ कर घुटने टेक और सूँड़ उठा कर सलाम करके मेरे हाथों केले के फल और मूँगफली आदि खा गए, पर ये आस-पास के सत्रों के सिखाए हुए हाथी थे-किन्तु दूसरी बार माझुली आ कर मैंने देखा कि द्वीप के हिंस्र पशुओं के साथ भी मानो मानव द्वीपवासियों का अलिखित समझौता है...

दूसरी बार जब गया तब बाढ़ के दिन थे। बाढ़ के दिनों द्वीप की लम्बाई प्रायः दो-तिहाई रह जाती है और बीच में भी जहाँ-तहाँ नदी-नाले-दीर्घा और खाल-बील तथा 'मरी नदियाँ' अपनी मर्यादाएँ तोड़ कर बहुत-सा प्रदेश लील लेती हैं; जिससे द्वीप का क्षेत्रफल शायद आठवाँ भाग हो जाता है...द्वीप में जहाँ-तहाँ धरातल कुछ ऊँचा है वहीं गाँव बसे हैं। किन्तु इतनी ऊँची भूमि बहुत कम है जो बिलकुल सुरक्षित हो; और गाँव के घरों में बहुधा पानी आ जाता है। कुछ सत्र ही इतनी ऊँची जगह पर हैं कि पक्की इमारत बनाना उचित समझा जाए, नहीं तो घर प्रायः बाँस और फूस के 'बासे' हैं-सम्पन्न घर में दीवार पर गारे की पपड़ी जमा कर ऊपर चूने से पुताई कर दी जाती है, बस! इस वर्णन से अनुमान नहीं हो सकता कि असमिया घर कितना स्वच्छ और सुव्यवस्थित होता है, वह देख कर अनुभव करने की चीज़ है।

माझुली में सबसे ऊँची जगह वहाँ की एक मात्र सड़क है। उत्तरी असम को जाने के लिए यही मार्ग है, और इसे वर्ष-भर चालू रखने के लिए बहुत ऊँची पटरी पर बनाया गया है। सड़क द्वीप के आर-पार बनी है; द्वीप पार करके ब्रह्मपुत्र की दूसरी धारा सुवर्णश्री अथवा सुवनसिरी फिर पार करनी पड़ती है।

बाढ़ में, जब गाँवों में पानी भर जाता है,...तब नीचे प्रदेश तो डूब ही जाते हैं। तब द्वीप-भर से साँप ऊँची ज़मीन पर या पेड़ों पर चढ़ जाते हैं; वन्य पशु, जिनमें बाघ की पर्याप्त संख्या भी है, दलदल और हाथी-घास के प्रदेश से सिमटते हुए क्रमशः सड़क की पटरी की ओर बढ़ जाते हैं और अन्त में सड़क पर ही आ जमते हैं।

दूसरी ओर गाँवों में जल-प्लावन द्वारा खदेड़े जा कर ग्रामवासी भी ऊँची ज़मीन पर आश्रय लेते हैं। प्रत्येक के अनेक डोंगियाँ तो होती ही हैं, जो निकटवर्ती खाल या मरी नदी में पड़ी रहती हैं; स्थानान्तर करने में ये काम आती हैं। हर गाँव के अपने-अपने मचान भी बने होते हैं, जिन की देख-रेख और मरम्मत गाँव-भर की ज़िम्मेदारी होती है। पानी अधिक बढ़ जाने पर ग्रामवासी पेड़ों पर बने हुए इन मचानों का आश्रय लेते हैं, और अपने डोर-डांगरों को खदेड़ कर सड़क की पटरी पर कर देते हैं; वहीं सूखी पुआल डाल देते हैं।

इस प्रकार बाढ़ के दिनों में वह दस-एक मील की सड़क की पटरी एक विराट् मेले का रूप लेती है-भेड़-बकरी, लोमड़ी-सियार, बाघ-बघेल-बिलार, साँप-बिच्छू सब मानो अपनी-अपनी भीटी पर आ जमते हैं, और मचानों पर बैठे मानव प्राणी धैर्यपूर्वक मेला देखा करते हैं। परदेशी वह दृश्य देख कर थर्रा जाएँ, किन्तु जिस तरह मौसम में मौसमी बुख़ार होता ही है और कोई यह नहीं कहता कि महामारी फैल गई है, उसी तरह माझुली के वासी भी अपने जीवन-क्रम के इस नियत अनिवार्य अंश को स्वीकार कर लेते हैं। दैव पर झल्लाया नहीं जाता, उसे सहने का उपाय किया जाता है। 'डिकडारी' वह है निःसन्देह, किन्तु ढाँचे में बैठाई हुई, साँचे में ढली हुई, इसलिए वश्य। और फिर पानी उतर जाता है, सब लोग अपने-अपने घर जाते हैं, पशु अपने बाड़ों में, बाघ अपनी माँद में और साँप अपनी बाँबी में, और ढर्रा चलता रहता है, ढर्रे का चलना ही तो सनातन है, और इस सनातन तत्त्व की सहज अनुभूति ही तो 'विश्वमैत्री' और 'जीवदया' का रहस्य...

यह नहीं कि जीवन के अनुक्रम में व्याघात न होता हो। किन्तु, बाघ एक-आध को खा ले, दो-एक को थपड़िया जाए, तो भी क्या? जिस तरह यह लम्बी हाथी-डूबी घास सारी दलदल भूमि पर छा जाती है, उसी तरह विवर्तन का नियम भी...इस सबका व्यक्तिगत अनुभव हुआ दूसरी यात्रा में; किन्तु पहली ही यात्रा में जब बकरियाँ मेरी पुस्तकें उलट-उलट कर कुछ हताश हो कर चली गईं तब चाय पीते-पीते मैं कल्पना में माझुली के जीवन का चित्र देखने लगा, और वह चित्र शब्दों के सूत्र में गुँथने लगा...

आज भी मेमने आ कर मेरी पुस्तकों को उलटा जाएँगे,
और नीलकंठ किंशुक के ठूँठ पर ऊँघेगा
और सेमल की बुढ़िएँ हवा पर तैरती चली जाएँगी।
आज भी धुँधला आर्द्र प्रकाश बिछल जाएगा नील स्फटिक खंडों पर

चिकनी लचकीली ग्रीवाओं और तरंगायित नितम्ब-लहरियों के,
ओज भी वस्त्र-खंडों में से कुच-मुकुलों का निर्व्याज सौन्दर्य झाँक जाएगा
निरायास स्वच्छन्दता की ही ओट ले कर!
आज भी फूस के छप्परों को छितरा जाएगी ढोलकों की गमक,
और बाँसुरी का भटकता सुर
वेणु-कुंज में बसी अपनी चिरन्तन जननी को उत्कंठा से पुकारेगा!
और असाढ़ में नदी भरेगी, और दस्यु लहरें
लूट ले जाएँगी कगारों की रेती, तीड़ लेंगी करारें,
और फेन की ध्वजा फहराती हुई सदर्प बढ़ती चली जाएँगी
अन्तहीन सगर की ओर!
एक बार फिर : रातें अँधियारी हो जाएँगी और दिन उदास,
पत्तियाँ पीली पड़ जाएँगी और तने जलमग्न होंगे,
बिच्छू और साँप के फूत्कारों में क्रोध बेबस हो उठेगा,
बाघ आठ को मार डालेगा
और पुजारी की बहू को झँझोड़ कर छोड़ जाएगा,
और कुएँ के पास छः भेड़ों की अँतड़ियाँ सड़ती रहेंगी,
और मानवीय खोपड़ी के आयतन पर
गलगंडों का विस्तार विद्रूप हँसी हँसेगा!
एक बार फिर
लड़खड़ाते तरु-शिखरों, से युग-दर्शी आँखें
मटमैले प्लावन को हेरेंगी-
काल की भेदक व्यथा ही काल को पारदर्शी बना देगी
और झलकेगा एक स्वप्न, जिसमें
फेन का उफान, हट जाएगा, और बेत वृक्षों की छड़ी-सी अँगुलियों से
रेशम के पालनों पर झूलते हुए उतरेंगे
लोमहर्ष कीड़े-
बुदबुदाती दलदल की कीचड़ में खोजते
अंकुर किसी पंकाकुल जीवन के :
जिन्हें शीघ्र भूखे हाथ टोह-टोह खोल लेंगे
उनके सहारे एक बार फिर
मूर्च्छित विपन्न प्राणों में, युग-जीवन की युगातीत चेतना जगने को!
काल का प्रवाह एक सूत्र है, पशु है, जो बाँधता है, बेबसी में।
ज्ञान एक लीक है जो वहिष्कृत करती है!
मेरी आँखें अनभिज्ञता के झरोखे से

स्पष्ट देख पाती हैं :
युगातीत शान्ति इस चक्रावर्त जीवन-विवर्तन पर।
इतना ही देखता हूँ। आगे यदि देखता,
और यदि जानता, और गहरे पैठता,
तो शायद मेरी दृष्टि भी
बँध जाती, घिर जाती, कट जाती काल के प्रवाह की थकान से।
मैं न तब देख पाता कौतुहली मेमने,
न ही मुझे बोध होता नील-स्फटिक ग्रीवा का,
ध्यान मेरा टिकता न वक्ष के मुकुल पर!
एक बार और फिर, फिर और एक बार,
और एक बार फिर।
किन्तु आज ढोल की गमक पर
कीर्तन का स्वर टेर रहा है :
चम्पक की शय्या पर देवी राधा सोई हैं :
आवें कब श्याम? मिटे वेदना विरह की
मिटे प्यास उभयमुखी, दोहरे विलय में
जागे नई एक अन्तहीनता
क्योंकि जितनी समर्थ अन्तहीन शक्ति श्याम की है :
उतनी ही आदिहीन देवी की भी प्यास है!

आउनियाटी सत्र के सत्राधिकारी ने हाथी भेजा। हाथी छोटा था-इतना छोटा कि उसकी पीठ पर घोड़े की तरह काठी मार कर बैठा जा सके!-किन्तु अत्यन्त फुर्तीला। हम सड़क से उतर कर पगडंडियाँ-नाले-ताल दीर्घाएँ और खालें पार करते हुए दो घंटे में आउनियाटी पहुँच गए।

आउनियाटी सत्र में आधुनिकता ने प्रश्रय पाया है-सत्र में रेडियो है और नियत समय पर शिष्य-मंडली सत्राधिकारी अथवा गोसाईं के बरामदे में एकत्र हो कर समाचार सुनती है। किन्तु आधुनिकता इतनी नहीं बढ़ी है कि मुझ-सा परदेशी एक अत्यन्त कौतूहल की वस्तु न रह जाए। मैं पहुँचा तो दोपहर के रेडियो-प्रोग्राम का समय था, गोसाईं-घर में तीन सौ शिष्यों की भीड़ के सामने रेडियो के पास चौकी पर गोसाईं बैठे थे।

परिचय में धर्म-कुल-नाम आदि सब पूछा जा चुका, तब अधिकारी ने मुझे अपने पास एक और चौकी पर आसन डलवा कर बिठाया। रेडियो बन्द कर दिया गया और बातचीत होने लगी। अधिकारी संस्कृत पढ़े हैं; मेरी संस्कृतमयी हिन्दी वह अच्छी तरह समझते और उनकी असमिया मैं समझ सकता था। तीन सौ निःस्तब्ध श्रोताओं के सामने एक व्यक्ति से बातचीत करने का अभ्यास मुझे तो

नहीं था, फिर भी बात चल ही निकली, और उसी में से क्रमशः यह प्रस्ताव भी निकला कि मैं शिष्य-मंडली को को तत्कालीन विश्व-परिस्थिति पर प्रवचन भी दूँ! मैंने सबको प्रश्न पूछने का निमंत्रण दे कर बात आरम्भ की और लगभग दो घंटे तक बातचीत चलती रही।

सत्र में आतिथ्य की परिपाटी है। एक कमरे में हाथ-मुँह धुला कर चौकी पर बिठाया गया, पत्तल पर सत्र के बने हुए मिट्टी के पात्र में सत्र का बना मीठा दही दिया गया, फिर नारियल के कर्पूरमिश्रित लड्डू और दूध; और-आधुनिकता के नाम पर!-चाय। दही और चाय में कोई स्वाभाविक मेल तो नहीं जानता, पर सत्र में स्वयं गोसाईं के हाथ से दही पाना अतिथि के लिए गौरव की बात है, यह मैं शिष्य-मंडली के चेहरों पर स्पष्ट लिखा देख सका। तीसरे पहर जब गोसाईं को प्रणाम करके हाथी पर सवार हुआ, और उनकी आज्ञानुसार चार ब्रह्मचारी सत्र-द्वार तक पहुँच गए, तब महावत ने कहा भी, "प्रभु (शिष्य-समुदाय सत्राधिकारी को प्रभु सम्बोधन करता है) आप से बहुत प्रसन्न हुए हैं।"

मैंने मुसकरा कर पूछा, "कैसे जाना?"

"उन्होंने आज तक इतनी देर किसी बाहरी आदमी से बात नहीं की-कमिश्नर भी आता है तो थोड़ी देर बात करके भेंट समाप्त कर देते हैं-"

कमिश्नर के साथ तुलना हास्यापद लगी। हँसी रोक कर मैंने कहा, "कमिश्नर तो फिरंगी है न, मैं तो अपने देश का आदमी हूँ, और फिर वह अधिकार से आता है, मैं तो मिलने आया था-"

महावत ने सिर हिला कर कहा, "ना, आपोनि बिड्डान मानुह।" [नहीं, आप विद्वान् मानुष (हैं)]

मैं हँस दिया।

डाक-बँगले पहुँच कर हाथी को केले और महावत को दो रुपए दे कर बैठा ही था कि दो ब्रह्मचारियों ने आ कर कहा, "प्रभु ने आपके लिए प्रसाद भेजा है"-और केले के पत्ते से मुँह-बँधी दो छोटी मटकियाँ मेज़ पर रख दीं। दूध की रबड़ी करके जमाया गया यह मीठा दही कई दिन तक रहता है और रखा जाता है।

मैंने अभिभूत हो कर ब्रह्मचारियों को धन्यवाद दिया और गोसाईं को पुनः कृतज्ञ प्रणाम कहला भेजा।

दक्षिणपाट सत्र का हाथी भीमकाय था और प्रौढ़-दक्षिणपाट सत्र भी अधिक प्राचीन है और आधुनिकता की छूत से अधिक सुरक्षित भी; सत्राधिकार संस्कृत के पंडित हैं।

कमलाबाड़ी से यह सत्र लगभग दस मील पड़ता है, अत: सवेरे ही प्रस्थान किया गया। राह में जगह-जगह हाथी-डूबी घास के जंगल पार किए, जिनमें हाथी की पीठ पर सवार हम लोगों के केवल सिर घास से ऊपर उठते थे और कन्धे तक शरीर छिप जाता था! पैदल चलने वाले इन जंगलों में घास के भीतर-भीतर सुरंगें बना लेते हैं, सुरंगों की ही चौमुहानियाँ भी होती हैं और उनमें भटक जाने पर तनिक भी कठिनाई नहीं होती।

हाथी सधा हुआ था, महावत दक्ष। अंकुश की आवश्यकता नहीं पड़ती थी; महावत के आदेशानुसार हाथी राह के झाड़-झंखाड़ इधर या उधर ठेलता या उखाड़ फेंकता, शाखें तोड़ कर गिरा देता; आज्ञा मिलने पर बीच-बीच में पत्तियाँ खा भी लेता...

घास के दो झुरमुटों के बीच में एक खुली वीरान जगह पार करते हुए हाथी अचानक उछला, और फिर फुंकार मार कर एक ओर बेतहाशा दौड़ा। महावत माथे पर से पीछे खिसक कर मेरे पास आ गया। अंकुश उसके हाथ में था नहीं, कमर में घोंसी हुई एक छोटी बँसरी हाथी के माथे पर मार-मार कर वह उसे वश करने का विफल प्रयत्न करने लगा, पर हाथी किसी तरह नहीं माना, फुंकारता हुआ इधर और उधर दौड़ता रहा, बीच-बीच में मुड़-मुड़ कर तिरछी नज़र से पीछे को देख लेता और तेज़ दौड़ने लगता...

मैं टाँगें सामने को फैला कर बैठा हुआ था; महावत ने पीछे हटते समय एक टाँग पकड़ ली थी और उससे क्रमश: और ज़ोर से चिपटता जा रहा था।

मैंने पूछा, "क्या हुआ है हाथी को?"

बोला, "नाग देख कर डर गया है-"

"तुम ने देखा था? कहाँ?"

"हाँ, हाथी के पैर के पास ही था-बच ही गया। नाग से हाथी बहुत डरता है"

"अंकुश नहीं है?"

"अंकुश तो मैं लाया नहीं-कभी ज़रूरत नहीं पड़ती।" और महावत और भी ज़ोर से मेरी टाँग से चिपट गया।

"यह कब तक ऐसे घबराया रहेगा?"

"अभी ठीक हो जाएगा-साहब डरें नहीं-" और मेरी टाँग पर उसकी जकड़ और भी कड़ी पड़ गई।

अब तक सहता गया था। अब 'न डरने' की यह शिक्षा पा कर मैंने कहा, "डर मैं रहा हूँ या तुम?" और झकझोर कर टाँग छुड़ा ली। महावत दुबका रहा।

लगभग आध घंटे बाद हाथी हाँफता हुआ रुक गया, और फिर हम लोग धीरे-धीरे आगे बढ़े। सत्र द्वार में प्रविष्ट हो कर साल, ज़ारुल[1] और बाँसों के सघन कुंज पार करते हुए हम लोग गोसाईं-घर की ओर बढ़े। मेरे सम्बन्ध में शायद आउनियाटी सत्र से पहले ही पूछ-ताछ कर ली गई थी। गोसाईं-घर से पहले ही मुझे सोन भंडाल (स्वर्ण-भंडार) में ले जा कर आसन दिया गया और सूचित किया गया कि प्रभु का आदेश है, अतिथि धूप में दूर से आए हैं, पहले विश्राम और जलपान कर लें, फिर भेंट होगी।

मैंने कहना चाहा कि नहीं, पहले दर्शन करूँगा, पर प्रभु के आदेश में न-नु-नच नहीं होती, यह उनके काकती[2] से कहलाना आवश्यक न था। काँसे के सुन्दर कामदार पात्रों में दही, चिउड़ा, शक्कर आदि परोसे गए। बात चलाने के लिए मैंने पूछा, 'ये काँसे के पात्र क्या यहीं के बने हैं?' मालूम हुआ कि सभी कुछ सत्र का ही है, वहीं की गायों का दूध, वहीं की ईख का शक्कर, वहीं के कांस्यकारों के बनाए बर्तन; आसन तो वहाँ के थे ही-बुनाई असम की प्रत्येक गृहस्थी में अनिवार्य रूप से होती है और सुन्दर होती है। मैंने कारीगरी की प्रशंसा की। मुँह-हाथ धोकर हम गोसाईं जी के सामने उपस्थित हुए; दाहिनी ओर मेरे लिए चौकी पर आसन पहले से बिछा था और शिष्य-समुदाय भी बैठा था-पचास एक ब्रह्मचारी।

शिष्टाचार के बाद गोसाईं ने मुख्त्यार की ओर उन्मुख हो कर पूछा कि क्या मैं असमिया समझता हूँ? मैंने सीधे हिन्दी में निवेदन किया कि अधिकार असमिया या संस्कृत में बात करें, मैं समझ लूँगा और मेरी हिन्दी भी शायद वह समझ ही लेंगे। उन्होंने पूछा कि मैंने क्या असमिया पढ़ी है? मैंने कहा, नहीं, लेकिन जितनी सुनी है उससे और हिन्दी और बँगला के यत्किंचित् ज्ञान के सहारे, समझ लेता हूँ। असमिया हिन्दी से ऐसी दूर नहीं है, उच्चारण में भेद न होते तो आसानी से समझ में आ जाती। पढ़ने में अन्तर कम हो जाता है।

उन्होंने कहा, "तब तो आप पढ़ लेते हैं।"

मैंने स्वीकार किया कि बाँग्ला लिपि मैं जानता था, इसलिए असमिया पढ़ ही सकता था, और शंकरदेव-माधवदेव के जो कुछ भक्ति के गीत मैंने पढ़ कर देखे वे ब्रजभाषा के काफ़ी निकट मालूम हुए-ये 'बड़-गीत' नागरी में छपे हों तो हम सब समझ लें।

उन्होंने प्रसन्न हो कर पूछा, "तो माधवदेव के बड़-गीत आप ने पढ़े हैं?"

"हाँ।"

---

1. 'ज़ारुल' (lagerstroemia) एक वृक्ष होता है जिस की लकड़ी पानी में सड़ती नहीं; असम में डोंगियाँ इसी की लकड़ी से बनती हैं। इसी की छोटी जाति उत्तर भारत में 'सावनी' कहलाती है।
2. काकत-काग़ज़; काकती सचिव और कोषाध्यक्ष दोनों का काम करता है।

फिर असमिया वैष्णव सम्प्रदाय के विषय में बातें होती रहीं। फिर गोसाईं ने कहा, ''यहाँ पर जो परदेशी आते हैं उनमें ऐसे कम होते हैं जो हमारे देश और संस्कृति में रुचि रखते हों।'' और एक क्षीण-सी उदासी उनके चेहरे पर दौड़ गई।

मैंने कहा, ''मैं तो देखने और सीखने ही आया हूँ। यों भी मैं जहाँ जाता हूँ वहाँ के जीवन और परिवेश को समझने का यत्न करता हूँ, फिर असम में सचमुच 'सोनार असम' (सोने का असम-'ओ मोर सोना असम' कई असमिया जातीय गीतों की टेक हैं) है; भारत के सुन्दरतम अंचलों में एक-''

उन्होंने कहा, ''फिर भी हम लोगों को बहुत दुःख नहीं है। यहाँ हम लोग तटस्थ हैं और वैसा ही रहना चाहते हैं। जीवन के प्रवाह में बह जाना ही होता तो हम इस द्वीप पर क्यों आ कर स्थापित होते। युद्ध से घिरे देश में जैसे माझुली एक अछूता द्वीप है, वैसे ही जीवन के संघर्ष में धैर्य भी एक अछूता द्वीप है।''

और भी बातें होती रहीं। फिर मैंने अनुमति ली और उठा। सत्राधिकार ने आशीर्वाद दिया, काकती और मुख्त्यार साथ पहुँचाने आए। राह में एक बड़े ताल में गोसाईं जी का बजरा भी देखा जो बाढ़ के समय काम आता है, और ताल में हुए फूल भी।

द्वार पर पहुँच कर हाथी पर सवार हो रहे थे कि सत्राधिकार का सन्देशा आया। हम रुक गए। सन्देशवाहक ने कहा, ''प्रभु ने विशेष आशीर्वाद दिया है, और यह चिह्न भेजा है।''

मैंने देखा, एक बड़े थाल में काँसे के दो सुन्दर पात्र-देख कर पहचाना, इन्हीं में मुझे जलपान दिया गया था।

मैं क्षण-भर लज्जा और संकोच से गड़ गया। यह तो फिरंगी अधिकारियों का सभ्य लूट का तरीक़ा रहा कि जो वस्तु हथियाना चाहा उसकी विशिष्ट प्रशंसा कर दी; मालिक ने इशारा समझ लिया कि और वस्तु भेंट दी...मैंने कहा, ''गोसाईं को मेरी ओर से बहुत-बहुत धन्यवाद दें; किन्तु यह उपहार मैं नहीं लूँगा। मैंने इन पात्रों की प्रशंसा इसलिए की थी कि लोक-शिल्प में मुझे रुचि है और ये उसके अच्छे नमूने हैं। मैं तो बल्कि कांस्यकारों से भी मिलना चाहता।''

लेकिन यह तो अनहोनी बात है! प्रभु का प्रसाद कोई लौटा दे? काकती ने कहा, ''नहीं, प्रभु ने कहा, हम भेंट से प्रसन्न हो कर ही यह देते हैं, ताकि हमारी स्मृति रहे। आप इसे स्वीकार करें, संकोच करने की बात नहीं है। प्रसाद न लेना असम्भव है।''

गड़ामूर का सत्र सबसे उदास लगा; किन्तु उस उदासी में भी जीवन था, यह अनुभव करते देर न लगी।

गड़ामूर के सत्राधिकार और उनके पुत्र दोनों नज़रबन्द हैं, यह मैं जानता था। इसी लिए उस सत्र में जाने को और भी उत्सुक था। धार्मिक दृष्टि से दक्षिणपाट के सत्र का गौरव भले ही ऊँचा हो, साधारण असमिया की दृष्टि में गड़ामूर का एक विशिष्ट स्थान था, राजनीतिक जागृति में यह सत्र सबसे आगे रहा और सन् 1942 में यह सरकार का और स्थानीय अधिकारियों का विशेष रूप से कोप-भाजन बना। पंडित जवाहरलाल नेहरू जब असम गए तो माझुली में गड़ामूर के ही अतिथि हुए थे; और वहाँ के गोसाईं अपनी सज्जनता, उदारता और विद्वत्ता के कारण जनप्रिय थे।

सन् 1942 के अगस्त आन्दोलन के बाद ही गोसाईं को और फिर उनके युवा पुत्र को नज़रबन्द कर लिया गया। तब से अधिकारी गड़ामूर के नाम से ही भड़कते थे। यह सब मैं माझुली जाने से पहले जानता था। अधिक जानना भी चाहता था, और कुछ कहना भी चाहता था; इसी लिए पहले से ही निश्चय कर रखा था कि और चाहे जो देखूँ या न देखूँ, गड़ामूर अवश्य जाऊँगा। ज़ोरहाट में एक-आध जगह इस बात का उल्लेख करने पर वहाँ के पुलिस सुपरिंटेंडेंट ने कान खड़े करके पूछा था, ''क्या करने? साथ में बन्दूक-वन्दूक कुछ रखते हो कि नहीं?'' और मेरे हँस कर 'ना' करने पर कन्धे कुछ ऐसे ढंग से उचकाए थे कि 'तुम्हें भाड़ में पड़ना हो तो पड़ो-पीछे यह न कहना कि तुम्हें सावधान नहीं किया गया था!' इसलिए गड़ामूर के विषय में और भी कौतूहल था।

खैर! कमलाबाड़ी से सड़क-सड़क तीन मील पैदल चल कर नक़्शे के अनुसार एक पुल के आगे से बाएँ हाथ को मुड़ने वाली कच्ची सड़क पकड़ी। रास्ता साफ़-सुथरा था, बीच में घास के पतले लम्बे डोरे पड़े हुए थे। लगभग आधा मील जा कर सड़क कुछ लड़खड़ाने लगी; एक-आध टूटा पुल पड़ा, जिसे खाल के आर-पार ताल के स्तम्भ डाल कर काम चलाऊ बना लिया गया था; फिर सड़क एक कच्ची पटरी बन गई। मैंने जान लिया कि हम लोग गड़ामूर सत्र की ज़मींदारी में आ गए।

सामने कुछ आबादी देखी। मैंने राह के एक ओर बच कर निकलते हुए एक व्यक्ति से पूछा, ''यही गड़ामूर है?''

उसने एक बार सिर से पैर तक मुझे देखा। मैं वर्दी पहने था, केवल टोपी इच्छापूर्वक पीछे छोड़ आया था, और पैरों में पेशावरी चप्पल थे ताकि घरों में जाते समय जूता खोलने-पहनने की सुविधा रहे। थोड़ी देर सोचते-से रहने के बाद उसने रुखाई से कहा, ''हाँ।''

''गोसाईं-घर का रास्ता कौन-सा है?''

उसकी रुखाई और सजग हो गई। उसने एक बार घूर कर मुझे देखा और चुपचाप आगे चल पड़ा, उत्तर नहीं दिया।

मेरा माथा ठनका। असमिया जो हो, अशिष्ट कभी नहीं होता। यह चुप्पी केवल अशिष्टता नहीं, विरोध है; क्यों?

आगे बढ़ा। वहाँ एक दुकान-सी के सामने तीन-चार व्यक्ति खड़े बातें कर रहे थे। मैंने रुक कर उन से पूछा, "गोसाईं-घर का रास्ता किधर है?"

हठात् सन्नाटा। तीनों-चारों आदमी बिना उत्तर दिए बिखर गए।

विरोध का रूप स्पष्ट होने लगा। मैंने दुकानदार से पूछा। उसने कुछ इधर-उधर करके कहा, "खोज लो।"

पीछे सुना, वे तीन-चार व्यक्ति कुछ दूर पर आपस में बात कर रहे हैं। एक ने धीरे से कहा, "मुख्त्यार को ख़बर करनी चाहिए।" मैंने सुन लिया। मुड़ कर कहा, "हाँ आप लोग मुख्त्यार को खबर कर दीजिए कि दूर देश से एक बन्धु मिलने आया है।"

वे मेरे असमिया समझ जाने पर चौंके। फिर इधर-उधर चले गए। मैं भी यों ही एक ओर चल पड़ा। सोचा भटकते हुए गोसाईं-घर के आस-पास भी कहीं पहुँच गया तो पहचानने में मुश्किल न होगी।

थोड़ी देर में एक व्यक्ति मेरे पास आ गया और बोला, "आप कहाँ जाना चाहते हैं?"

मैंने मुड़ कर देखा। कुछ उस व्यक्ति के ढंग से और कुछ इस बात से कि वह स्वयं मुझ से बोला है, अटकल लगा कर मैंने कहा, "आपनि मुख्त्यार?"

उसने चौंक कर कहा, "हाँ।"

मैंने अपना परिचय दिया। उसने भी कुछ बाध्य से हो गए होने का भाव दीखा कर नाम बताया।

मैंने कहा, "मैं गड़ामूर देखने आया था। गोसाईं की प्रशंसा मैंने बहुत सुन रक्खी है-"

उसने तमक कर कहा, "देखिए गड़ामूर ग़रीब है। यहाँ अब कुछ नहीं बचा। गोसाईं जेल में हैं, आपको मालूम होगा। देखने को क्या है?"

"आप सब लोग। गोसाईं होते तब तो और बात थी, अब तो आप लोगों से मिलना ही ज़रूरी है। कुछ आप की बात सुनूँगा, कुछ अपनी कहूँगा। दूर उत्तर भारत से आया हूँ, यहाँ के लोगों से भाई-चारा रखना चाहता हूँ।"

उसने तनिक पसीज कर, किन्तु फिर भी अविश्वास के साथ कहा, "हम लोगों से आप बड़े आदमियों का क्या मेल? आप क्या काम करते हैं?"

मैंने बताया कि मैं फ़ौज में हूँ, पर जिस विभाग में हूँ उसका मुख्य उद्देश्य है लोक-सम्पर्क स्थापित करना।

"क्यों? हम से तो सेना का कोई मतलब नहीं निकलेगा-"

"आप से सेना का नहीं, सेना से आपका मतलब सिद्ध होना चाहिए। जिस सेना के पीछे जनता की सदिच्छा नहीं हो वह जीत कर भी हारती है। जीत वह है जिसे आप लोग अपनी जीत मानें।"

उसने तनिक और पसीज कर कहा, "भाल कठा (ठीक बात है)।"

हम लोग धीरे-धीरे एक ओर बढ़े जा रहे थे। मुख्त्यार ने रुक कर कहा, "यहाँ बैठिए थोड़ा।" दाहिनी ओर उसके घर का आँगन था। हम बेंच पर बैठ गए।

मुख्त्यार ने एक लड़के को पुकारा और कहा, "ख़बर कर दो।" किस को क्या ख़बर, यह नहीं कहा गया; पर लड़का घर की ओर मुड़ कर बाहर चला तो मैंने समझ लिया कि ख़बर चाय के लिए नहीं, पंचायत के लिए की जा रही है। मैंने कहा, "अगर आप लोगों को बुला रहे हैं, तो नाम-घर में ही क्यों न चला जाए?"

मुख्त्यार ने मेरी ओर देख कर कहा, "आप हमारे देश की प्रथाओं से परिचित जान पड़ते हैं।" असम में हर गाँव में एक नाम-घर होता है जहाँ कीर्तन भी होता है और गाँव के सार्वजनिक कामों के लिए सम्मिलनी भी जुटती है।

मैंने कहा, "सीख रहा हूँ।"

पंचायत में लगभग दो घंटे, विचार-परिवर्तन हुआ। मुख्त्यार बँगला भी जानते थे, दो-एक व्यक्ति मामूली अंग्रेज़ी भी। हिन्दी-बाँग्ला-असमिया-अंग्रेज़ी में बातचीत होती रही। पहला ही प्रश्न मुझ से पूछा गया कि मेरे पास बन्दूक या पिस्तौल है? मैंने कहा, "नहीं।" तो पूछा गया कि अवश्य ही डाक-बँगले में रखी होगी? मैंने फिर इनकार किया और कहा कि मेरा काम तो केवल बन्धु-भाव बढ़ाने का है और मेरे विभाग का उद्देश्य भी ऐसा ही है। एक ने कहा, "लेकिन बन्दूक रखने में बुराई क्या है? आत्म-रक्षा के लिए तो रखी जा सकती है?"

"हाँ, कभी ज़रूरत हो सकती है लेकिन आप लोगों के मध्य में क्यों? यहाँ तो आप सब मेरे रक्षक हैं!"

किसी ने कहा, "भाल कठा।"

और किसी ने कहा, "जो बन्धु-भाव से आया है वह मिल्टरी है तो क्या? वह हम से बन्धुत्व ही पाएगा।"

पंचायत सफलतापूर्वक समाप्त हुई।

फिर मुख्त्यार के यहाँ नारियल के लड्डू और मठरी के साथ चायपान करके, सूना गोसाईं-घर आदि देख कर मैं चलने को उठा। बहुत से लोग ग्राम-सीमा तक छोड़ने आए। दो युवक पहुँचाने चले जो लौटते हुए दोनों साइकिलें भी ला सकेंगे-मेरे बहुत मना करने पर भी पैदल लौटने की अनुमति मुझे न मिली।

चला तो मुझे फिर आने का निमंत्रण दिया गया। मैंने कहा, "अवश्य आऊँगा। इसीलिए नहीं कि आप लोगों का स्नेह मिला है, इसलिए भी कि आप से जो

कुछ सुनने को मिला है उसकी पड़ताल करनी होगी–फिर आ कर आपको बताऊँगा कि मैं क्या कर सका हूँ या आपको क्या करना चाहिए।''

इस बात के पीछे इतिहास है, जिसका कुछ स्पष्टीकरण उचित है। पूरी बात न तो प्रासंगिक ही है न प्रकाशनीय ही, क्योंकि अपने काम के सिलसिले में कई बातें जानी-सुनीं गोप्य थीं और जिनका गोपन अब, अनावश्यक भले ही हो, प्रकाशन विधि-मर्यादा के प्रतिकूल तो है ही। फिर भी कुछ ब्यौरा दिया ही जा सकता है।

सन् 1942 के अगस्त आन्दोलन के बाद गड़ामूर अधिकारियों का कोप-भाजन बना, यह तो ऊपर बता चुका हूँ। इन अधिकारियों में मुख्य था ज़ोरहाट ज़िले का तत्कालीन अंग्रेज़ डिप्टी कमिश्नर, जिस ने गड़ामूर गोसाईं के प्रश्न को व्यक्तिगत प्रश्न बना लिया था। गड़ामूर सत्र पर उसकी अकृपा ने सत्र के शिष्य-मात्र को सताने के निश्चय का रूप ले लिया था। यह कैसे किया जा रहा है, यह पंचायत में मुझे बताया गया था किन्तु तब मैं विश्वास न कर सका क्योंकि मेरी यह धारणा थी कि अंग्रेज़ का दमन सदा वैध होता है–वह नृशंस भी होता है तो उसकी नृशंसता क़ानून की माँग का जामा पहन कर आती है, नंगी कभी नहीं होती। इस के अपवाद व्यक्ति हो सकते हैं; किन्तु साधारणतया यह अंग्रेज़ चरित्र की विशेषता है, और अंग्रेज़ी शासन की तो है ही। (यह धारणा मेरी अब भी है) किन्तु, माझुली से लौट कर ज़ोरहाट में मुख्त्यार ने मुझे जो सरकारी दस्तावेज़ दीखाए, और डिप्टी कमिश्नर से मिलने पर उसका जो रवैया रहा, उससे मैंने समझ लिया कि गड़ामूर वालों की बात ठीक है और उसे यों ही छोड़ देना एक नैतिक पाप होगा...किन्तु उपाय कैसे हो सकता है, यह मुझे आसानी से न सूझता अगर डिप्टी कमिश्नर ही मुझ से चिढ़ कर, 'एक अनुभवहीन पल्टनिए के सिविल शासन में अनधिकार हस्तक्षेप' की दुहाई दे कर ऊँचे अधिकारियों तक न पहुँचते, और जाँच में युद्ध-विभाग का पूरा समर्थन मुझे न मिलता। इस्तीफा देना नैतिक विरोध है अवश्य, और ऐसी परिस्थितियाँ होती हैं जहाँ वही ठीक अथवा एकमात्र उपाय होता है, किन्तु यहाँ यह बात नहीं थी, और नहीं तो इसलिए कि उससे स्थिति रत्ती-भर बदलती और गड़ामूर को तो कोई सुविधा न होती।

अस्तु, वस्तुस्थिति यह थी कि गड़ामूर सत्र की अपनी जो राशन की दुकान थी उसे ज़िलाधीश ने इसलिए बन्द कर दिया था कि उसका संचालन सन्तोषजनक नहीं है। किन्तु, उसके बाद सत्रवासियों को राशन की किसी दुकान से सम्बद्ध नहीं किया गया था, न सत्र के लिए ही राशन की स्वीकृति दी गई थी। (दूसरे हर सत्र को व्यक्तियों के निजी राशन के अतिरिक्त सत्र के लिए विशेष राशन मिलता था) आज्ञा में यह अवश्य लिखा था कि 'सत्र-निवासियों को सत्र के बाहर की किसी दुकान से राशन ख़रीदने की मनाही नहीं है' किन्तु दुकानों को तो मनाही थी ही कि उन से सम्बद्ध व्यक्तियों को छोड़ कर और किसी के हाथ राशन न बेचें; और उन्हें

बेचने के लिए माल दिया भी जाता था उसी परिमाण में। एक दूसरी आज्ञा में स्पष्ट लिखा गया था कि 'केवल सत्र का राशन बन्द किया गया है, उसकी सीमा से बाहर बसने वाले अथवा उसके अनुशासन से स्वच्छन्द व्यक्ति अमुक-अमुक स्थान से राशन ले सकेंगे।'

धान और मकई तो सत्र अपनी उपजाते थे, चीनी के बिना भी रहा जा सकता था। किन्तु नमक–और तेल और घासलेट?

और एक दिन मैं गड़ामूर गया था। मलेरिया और जूड़ी, पेचिश और मियादी बुख़ार से बहुत से लोग पड़े थे; कोई घर ऐसा न था जिसमें एक रोगी न हो। साँझ हो गई थी, जिस-जिस घर में मैं देखने जाता गृहस्वामी या कोई व्यक्ति थोड़ा-सा सूखा पुआल उठा कर मुट्ठा बनाते और सुलगा कर प्रकाश कर देते। उसी प्रकाश में मैं रोगी का चेहरा देख लेता और दो बातें कर लेता, फिर अन्धकार हो जाता और थोड़ी देर में हम लोग बाहर जा आते; दूसरे घर में फिर इसी की आवृत्ति होती।

माझुली द्वीप की 22–24 हजार की आबादी (और अधिक नहीं तो 100 वर्ग मील क्षेत्रफल) के लिए केवल एक सरकारी दवाख़ाना है, जिसे डिस्ट्रिक्ट बोर्ड से दो सौ रुपए वार्षिक सहायता मिलती है। पड़त फैला कर देखें तो गाँव के प्रत्येक व्यक्ति के स्वास्थ्य पर लगभग पौने दो पाई ख़र्च होता है–या यों कहें कि मलेरिया से बचने या मुक्त होने के लिए व्यक्ति कुनैन की एक खुराक का एक-चौथाई अंश साल में एक बार पा सकता है।

प्रणाम है उस सत्र को और ग्राम को जो न झुका, न झुका, न झुका...

कमलाबाड़ी से कोकिलामुख लौटते तूफ़ान ने घेर लिया; दिन छिपते पहुँचे। पैसेंजर बस भर चुकी थी, (और ऐसे स्थानों में 24 सीट की गाड़ी तब भरती है जब 32 बैठ चुके हों!) कहने-सुनने पर ड्राइवर ने मुझे और ले लिया और अपने दाहिनी ओर बिठा लिया। मनदोज को सामान के साथ (केवल अपना बिस्तर मैंने साथ रखा लिया!) बैलगाड़ी पर आने को कहा। रात ज़ोरहाट काटी, दूसरे दिन सामान आ जाने पर दो किस्तों में बस द्वारा वोकाखाट; वहाँ से आगे बस नहीं थी, आती-जाती मिलिटरी लॉरियों में चड्ढी लेते हुए रात तक नौगाँव पहुँच गए। यहाँ अपना ट्रक मुझे लेने आने को था; यहीं तीन सप्ताह की डाक और समाचार-पत्र मिलने की आशा थी। सब मिले; किन्तु इस वरदान का आराम से भोग करने बैठूँ, इससे पहले ही यह सब ले कर आए हुए मेरे विभाग के एक अफ़सर ने कहा, "कुछ और भी सामान और कमांडर की एक चिट्ठी भी तुम्हारे लिए लाया हूँ। तुम्हें अभी केन्द्र नहीं लौटना है, यहीं से दूसरा दौरा आरम्भ है–मणिपुर रोड।"

"क्यों, ख़ैर तो है?" कहते हुए मैंने कर्नल की चिट्ठी खोली। "पूरे समाचार तुम्हें एब (पत्रवाहक कप्तान का पुकारने का नाम) से मालूम होंगे। मणिपुर रोड से ले कर उत्तरी शिवसागर तक का सारा प्रदेश तुम्हारे ज़िम्मे है। कुछ खाद्य, एक-एक बोतल रम और जिन, एक रिवॉल्वर और 150 कारतूस भेज रहा हूँ। और सब चीज़ों का उदारता से, कारतूसों का क़िफ़ायत से, उपयोग करना। कुछ और मँगाना हो तो एब से कह देना। और ठिकाना बता देना; अगले सप्ताह में एक हवलदार तुम्हारे साथ रहने को भेजूँगा वह लेता जाएगा। पीछे मैं भी आ मिलूँगा। सम्पर्क रखना गुड लक।" पत्र के साथ ही उससे भी संक्षिप्त पट्टा (मूवमेंट ऑर्डर) था, जिसके अनुसार मुझे मणिपुर रोड और डिगबई तक के प्रदेश में जहाँ-तहाँ चाहूँ जाने और मौखिक आदेशों के अनुसार कार्य करने की अर्हता प्रदान की गई थी, और स्थानीय कमांडरों को मेरे कार्य में योग देने को कहा गया था।

मैंने एब स्टुअर्ट से कहा, "यह बात!" और अख़बार उठाया। सुर्ख़ी चीख़ रही थी, "भारत का सीमोल्लघंन-जापानियों ने मणिपुर का रास्ता काट दिया-कोहिमा का आसन्न संकट-"

मैंने फिर कहा, "अच्छा यह बात!" और उनकी बात सुनते-सुनते उनके साथ ही नक़्शों पर झुक गया।"

अगले छः सप्ताह तक माझुली का स्मरण करने की फ़ुरसत न मिली। उसके बाद एक गाँव के स्कूल में एक बच्ची से अचानक केवड़े के फूल का उपहार पा कर मुझे माझुली के यात्रारम्भ की याद आई, तब नागकेसर और अशोक दोनों ही के फूल लुप्त हो चुके थे, और हर समय छाए रहने वाले बादलों के नीचे उनकी घनी हरियाली और काली-काली दीखने लगी थी!

'बहता पानी निर्मला-'

मुझे बचपन से नक़्शे देखने का शौक़ है। आप समझेंगे कि कुछ भूगोल विज्ञान की तरफ़ प्रवृत्ति होगी–नहीं, सो बात नहीं; असल बात यह है कि नक़्शों के सहारे दूर-दुनिया की सैर का मज़ा लिया जा सकता है। यों तो वास्तविक जीवन में भी काफ़ी घूमा-भटका हूँ, पर उससे कभी तृप्ति नहीं हुई, हमेशा मन में यही रहा कि कहीं और चलें, कोई नई जगह देखें, और इस लालसा ने अभी भी पीछा नहीं छोड़ा है। नक़्शों से यह फ़ायदा होता है कि मन के घोड़े पर सवार हो कर कहीं चले जाइए, कोई रोक नहीं, अड़चन नहीं, और जब चाहे लौट आइए, या न भी लौटिए–कोई पूछने वाला नहीं कि हज़रत कहाँ रम रहे!

यों तो नक़्शों में तरह-तरह के रंगों से कुछ मदद मिलती है यह तै करने में कि कहाँ जाएँ–जिसे हरी-भरी जगह देखनी हो वह नक़्शों की हरी-भरी जगहों में घूमे, जिसे पहाड़ी प्रदेश देखने हों वह भूरे या पीले प्रदेशों में चला जाए, और जिसे एक़दम अछूते, अपरिचित प्रदेश में जाने का जोखिम पसन्द हो वह बिलकुल सफ़ेद हिस्सों की ओर चल निकले–अनादिकालीन बर्फ़ीले मरु-प्रदेशों में, जंगलों में, समुद्र में, समुद्र-द्वीपों में...नक़्शों में कहीं लिखा रहता है कि, 'इस प्रदेश की सर्वे नहीं हुई–हिमालय के अनेक भाग ऐसे हैं'–या कि 'अगम्य जंगल!'–असमिया सीमा-प्रदेश में ऐसे स्थल हैं; ज़रा कल्पना कीजिए ऐसी जगहों में जा निकलने का आनन्द!

लेकिन इससे अधिक सहायता मिलती है जगहों के नामों से। बचपन में एक नाम पढ़ा था 'अमरकंटक' : यह नाम ही इतना पसन्द आया कि मैंने चुपके से कम्बल और दो-चार कपड़ों का बंडल बना लिया कि अभी चल दूँगा वहाँ के लिए! वह जाना नहीं हुआ, अभी तक भी अमरकंटक नहीं देखा है और इस प्रकार का काँटा अभी तक सालता ही है, पर नक़्शे की यात्रा तो कई बार की है, और अमरकंटक के बारे में उतना सब जानता हूँ जो वहाँ जा कर जान पाता। ऐसा ही एक और नाम था तरंगम्बाड़ी–यों नक़्शों में उसका रूप विकृत हो कर त्रांकुबार हो गया है। 'तरंगों वाली बस्ती'–सागर के किनारे के गाँव का यह नाम सुन कर क्या

आपके मन में तरंग नहीं उठती कि जा कर देखें? कई नाम ऐसे भी होते हैं जिनका अर्थ समझ में नहीं आता, पर ध्वनि ही मोह लेती है। जैसे 'तिरुकुरंगुडि'–नाम सुन कर लगता है, मानो हिरनों का समूह चौकड़ी भरता जा रहा हो। कुछ नाम ऐसे भी होते हैं कि अर्थ जानने पर ही उनका जादू चलता है जैसे, 'लू–हित'; ऊपरी ब्रह्मपुत्र के इस नाम को संस्कृत करके लोहित्या बना लिया गया है जिससे अनुमान होता है कि वह लाल या ताम्र वर्ण की होगी, पर वास्तव में लू–हित का अर्थ है 'तारों की राजकन्या' या ऐसा ही कुछ। ब्रह्मपुत्र का सौन्दर्य जिन्होंने नहीं देखा उनकी तो बात ही क्या, जिन्होंने देखा भी है वे भी क्या इस नाम को जान कर 'तारों की राजकन्या' के तरुण लावण्यमय रूप को देखने को ललक न उठेंगे?

"होनहार बिरवान के होत चीकने पात" : मैं कुछ होनहार बिरवा तो नहीं था, पर नक़्शों के बग़दादी कालीन पर बैठ कर हवाई यात्रा करने की इस आदत से यह तो पता लग ही सकता था कि आगे चल कर भी कहीं टिक कर नहीं बैठूँगा। बात भी ऐसी है, लगातार कुछ दिन भी एक जगह रहता हूँ तो कुछ अपनी इच्छा से नहीं, लाचारी से; और उस लाचारी में बहुत से नक़्शे जुटा कर फिर अपने लिए हीला निकाल ही लेता हूँ। और आप सच मानिए, जीने की कला सबसे पहले एक स्थान से दूसरे स्थान पर जाने की कला है–कम–से–कम आधुनिक काल में, जब मानव–जाति का इतना बड़ा अंश या तो प्रवासी है, यह शरणार्थी ही : एक स्थान से दूसरे स्थान, एक पेशे से दूसरे में; एक घर से दूसरे घर इत्यादि!

यात्रा करने के कई तरीक़े हैं। एक तो यह कि आप सोच–विचार कर निश्चय कर लें कि कहाँ जाना है, कब जाना है, कहाँ–कहाँ घूमना है, कितना ख़र्च होगा : फिर उसी के अनुसार छुट्टी लीजिए, टिकट कटवाइए, सीट या बर्थ बुक कीजिए, होटल डाक–बँगले को सूचना दे कर रिज़र्व कराइए या भावी अतिथियों को ख़बर दीजिए–और तब चल पड़िए। बल्कि तरीक़ा तो यही एक है–क्योंकि यह व्यवस्थित तरीक़ा है। और इसमें मज़ा बिलकुल नहीं है यह भी नहीं कहा जा सकता, क्योंकि बहुत से लोग ऐसे यात्रा करते हैं और बड़े उत्साह से भरे वापस आते हैं।

दूसरा तरीक़ा यह है कि आप इरादा तो कीजिए कहीं जाने का, छुट्टी भी लीजिए, इरादा और पूरी योजना भी चाहे घोषित कर दीजिए, पर ऐन मौक़े पर चल दीजिए कहीं और को। जैसे घोषित कर दीजिए कि आप बड़े दिनों की छुट्टियों में मुम्बई जा रहे हैं, लोगों को ईर्ष्या से कहने दीजिए कि अमुक मुम्बई का सीज़न देखने जा रहा है, मगर चुपके से पैक कर लीजिए ज़बरदस्त गर्म कपड़े और जा निकालिए बर्फ़ से ढँके श्रीनगर में!

लेकिन अपनी भी कुछ बात कहूँ। मैं दूसरे तरीक़े का कायल हूँ यह तो आप समझ ही गए होंगे लेकिन जब निकलता ही हूँ, तब एक तीसरा तरीक़ा ही अख़्तियार करता हूँ। जैसे कहा तो सबसे यह कि बम्बई जा रहे हैं, मगर जब स्टेशन गए तो यह तै करके कि नैनीताल जा रहे हैं और वहाँ से हिमालय के भीतरी प्रदेशों में, और इस तरह जा निकले–शिलङ्!

शिवसागर से आगे सोनारी के पास डि–खू नदी की बाढ़ में कैसे फँस गया था, इसका यही रहस्य है।

अंग्रेज़ी में कहावत है कि 'एक कील की वजह से राज्य खो जाता है'–वह यों कि कील की वजह से नाल, नाल की वजह से घोड़ा, घोड़े के कारण लड़ाई, और लड़ाई के कारण राज्य से हाथ धोना पड़ता है। हमारे पास छिनने को राज्य तो था नहीं, पर एक दाँत माँजने के ब्रुश और मोटर की एक मामूली–सी ढिबरी के लिए हम कैसी मुसीबत में पड़े यह हमीं जानते हैं!

सोनारी एक छोटा–सा गाँव है–अहोम राजाओं की पुरानी राजधानी शिवसागर से कोई अठारह मील दूर। वहाँ भी नाम के आकर्षण से चला गया था। यों असम में 'सोना' या 'स्वर्ण' बहुत से नामों में है–सुबनश्री, सोना–भराली, वग़ैरह–और असम भी 'सोनार असम' सोने का असम कहलाता है! बरसात के दिन थे, रास्ता ख़राब, एक दिन सवेरे घूमने निकला तो देखा कि नदी बढ़ कर सड़क के बराबर आ गई है। मैं शिवसागर से तीन–चार मील पर था, सोचा कि एक नया दाँत–ब्रुश ले लूँ क्योंकि पुराना घिस चला था; और मोटर की भी एक ढिबरी ठीक करवाकर ही लौटूँ–उसकी चूड़ी घिस जाने से थोड़ा–थोड़ा तेल चूता रहता था, वैसे कोई बहुत ज़रूरी काम नहीं था। ख़ैर, इसमें कोई दो घंटे लग गए, खाना खाने में एक घंटा और : तीन घंटे बाद वापस लौटने लगे तो देखा, सड़क पर पानी फैल गया है। पानी गहरा नहीं होगा, यह सोच कर मैं मोटर बढ़ाता चला गया। आगे देखा, सब ओर पानी ही पानी है, सड़क का कहीं पता नहीं लगता, सिर्फ़ पेड़ों की क़तार से अन्दाज़ लग सकता था। पर पानी बड़े ज़ोर से एक तरफ़ से दूसरी तरफ़ बह रहा था, क्योंकि सड़क के एक तरफ़ नदी थी, दूसरी तरफ़ नीची सतह के धान के खेत, जिन की ओर पानी बढ़ रहा था। पानी के धक्के से सड़क कई जगह टूट गई थी। मैं फिर भी बढ़ता गया, क्योंकि आख़िर पीछे भी तो पानी ही था। पर थोड़ी देर बाद पानी कुछ और गहरा हो गया और उसके धक्के से मोटर भी सड़क पर से हट कर किनारे की ओर जाने लगी। आगे कहीं कुछ दीखता नहीं था क्योंकि सड़क की सतह शायद दो–तीन मील आगे तक बहुत नीची ही थी। सड़क के दोनों ओर जो पेड़ थे उनमें कइयों पर साँप लटक रहे थे। क्योंकि बाढ़ से बचने के लिए वे पहले सड़क पर आते थे और फिर पेड़ों पर चढ़ जाते थे।

मैंने लौटने का ही निश्चय किया। पर सड़क दीखती तो थी नहीं, अन्दाज़ से ही मैं बीच के पक्के हिस्से पर गाड़ी चला रहा था। मोड़ने के लिए उसे पटरी से उतारना पड़ेगा–और इधर-उधर सड़क है भी कि नहीं, इसका क्या भरोसा? मैं और एक जगह देख भी चुका था कि आँखों के सामने ही कैसे समूचा ट्रक दलदल में धँसकर गायब हो जाता है। इस मोटर को बिना घुमाए उलटे गियर में ही कोई ढाई मील तक लाया, यहाँ सड़क कुछ ऊँची थी, उस पर गाड़ी घुमा कर शिवसागर पहुँचा।

शिवसागर से सोनारी को एक दूसरी सड़क भी जाती थी चाय बाग़ानों में से हो कर, यह सड़क अच्छी थी पर इस के बीच में एक नदी पड़ती थी जिसे नाव से पार करना होता था। मैंने सोचा कि इसी रास्ते चलें, क्योंकि सामान तो सब सोनारी में था, मैं डाक-बँगले से कुछ घंटों के लिए ही तो निकला था। शिवसागर में एक तो मोटर की ढिबरी कसवानी थी, और दूसरे दाँत-ब्रुश और कुछ तेल साबुन लेना था, बस। वह भी लौटने की जल्दी के कारण नहीं लिया था!

इस सड़क से नदी तक तो पहुँच गए–वह भी बड़ी मुश्किल से क्योंकि रास्ते में बड़ी फिसलन थी और गाड़ी बार-बार अटक जाती थी। नदी में नाव पर गाड़ी लाद भी ली, और पार भी चले गए। यहाँ भी नदी में बड़ी बाढ़ आई थी और बहते हुए टूटे छप्पर बता रहे थे कि नदी किसी गाँव को लीलती हुई आई है–एक भैंस भी बहती हुई आई, और पेड़-पौधों की तो गिनती क्या। उस पार नदी का कगारा ऊँचा था; मोटर के लिए उतारा बना हुआ था। लेकिन नाव से किनारे तक जो तख़्ते डाले गए थे, वह ठीक नहीं लगे थे, मोटर जब तख़्तों पर आई और नाव एक तरफ़ को झुकी तो तख़्ते फिसल गए, नाव दूर हट गई, मोटर नीचे गिरी, आधी पानी में, आधी किनारे पर : मैं ज़ोर से ब्रेक दबाए बैठा था, पर ऐसे अधिक देर तक तो नहीं चल सकता था! लेकिन मैं तो मोटर के साथ ख़ुद बँधा था, उतर कर समझा नहीं सकता था! ख़ैर, आध घंटा उस स्वर्गनसैनी पर बैठे-बैठे, असमिया, हिन्दी और बँगला की खिचड़ी में लोगों को बताता रहा कि क्या करें, तब मोटर ऊपर चढ़ाई जा सकी। थोड़ा आगे ही ऊँची जगह गाँव था, वहाँ मोटर रोक कर चाय की तलाश की, यहीं सोनारी से आए दो साइकिल-सवारों से मालूम हुआ कि वे कन्धे तक पानी में से निकल कर आए हैं–साइकिलें कन्धों पर उठा कर!–मोटर तो कदापि नहीं जा सकती।

इस तरह इधर भी निराशा थी। पानी अभी बढ़ रहा था, यह गाँव ऊँची जगह पर था पर यहाँ क़ैद हो जाना मैं नहीं चाहता था, इसलिए फिर नाव पर मोटर चढ़ा कर उसी रास्ते नदी पार की। सब ने मना किया पर मेरे सर पर भूत सवार था, और हठधर्मी का अपना अनूठा रस होता है!

रात में शिवसागर पहुँचे। एक सज्जन ने ठहरने को जगह दी, भोजन-बिस्तर का प्रबन्ध भी हो गया, पर दाँत का ब्रुश तो उधार नहीं लिया जा सकता! सवेरे-

सवेरे चल कर अस्सी मील दूर डिब्रूगढ़ पहुँचे, वहाँ ब्रुश ले कर मुँह-हाथ धो कर सुस्थ हुए, यहीं एक क़मीज़ और एक पैंट ख़रीद कर कपड़े बदले, रात के लिए एक कम्बल ख़रीदा। मन ही मन अपने को कोसा कि न नया दाँत-ब्रुश लेने के लिए सोनारी निकले होते, न यह मुसीबत होती-क्योंकि इस की ऐसी तात्कालिक ज़रूरत तो थी नहीं, न मोटर की ढिबरी का मामला ही इतना ज़रूरी था। लेकिन अब उपाय क्या था?

इस तरह बारह दिन और काटने पड़े, क्योंकि सोनारी के सब रास्ते बन्द थे। लौट कर देखा, सोनारी के डाक-बँगले में भी पानी भर गया था, कपड़े सब सील कर सड़ रहे थे, किताबें तो गल गई थीं। बचा था तो केवल स्नानघर में ऊँचे ताक पर रखा हुआ साबुन का डिब्बा, और दाँतों का ब्रुश!

नक़्शे में मैं अब भी देखता हूँ। वास्तव में जितनी यात्राएँ स्थूल पैरों से करता हूँ, उससे ज़्यादा कल्पना के चरणों से करता हूँ। लोग कहते हैं कि मैंने अपने जीवन का कुछ नहीं बनाया, मगर मैं बहुत प्रसन्न हूँ, और किसी से ईर्ष्या नहीं करता। आप भी अगर इतने ख़ुश हों तो ठीक-तो शायद आप पहले से मेरा नुस्खा जानते हैं-नहीं तो मेरी आपको सलाह है, "जनाब, अपना बोरिया-बिस्तर समेटिए और ज़रा चलते-फिरते नज़र आइए।" यह आपका अपमान नहीं है, एक जीवन दर्शन का निचोड़ है। 'रमता राम' इसी लिए कहते हैं कि जो रमता नहीं, वह राम नहीं। टिकना तो मौत है।

सागर-सेवित, मेघ-मेखलित
कन्याकुमारी से नन्दादेवी

कालिदास ने जब कुमार सम्भव की परिकल्पना आरम्भ करते ही पूर्व और अपर समुद्रों को हिमालय के साथ जोड़ दिया, तब न केवल एक ही श्लोक में भारत की भौगोलिक इकाई का मानदंड प्रस्तुत कर दिया, वरन् परोक्षत: उस भव्य लीला-भूमि को भी मूर्त कर दिया जिस पर–और केवल जिस पर–सुब्रह्मण्य के आधान का निमित्त बन सकने वाली वैश्विक संगम-क्रीड़ा हो सकती है : कुमार सुब्रह्मण्य, जो असुर महानायक का संहार करने वाले महानायक होंगे...भारत का काव्यचित्र प्रस्तुत करते समय हम आज भी 'उत्तर में हिमाद्रि तुंग शृंग और दक्षिण में तट-प्रक्षालन करते हुए महासागर' की बात करते हैं। पर एक की अवस्थिति उत्तर में और दूसरे की दक्षिण में बताना दोनों को जोड़ता नहीं, मानो अलग करता है। जब कि कालिदास का हिमालय महासागरों में अवगाहन करके मानो अभी-अभी निकला है : उसकी सद्य:स्नात मूर्ति को मानो हम अब भी फेनोर्मियों में घिरा हुआ-सा देखते हैं...ऐसा नहीं है कि वह उधर 'वहाँ दूर' भारत का 'हिमगिरि-भाल' है, और इधर 'यहाँ दूर' उसके पद पखारता हुआ सागर। नहीं, सागर भी महान् है जो पाँव पखारने झुकता है, और हिमालय भी महान् है जो मानो उसे क्रीड़ा-सहचर बना कर अंक भेंट लेता है...कैसा सार्थक पूर्व-संकेत उस महामिलन का जिससे कुमार का जन्म होगा! शिव और सती, पिनाकी और गिरिजा, पर्वतों का तपस्यारत योगी और अन्तरीप की तपस्विनी कुमारिका–सोचने लगें तो विस्मय से भर जाना पड़ता है कि कितने स्तरों पर, कितने रूपों में, कितने स्थलों के साथ जुड़े हुए कितने प्रकार के महा-मिलनों से मानो हमारा समूचा आकाश भर रखा है भारत की प्रतीक-स्रष्टा प्रतिभा ने। हमारे अनाद्यन्त दिक्काल को अनुप्राणित कर दिया है उन अशेष सम्भावनाओं से जिनमें प्रत्येक में दो परम शक्तियों के संगम में जन्म लेगा एक परम योद्धा जो दानवी सत्ता के आतंक से मुक्त करेगा दैवी व्यवस्था को...सोचने लगें तो विस्मय से ही नहीं, श्रद्धा से भी भर जाना पड़ता है यह पहचान कर कि हमारे भीतर भी तो वही महा-मिलन उस भव्य

अवतरण की भूमिका प्रस्तुत कर रहा है जिसके द्वारा निश्चय ही आसुरी सत्ता की पराजय होगी और दैवी साधना की विजय होगी। और अगर इसी मिलन-गाथा के, इसी असुर-पराभव के अनेक रूप अनेक स्थलों पर प्रचलित मिलते हैं, तो उससे भीतर के प्रतीक-युद्ध की सार्थकता घटती नहीं; बल्कि भीतर पहचाने जा सकने वाले अनेक समान्तर रूप फिर एक नया सायुज्य पा कर नई अर्थवत्ता पा लेते हैं। हम भी उस विश्व-व्यापी शिव-संकल्पी, शिवेतर-क्षयकारी महती प्रक्रिया के साथ जुड़ जाते हैं।...

जन्म से ही मेरा सम्बन्ध प्राचीन स्थलों और पुरावशेषों से रहा। यह संयोग की बात थी कि जिस स्थल पर जन्म हुआ वह बुद्ध का परिनिर्वाण-स्थल था; पर जब होश सँभाला तब से ऐसे अनेक स्थलों का सान्निध्य प्राप्त हुआ जिनके साथ शिव और पार्वती के पौराणिक सन्दर्भ जुड़े हुए थे। कुछ उन स्थलों का और कुछ उनके माहात्म्य का परिचय पा कर पौराणिक सन्दर्भों के प्रति जिज्ञासा बढ़ती रही। घर ही में पिता के विशाल पुस्तक-संग्रह ने इस की निर्बाध सुविधा दी कि उन सन्दर्भों की जानकारी बढ़ाता रहूँ। फिर नृतत्त्व और मिथक के अध्ययन से इन की गहनतर अर्थवत्ता के प्रति कुतूहल भी बढ़ा और सम्मान भी : कह सकता हूँ कि यह अवस्था अभी पार नहीं हुई है और अभी तक निरन्तर नए-नए आश्चर्य के साथ पहचानता रहता हूँ कि भारतीय जन-मानस की सही और अधिक गहरी पहचान शिव-पार्वती के पुराण मिथक के सहारे होती रहती है। शिव-शक्ति के मिथक के क्षेत्र का कोई भी नया उन्मेष भारत की अधिक गहरी पहचान कराता है, भारत के मानस की कोई नई झाँकी शिव-शक्ति के मिथक की रहस्य सत्ता का नया आभास दे जाती है...

भारत की 'एक छोर से दूसरे छोर तक' यात्रा का स्वप्न बचपन से ही साथ रहा। लोग छोर मिलाते समय प्राय: अनुप्रास का सहारा ले कर 'कश्मीर से कन्याकुमारी' तो कह देते हैं, (हालाँकि 'किन्नौर से कन्याकुमारी' क्यों अधिक उपयुक्त नहीं है?) पर पूर्व-पश्चिम के छोर मिलाने के इतने प्रचलित जोड़े शायद नहीं हैं। इसलिए इन के समान्तर 'कच्छ से कमच्छा (कामाख्या)' या 'कच्छ से कच्छार' ऐसे ही कुछ जोड़ बैठा लिये जा सकते हैं। कच्छ जाना तो अभी तक नहीं हुआ, पर अगर काठियावाड़ का छोर-भर छूने से काम चल जाता हो, तो कह सकता हूँ कि पूरब-पश्चिम और उत्तर-दक्खिन दोनों के कुलाबे मिला चुका हूँ– 'कामरूप से काठियावाड़' और 'कश्मीर से कन्याकुमारी' तक भारत भटक चुका

हूँ। पर मुझ जैसे यायावर को छोर मिलाने से सब्र नहीं होता। केवल छोर मिलाना भी काफ़ी नहीं जान पड़ता, जब तक कि बीच की पूरी लड़ी भी एक संग्रथित इकाई में जुड़ी हुई न दीख पड़े। केवल भौगोलिक प्रसार की चादर पर यात्रा-पथ की गोट टाँक देना भी काफ़ी नहीं लगता जब तक कि उसके द्वारा कोई आकार उभर कर न आए। 'नक़्शा खींच देना' तो तभी होता है जब कोई आकृति मूर्त्त हो उठे। 'नक़्शा फ़रियादी है किस की शोख़िए-तहरीर का/काग़ज़ी है पैरहन...' यात्रा भी वही सफल गिननी चाहिए जो किसी अर्थवत्ता का आभास दे सके। यों यात्रा का अवसर मिलने पर आरम्भ से पहले उसे रूप देने का आग्रह तो दूर, विचार भी नहीं उठता; मुँह उठाया (चलो झोला भी उठाया सही!) और निकल पड़े। किन्तु प्रत्यवलोकन में यायावरी भटकनों को जोड़-गूँथ कर लड़ी बनाता हूँ तो ऐसी 'अवधारयित्री प्रतिभा' आगत्या गतिशील हो उठती है!

परशुराम से तूरख़म की मेखलानुसारी यात्रा जब कर चुका, तब उत्तर स्यां दिशि देवतात्मा हिमालय से ले कर पूर्वापरौ तोर्यानधीवगाहिता कुमारी तक की देशान्तरीय यात्रा भी उसी यायावरी ढंग से करने की आकांक्षा फिर दीप्त हो उठी। पूरब-पच्छिम वाली यात्रा के बाद देश विभाजन हो गया था–छोर से छोर का व्यास पहले से संकुचित हो आया था; इससे मेरी यात्रा को एक नई संवेद्यता मिल गई थी। उधर 'कश्मीर से कन्याकुमारी' तक वाला जोड़ कुछ तो इसलिए कम आकर्षक हो गया था कि सभी इस की चर्चा करते थे और कोई-कोई यह यात्रा करके 'संस्मरण' भी लिख चुके थे; कुछ इसलिए भी कि उसी विभाजन के समय से ही कश्मीर की स्थिति ऐसी बनी चली आ रही थी कि वह शुद्ध घुमक्कड़ी का प्रदेश नहीं रह गया था। वहाँ की यात्रा और यात्रा-वृत्तान्त में राजनीतिक चर्चा अनिवार्यतया प्रमुख हो जाती थी : यायावर 'रिपोर्टर बन जाता था। (यायावर वह बना भी, पर उस रिपोर्ट का उल्लेख यहाँ संगत नहीं है!)'

जिस यात्रा की बात करने जा रहा हूँ, उसके पथ-निर्धारण का आधार यही था। कहना चाहूँ तो यह भी कह सकता हूँ कि इस प्रकार यात्रा के छोर लगभग एक ही देशान्तर रेखा पर रहे–यानी यात्रा वस्तुतः दक्षिण-उत्तर यात्रा रही। पर कारण वह बिलकुल नहीं था। न ऐसा भू-ज्यामितिक तर्क यायावर वृत्ति के साथ मेल ही खाता है! असल आधार था शिव और पार्वती की अनन्त कथा। हिमालय का तो कण-कण दोनों के साथ जुड़ा है; अन्तरीप के बारे में एक तो यह सुन रखा था उसका नाम कन्या 'कुमारी' के साथ भी जुड़ा हो सकता है, पुंवाची 'कुमारिन' अथवा 'कामारि' के साथ भी। अन्तरीप देवी का उपनिवेश भी हो सकता है, योगीश्वर शिव का भी। दूसरे 'कुमारी-तीर्थ' के माहात्म्य में तपस्विनी कुमारी की वर-प्रतीक्षा की जो कथाएँ पढ़ी थीं, वे भी एक बार फिर शिव और सती को, सागर और हिमालय को, सदा क्षुब्द शक्ति को नित्य अचंचल पुरुष को (या यह

भी कह सकते हैं कि एक स्थिर तपस्यारत आकर्षण-केन्द्र को और एक प्रचंड तांडवरत स्वैर उद्वेलन को-कोई अन्तर नहीं पड़ता क्योंकि बात दो पारमिताओं के मिलन की है) एक सूत्र में बाँध देती थी...हताश कुमारी के फेंके हुए पूजा-थाल से बिखरे अक्षत-चन्दन, रोली-कुंकुम ही तो कुमारी अन्तरीप की सागर-तटी के कहीं लाल तो कहीं उज्ज्वल, कहीं पीले तो कहीं ताम्र लोहित सिकता-कण बन गए हैं और सागर-लहरियों की अनवरत हलचल भी तो मानो कुमारी के अटूट विश्वास की आवृत्ति की गूँज का वहन कर रही है कि हिमालय से उठ कर वह महायोगी एक दिन आएगा, आएगा...

और क्या स्वयं कुमारी उस महा-मिलन का-विरोधी पारमिताओं के सम्पुंजन का-प्रतीक नहीं हैं? शिव की अंकाभिलाषिणी, विष्णु की बहिन, असुर की कन्या, नायकी-पुष्पकाशी-कुमारी, जो बारह विष्णुओं के काल तक प्रतीक्षा करेगी पर वरेगी यों केवल तांडवरत प्रलयंकर शंकर को!

यों, मेरी यात्रा तपस्विनी कुमारी, और समाधिस्थ योगीश्वर के त्रिकाल-व्यापी महा-मिलन पथ का अनुधावन करती रही-मैं जो पहाड़ पर निवास और सागर का सामीप्य चाहता रहा हूँ, यानी जिसके भीतर भी वह मिलन अपना असीम उद्वेलन और अशेष तृप्ति लिए स्पन्दित होता रहा है...

यात्रा सीधी नहीं हुई। होती भी कैसे? एक बार में ही आद्यन्त पूरी भी नहीं हुई। बल्कि भटकते-भटकते ही यात्रा बनी, लक्ष्य-युक्त यात्रा के रूप में पहचानी गई, 'सार्थवती बभूव'। पर अगर एक तरफ़ उसे बीच में स्थगित करना पड़ा, तो दूसरी तरफ़ लाभ यह हुआ कि एक-एक खंड की यात्रा दो-दो, तीन-तीन बार कर ली और आते-जाते मार्ग थोड़ा-बहुत बदल कर नए-नए स्थल जोड़ने वाले वृत्त भी बना लिये। उदाहरण के लिए मद्रास से कन्याकुमारी तक की एक यात्रा मदुरै-कुड्रालम् तिरुअनन्तपुरम् (त्रिवेन्द्रम्)-कोच्चिन-एर्णाकुलम् त्रिचूड़-शोरानूर-केरल कलामंडलम् हो कर कोयम्बत्तूर-शिवराय गिरि-शृंखला लाँघती हुई मद्रास लाई, तो दूसरी तिरुच्चिरपल्ली-श्रीरंगम्-मदुरै-कोडैकनाल-पालयंकोट्ट (पालमकोटा)-शुचीन्द्रम् होती हुई कन्याकुमारी पहुँची और फिर एक अत्यन्त रमणीय किन्तु उतने ही असुविधाजनक तट मार्ग से अलन्तलै-कलमोषि-तूत्तिकोडि (टूटिकोरिन्)-रामनाथपुरम् (रामनाड) मंडपम्-रामेश्वरम् हो कर तंजावूर चिदम्बरम् पांडयचेरि (पांडीचेरी)-कांची-मामल्लपुरम् (महाबलिपुरम्) दीखाती हुई लौटा लाई। प्रत्येक ने संजोने को अलग-अलग स्मृतियाँ भी दीं।...रामेश्वर से आधी रात को सिर पर बक्सा और बग़ल में बिस्तर लिए पैदल रेती पार कर रहा हूँ क्योंकि सहयात्री को धर्मशाला में भूत दीखते हैं और वह वहाँ एक मिनट भी और

नहीं ठहरेगा।...सात दिन तक लगातार लँगोटी और बरसाती में रहते हुए गाड़ी हाँक रहा हूँ क्योंकि सब-कुछ भीग चुका है और मूसलाधार वर्षा में कमरे के भीतर भी हवा इतनी गीली होती है कि शून्य में से पानी टपकता है...कुछ सेकंड में सूखा कपड़ा भीग जाता है! (भीग जाता था कहना चाहिए, क्योंकि सूखा अब कुछ है कहाँ...और समुद्री खारे पानी से रंगीन कपड़ों के रंग बह कर सब गड्डमड्ड हो गए हैं-'ब्लीडिंग मैड्रास' कितना सार्थक नाम है कपड़े का!!)...छोटे-से होटल में गोआनी रसोइया प्रेमपूर्वक और साग्रह अतिभोजन करा रहा है जैसा अब घर में भी कोई नहीं कराता-और क्यों? इसलिए कि पहली बार किसी ने उससे बराबर के स्तर पर बातचीत की है, गोआ की और उसके परिवार की तत्कालीन स्थिति में दिलचस्पी दीखाई है। नहीं तो होटल में जो आता है 'साहब' हो जाता है! ...डूबी सड़क और डूबे पुल पर अध-डूबे पेड़ों की क़तार से शिस्त ले कर अटकल से गाड़ी हाँक रहा हूँ : गाड़ी मेरी नहीं है पर जिन की है वह बग़ल में बैठे थर-थर काँप रहे हैं क्योंकि ऐसी संकटापन्न यात्रा उन्होंने कभी नहीं की-ऐसी स्थिति में गाड़ी वह चला नहीं सकते।...कमरे में 'सोया' हूँ, चारों दीवारें आदम-क़द शीशों से जड़ी हैं और उनके ऊपर सात घड़ियाल टिक्-टिक् कर रहे हैं : सब में समय थोड़ा अलग है इसलिए हर आधे घंटे पर थोड़े-थोड़े अन्तराल से सात टनन् सुनाई पड़ते हैं और पूरे घंटे पर क्या होता है सोचा ही जा सकता है-मानो घड़ीसाज़ की दुकान में लेटे हों! सोने के कमरे में इतने शीशे और इतनी घड़ियाँ क्यों?...क्योंकि आतिथेय शेट्टि महोदय को अपनी सम्पत्ति का प्रदर्शन करने का और कोई उपाय नहीं सूझता : हीरे के कनफूल और चार-चार अंगूठियाँ तो वह पहनते हैं, पर अतिथि को भी कुछ दीखता रहना चाहिए!...मन्दिर के गर्भगृह में तहलके के बीच पुजारियों से झगड़ रहा हूँ कि दाढ़ी के कारण कोई म्लेच्छ नहीं हो जाता, न अनपढ़ ब्राह्मण पढ़े-लिखे ब्राह्मण-पुत्र से अधिक अधिकारी होता है!...

इसी प्रकार मद्रास से उज्जैन तक की यात्रा भी एकाधिक बार अलग-अलग रास्तों से पूरी कर ली : मैसूर (होलेबीड-बेलूर)-श्रीरंगपत्तन (सेरिंगापटम्)-बंगलूर-हैदराबाद-औरंगाबाद हो कर भी और उटकमंड मैसूर-बंगलूर-सिकन्दराबाद-एलुरा-अजिंठा (अजन्ता)-बम्बई हो कर भी। उज्जैन से दिल्ली तक तो शिवपुरी-ग्वालियर हो कर भी आया हूँ, मांडव-भोपाल-उदयगिरि हो कर भी, और-झाँसी-खजुराहो-इलाहाबाद हो कर भी! (और नागपुर अमरकंटक-भेड़ाघाट हो कर भी!!) और उज्जैन तक की ही बात न हो तो बम्बई से तो अहमदाबाद-आबू-उदयपुर-चित्तौड़-जयपुर-दिल्ली का मार्ग भी एकाधिक बार नाप चुका हूँ। और इन सब की भी अलग-अलग खट्टी-मिट्ठी, अचरज, विनोद या कष्ट भरी स्मृतियाँ हैं जिन सबको उभारना फिर लक्ष्य-विमुख हो जाना होगा।

कन्याकुमारी : सागर-धौत सिकता-तट

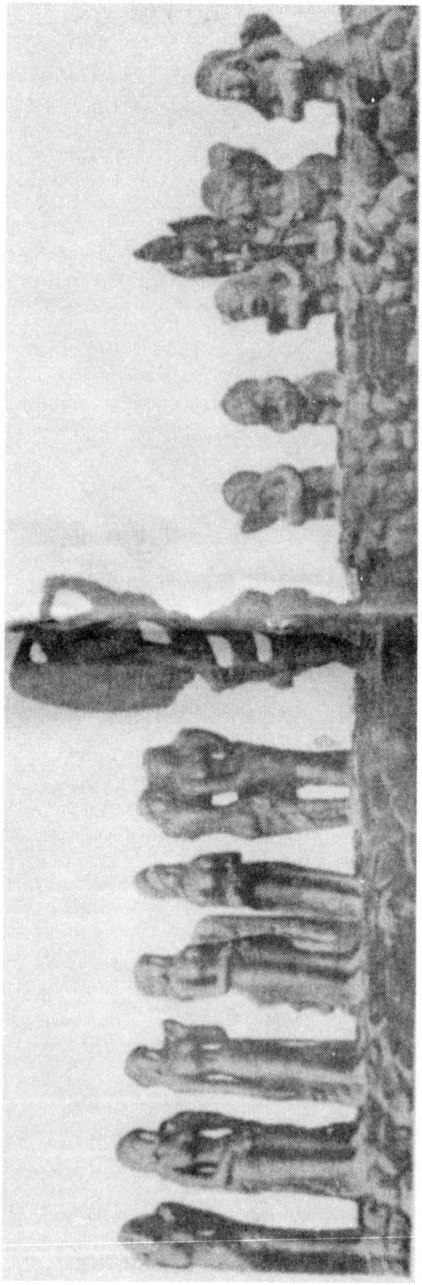

शिव : भिक्षाटन मूर्ति : ऋषि और ऋषि पत्नियाँ स्तवन कर रहे हैं (तंजावूर संग्रहालय)

शिव रामेश्वर :
मन्दिर का परिसर

पार्वती मिनाक्षी :
मन्दिर का कुंड
और गोपुरम्,
मादुरै

हिमांचली बाँज के झुरमुट में नन्दा देवी

दिल्ली से हिमालय की ओर की यात्राओं की तो संख्या नहीं है। कश्मीर से काठमांडो तक सभी तरफ़ जाता रहा हूँ–और काठमांडो तक ही क्यों, कलिम्पोङ् या कोच विहार के द्वार प्रदेश की बात भी कर सकता हूँ। पर उतनी यात्राओं की चर्चा उठाने से तो बात बिलकुल बिखर जाएगी : देशान्तर रेखा से कम-से-कम दूर हटती हुई यात्रा का पथ चुन लेता हूँ–बल्कि वह भी कहाँ, उस यात्रा-पथ पर कुछ-एक बिन्दु ही चुनता हूँ क्योंकि अधिक विस्तार की गुंजाइश भी नहीं है। कुछ-एक बिन्दु कुछ स्थल या निकटवर्ती स्थलों के जोड़े जो ऊँचाई और फैलाव, आकाश और धरा के आयामों को, पत्थर और पानी, सागर और पर्वत के तत्त्वों को, प्रकृति और पुरुष, शिव और पार्वती को मिलाते हैं और उस मिलन बिन्दु पर हमें विद्ध छोड़ जाते हैं। कन्याकुमारी और शुचीन्द्रम, तंजावूर और मदुरै, कांची और मामल्लपुरम्-सागर और धरा, प्रकृति और पुरुष, मुकुट और मेखला–इतने बिन्दु, इतने जोड़े कि हमारी रूपक रचने वाली बुद्धि भी चकरा जाए कि कौन किरीट है, कौन कटि-हार, कौन मुकुट और कौन मेखला, और हम शंकराचार्य की तरह : 'कदाश्चर्य म्पश्यन्किमिदमिति हृष्यन्नपि कदा' दुहरा उठें :

कदा द्वै तम्पश्यन्नखिलमपि सत्यं शिवमयं
महावाक्यार्थानामवगतसमभ्यासवशतः
गतद्व ताभावः शिव शिव शिवेत्येव विलपन्
मुनिर्नव्यामोहं भजति गुरुदीक्षाक्षततमा।

मुनि तो गुरुदीक्षा के कारण व्यामोह से बच जाते हैं, पर जिस यायावर के लिए पथ ही गुरु है, वह व्यामोह से भी सीखता है, उसके लिए उसी में से स्वयंभू आदिगुरु बोलता है...

कुमारी से शुचीन्द्रम्। अपने-अपने ढंग के अद्वितीय मन्दिर जिन्हें माहात्म्य-कथा ने कितने प्रसंगों में जोड़ दिया है : शुचीन्द्रम् के ही शिव तो कुमारी का वरण करने आने वाले थे–उन्हीं के विलम्ब कर देने पर तो प्रतीक्षमाना मानिनी कन्या ने पूजा के अक्षत-चन्दन केसर-कुंकुम सब बिखेर दिए जो अभी तक तट की बालुका के विविध रंगों में पहचाने जा सकते हैं। अन्तरीप के चट्टानी उभार के एक ओर कुमारी का मन्दिर है; दूसरी ओर (शायद प्रतियोगी भाव से) खड़ी की गई पश्चिमोन्मुख कुमारी माता मरियम की एक प्रतिमा है। वह एक दूसरे धर्म का प्रतीकन करती है, उसका पश्चिमोन्मुख होना भी आज के मसीही समाज की प्रवृत्ति का प्रतीकन करता है। पर कन्याकुमारी का यह मुकुर-प्रतिबिम्ब किसी तनाव की सृष्टि नहीं करता क्योंकि दोनों ही कुमारियाँ अन्ततः आद्य मातृका के ही दो रूप हैं। मरियम भी पूर्वीय सभ्यताओं की मातृदेवी का ही एक अभिमूर्तन है जो

यहूदी और मसीही धर्म के एक रिक्त को पूरा करता है–उसकी मूल परिकल्पना के एकान्त पुम्भाव को एक मार्दव प्रदान करता है, तेज़स् को कारुण्य से मर्यादित करता है...ईसा के नारी–तत्त्वविहीन जगत् में ही वह स्थिति आ सकी जहाँ वह परम समर्थ व्यक्ति, जिस ने शैतान के सब प्रलोभनों को इतनी आसानी से दुत्कार दिया था, एक बार अपनी आस्था में चाहे तनिक–सा ही काँप गया : "पिता, पिता, क्या तूने मुझे त्याग दिया?" वहाँ भी नारी की शक्ति ने, मातृत्व के कारुण्य ने ही आस्था को सहारा दिया। कोई कह सकता है कि यह आस्था घटिया आस्था है, पर प्रत्येक आस्थावान् व्यक्ति जानेगा कि वैसा नहीं है। संकट का बोध न होना बहादुरी नहीं है; सतत वर्तमान संकट को पहचानते हुए टिके रहना बहादुरी है...

यों मातृशक्ति का यह दोहरा मुकुर नए पार्थिव देवताओं की उपस्थिति से धुँधला होने लगा है। पहले गांधी–मन्दिर : अन्तरीप के सागर तट से अधिक–से–अधिक बेमेल वास्तु की कल्पना करने चलते तो भी इससे अधिक बेमेल कुछ गढ़ा जा सकता, इसमें सन्देह है। यह स्वीकार करने में मुझे हिचक नहीं है कि महात्मा गांधी के प्रति मेरा जो सम्मान–भाव है, मैं कोई कारण नहीं देखता कि वही भाव उनके शव अथवा उसकी राख अथवा उस स्थल के प्रति भी रखूँ जहाँ पर वह राख समुद्र में बहाई गई। पर अस्थि–पूजा के प्रति मेरा इस विरसता को छोड़ भी दिया जाए, तो भी गांधी–स्मारक का न बेमेलपन कम होता है न उसकी अपरूपता, न यह बात भुलाई जा सकती है कि उसने एक सुन्दर स्थल को विकृत कर दिया है। श्रद्धा के क्षेत्र में लौकिक सौन्दर्यतत्त्व का विचार अप्रासंगिक है, श्रद्धा अपना सौन्दर्य–तत्त्व अपने साथ लाती है, यह मैं मान लूँगा; पर यह नहीं भूल सकूँगा कि भारत में श्रद्धा ने भी मन्दिर की प्रतिष्ठा के लिए एक–से–एक सुन्दर स्थल चुने और कभी स्थल के प्रकृत सामंजस्य को तोड़ा नहीं, सौन्दर्य को विकृत नहीं किया, बहुधा उसे बढ़ाया भी। पर नई 'धर्म–निरपेक्ष' बुद्धि के लौकिक मन्दिर न श्रद्धा के अलौकिक सौन्दर्य की रक्षा करते हैं, न लौकिक सौन्दर्य की ही रक्षा करते हैं–उसके सर्जन की बात तो दूर रही। कोई कारण नहीं था कि गांधी मन्दिर तट–रेखा से कुछ अधिक दूर और कुमारी मन्दिर से कुछ हट कर न बनाया जाता; उससे न उसकी उपयोगिता कम होती, न सुन्दरता, न अर्थवत्ता–हाँ, आँखों में उसकी चुभन कुछ कम अवश्य होती! कहावत तो है कि प्रेम अन्धा होता है, पर सत्ता कितनी अन्धी होती है इसे कोई समकालीन भारत में देखे! शायद कारण यह है कि प्रेम कितना भी अन्धा हो, अलौकिक का संस्पर्शन नहीं खोता; और सत्ता पूरी तरह लौकिक हो जाती है इसलिए उसका अन्धापन एकान्त निरालोक होता है...

और विवेकानन्द शिला? मैं भी वहाँ गया था–जब गया था तब मछुओं के **कुट्टैमुरम में** : ताल के दो तने बाँध कर बनाई हुई नाव में जिसके ऊपर से लहरें निकल जाती थीं, जिसे चट्टान के निकट ला कर लम्बी और सजग प्रतीक्षा करनी

पड़ती थी कि कब लहर की उठान उसे चट्टान के इतना समीप ले आए कि कूद कर उस पर जा पहुँचे इससे पहले कि लहर का उतार फिर नाव को परे ले जाए। नंगे बदन, सागर-लहरों से धुलता हुआ वहाँ उतरा था और ऊपर चढ़ कर तट की तथा तटवर्ती जन-संकुल की ओट हो गया था। विवेकानन्द वहाँ क्यों गए होंगे? इसी एकान्त के लिए, जहाँ जन-संकुल और कोलाहल से परे वह उस सत्ता के साथ अकेले हो सकें जो सागर के उद्वेलन के बीच से संकेत देती है, उस स्वर को सुन सकें जिसके बीच से सनातन बोलता है। और हमने क्या किया है? जिस भी कारण से, जिस भी खोज में विवेकानन्द वहाँ गए होंगे, उस कारण को नष्ट करने का, उस खोज को असम्भव बनाने का उपक्रम हमने किया है! विवेकानन्द मन्दिर की परिकल्पना वास्तु कला की दृष्टि से गांधी मन्दिर से अधिक सुन्दर है, गांधी मन्दिर की भाँति वह सागर की ओर पीठ भी नहीं फेरता। पर जिस स्थल का सौन्दर्य और गौरव इसमें था कि वहाँ हम सम्पूर्ण एकान्त में विराट का निर्बाध साक्षात्कार कर सकते थे, उसे हमने भीड़ और निरन्तर आवाज़ाही का केन्द्र बना दिया है। व्यवस्था कर दी है कि फिर कभी कोई विवेकानन्द वहाँ न जाए, जाने की न सोचे! निर्ममत्व से हमारा 'इतिहास-बोध' उसी चीज़ को मिटाता है जिस की स्मृति को हम इतिहास में सुरक्षित करते हैं! आत्मा का तेज़ हमें सहन नहीं होता, अस्थियों के लिए हम मंजूषाएँ बनाते हैं।

मदुरै की मीनाक्षी और-तंजावूर के बृहदीश्वर, या कि चिदंबरम् के नटराज? सभी के मन्दिर अद्वितीय हैं और विराट् की ओर उन्मुख एक श्रद्धा को मूर्त करते हैं जो स्वयं हम में हो न हो, अपनी स्वतः प्रमाणता से हमें चौंधिया जाती है। बृहदीश्वर और नटराज के दर्शन एक ही एक बार किए, मीनाक्षी के एकाधिक बार; पर उससे कोई अन्तर नहीं पड़ता। मूर्तियाँ भी नहीं भुलाई जा सकतीं। मन्दिर भी नहीं, पर सबसे अधिक गहरा प्रभाव पड़ता है उस भावना का जिस ने इन मन्दिरों को सम्भव बनाया–उस आस्था का, उस विश्व-दर्शन का, उस परम्परा का, उस संस्कृति का, जिसके ये अवशेष हैं। मैं जानता हूँ कि औचित्य-विचार से क्रम उलटा होना चाहिए–संस्कृति-परम्परा से उठते हुए आस्था तक जाना चाहिए; पर उतरते हुए आने का कारण भी स्पष्ट है। आस्था तक बढ़ कर जो **प्रत्यभिज्ञा** होती है, उससे हम अपनी पहचान खोते हैं : वह जब होती है तब शब्द भी व्यर्थ हो जाते हैं। उतरते क्रम में संस्कृति की पहचान में **अपनी अस्मिता की पहचान** होती है। आस्था या तो होती है या नहीं होती; पर अस्मिता को बोध कराया जा सकता है–और आज उसकी भी कम आवश्यकता नहीं है।...'भारतीय मूल के व्यक्ति' तो विदेशों में भी बहुत मिलेंगे : 'भारतीय व्यक्तित्व के मूल' की आज

भारत में भी खोज करनी पड़ सकती है! नए आविष्कृत अमेरिका में प्रतिष्ठा के खोजियों को पश्चिम जाने की सलाह दी जाती थी–'**गो वेस्ट, यंग मैन**' और आज भी अमेरिकी अस्मिता में उसके **वेस्ट** काफ़ी योग है। आज दक्षिण से अनेक भारतीय नौकरी की खोज में उत्तर भारत आते हैं। पर अगर अस्मिता की खोज का प्रश्न हो तो आज का नारा होगा '**गो साउथ यंग मैन**'–दक्षिणापथ पकड़ो।

चोल-कला के उत्कर्ष-चिह्नों को पीछे छोड़ पल्लव-कला के पल्लवन की ओर बढ़ा : कांची का कामाक्षी मन्दिर और मामल्लपुरम् का शिव मन्दिर–यद्यपि कांची में ही अनेक शिव मन्दिर भी हैं, और मामल्लपुरम में न केवल महिषमर्दिनी का गुफा-मन्दिर भी है वरन् उसी गुफा में शेषशायी विष्णु की भव्य मूर्ति भी है, जैसे कि तटवर्ती शिव-मन्दिर से सटा हुआ विष्णु-मन्दिर भी है। (जिन की ओट में से मैंने चन्द्रोदय भी देखा और सूर्योदय भी : जिनके सामने कभी एक बार समुद्र में डूब भी गया था और बेहोश काला गया था...

एलुरा के कैलास और एलिफाँटा की त्रिमूर्ति को, और दोनों की गुफाओं की शिव-तांडव और पार्वती विवाह की भव्य मूर्तियों को स्मरण करके आगे बढ़ता हूँ : नासिक के कपालेश्वर, उज्जैन के महाकाल और उदयगिरि के छोटे गुफा-मन्दिर में एकमुख लिंग : उदयगिरि की महाकाय वराह मूर्ति की तुलना में यह शिवलिंग मूर्ति बहुत छोटी पड़ती है पर गुफा का शीतल अन्धेरा उसे एक दूसरा आयाम दे देता है। और वहाँ एक ओर निश्चल बैठ कर मैंने उस महा-मिलन की एक और झाँकी भी देखी है जिस ने मेरे अकेलेपन को एक अपूर्व सान्निध्य से भर दिया है...

और फिर-फिर किधर? थोड़ी देर के लिए दृष्टि विमूढ़ हो जाती है। विन्ध्य-प्रदेश में कहीं एक स्थल पर विरमना ठीक नहीं जान पड़ता। यह नहीं कि उल्लेख्य बड़े मन्दिर शिव मन्दिर ही हैं, पार्वती के नहीं; अधिक यह कि देवी विन्ध्येश्वरी अनेकरूपा हो गई हैं–जैसी वह सदा से थीं, और रहेंगी...कितने नदी-देवता, कितनी मातृकाएँ, कितनी योगिनियाँ विन्ध्य में सर्वत्र विराजमान हैं और उसकी सुरभ्य शान्ति को अपने प्रभामंडल से आलोकित कर रही हैं! पुराण-गाथा के अगस्त्य विन्ध्य का माथा झुकवा कर पार चले गए सो चले गए; उनकी दक्षिण यात्रा आर्यों के अग्रसरण का प्रतीकन करती रही। अगस्त्य सागर भी पी गए–क्या अगस्त्य के सागर-आचमन की कथा आदिम महाम्बुधि से दक्कन के पठार के उठने की ही मिथकीय स्मृति नहीं है? सागर में से उभर कर पठार प्रकट हुआ और पठार की ओर आर्य आप्रवासी बढ़े–अगस्त्य के सामने विन्ध्य का मस्तक झुका और सागर उनकी अंजुरी में समा गया। कालान्तर में अगस्त्य लौटे तो, पर विन्ध्य की ओर नहीं; पठार की सागर-सीमा निर्धारित करते हुए सह्याद्रि के पार्श्व से गुजरात-सौराष्ट्र की ओर...वहाँ विन्ध्य के पार जा कर फिर पश्चिम की ओर मुड़ने

वाली धारा को वह दूसरी धारा मिली जो सरस्वती-तट के साथ-साथ दक्षिण-पश्चिम की ओर बढ़ी होगी और जो...

किन्तु मुझे प्राचीन आर्यों के यात्रा-पथों का कल्पनानुसरण नहीं करना है, न नृतत्त्व की इस पड़ताल में पड़ना है कि कैसे एक ही वंश के आप्रवासियों की दो धाराएँ मिल कर फिर एक वंश नहीं बनतीं बल्कि अनेक जातियाँ बन जाती हैं- कैसे रंगत के, वर्ण के, रक्त-शुद्धत्व के विचार, जोड़ने वाले न हो कर तोड़ने वाले हो जाते हैं, अवधारणाओं के पीछे सच्चाई चाहे जितनी हो या न हो...किस दुःख से दुःखी धर्मराज युधिष्ठिर को याद दिलाना पड़ा था कि रक्त का अहंकार झूठा है :

जातिरत्र महासर्प मनुष्त्वे महामते
संकरात्सर्व वर्णानाम दुष्परीक्ष्येति में मति।

नृतत्त्व की जितनी बात मेरे काम की है, वह यह कि शिव-पार्वती के युग्म ने किस गहराई तक लोक-मानस में अपना घर बना लिया, और कैसे वहाँ भी तेज़स् और कारुण्य के संगम की प्रतिष्ठा जीवन के गम्भीरतम सत्य के रूप में हुई। क्या लोक-साहित्य में और क्या लोक-कला में, शिव और पार्वती का युगल कहाँ-कहाँ नहीं घूमता, क्या-क्या नहीं देखता, और सर्वत्र वत्सल कारुण्य की मूर्ति पार्वती दीन-दुखिया की ओर से मध्यस्थता और निवेदन करती है, और सनातन नियन्ता शिव स्मितपूर्वक द्रवित हो जाते हैं...कृपा तो मसीही ईश्वर भी करता है, पर तभी से जब से नारी तत्त्व की मध्यस्थता का समावेश उसमें हुआ (वह मध्यस्थता चाहे माता मरियम की हो, चाहे माता चर्च की)-यहूदियों के ऐकान्तिक पितर यहोवा में न्याय और दंड तो था, पर करुणा नहीं थी। भारतीय लोक-मानस में, और काव्य अथवा कला में उसके प्रतिफलन में, शिव-पार्वती का सर्वत्रयामी और सर्वांतरयामी युगल-चित्र इतने स्निग्ध रूप में आता है तो केवल अशेष करुणा और कृपा के कारण नहीं, इसलिए भी कि उसके साथ एक सरस आत्मीयता का विनोद तक का रिश्ता लोक-जन जोड़ सकता है। देवता वे भी होते हैं जो आकाशचारी हो कर आकाश में ही रहते हैं, पर वह सम्बन्ध दूसरा ही है जिसमें वे घर-गिरस्ती के बीच आ कर हँसी-ठिठोली के सहभागी भी हो जाते हैं। थोड़े-से ही देवता ऐसे हैं, पर जो हैं उनमें समूचा शिव परिवार अपना महत्त्व का स्थान रखता है। यह संस्कृत से ले कर सब देश भाषाओं की काव्य परम्पराओं में भी दीख सकता है और मूर्तिकला-चित्रकला-नृत्य-नाट्य-कला में भी।

और इस प्रकार हिमाचल के अंचल में-यों तो किसी भी अंचल में, पर मेरा प्रिय कूर्मांचल है और यहाँ-यद्यपि यह घर तो उस 'प्रकृत और प्रकृतीश,

प्राकृत और प्रकृति से परे' महायोगी का जिस की स्तुति स्वयं हिमालय करता है–प्राय: हर शिखर पर मन्दिर है तो गिरिजा का, और शिव मन्दिर हैं तो उपत्यकाओं, घाटियों, तलहटियों में ही। कदाचित् शिखरों पर से देवी ध्यान करती है कैलास-वासी योगीश्वर का और उपत्यकाओं से नदी स्रोत संगमों से शिव मुग्ध भाव से ताकते हैं उस अनिकेत तपस्विनी को जिस की ही जय होगी–जिस की तपस्या को पावस की रातें भी तड़ित रूपी चौंकी हुई आँखों से देखती हैं और देखती रह जाती हैं :

शिलाशयां तामनिकेतवासिनीं
निरन्तरस्वन्तर वातवृष्टिषु
व्यलोकयन्नुन्मिषितैस्तडिन्मयै:
महातय: साक्ष्य इव स्थिता: क्षपा:॥

नैना देवी, कासार देवी, स्याही देवी, जयन्ती देवी–और सोमेश्वर, बाघेश्वर, जागेश्वर, वीणेश्वर...कहाँ तक चला गया है यह सिलसिला? मैंने भी अलग-अलग ऋतुओं में गुरल और कांकड़ द्वारा सेवित एक शिला पर बैठ कर उस अक्षरश: 'शिलाशया' और अनिलतवासिनी' नन्दा देवी को निहारा है जो स्वयं योगीश्वर के ध्यान में खोई हैं, और नन्दा के आस-पास मेघों का नीरव खेल देखते हुए स्वयं उस अपलक दर्शन में उस अविराम खोज में, उस अनिर्वचनीय एकात्म्य में खो गया हूँ जो सब रिश्ते-नाते बदल देता है, सबसे अलग करके सबसे जोड़ देता है–जैसे पूर्वापर तोयनिधि अलग हो कर मेरु मानदंड से जुड़ते हैं, जैसे अन्तरीप की कुमारी पर्वत-शिखर के योगी से, जैसे :

हाँ, यहाँ मैं यात्रान्त पर खड़ा हो कर निहारता हूँ कि यात्रा कहाँ से आरम्भ होती है, और गुरल कांकड़ की ही तरह पैर साधता हुआ फिर चल पड़ता हूँ–क्योंकि डगर जहाँ चुकती है, यात्रा वहाँ आरम्भ होती है :

चला चल डगर पर
नन्दा को निहारते...

❑❑❑